Sven Enger

Alt, arm und abgezockt

Sven Enger

ALT, ARM UND ABGEZOCKT

Der Crash der privaten Altersvorsorge und
wie Sie sich darauf vorbereiten können

Econ

Econ ist ein Verlag
der Ullstein Buchverlage GmbH

ISBN: 978-3-430-20214-5

© der deutschsprachigen Ausgabe
Ullstein Buchverlage GmbH, Berlin 2018
Alle Rechte vorbehalten
Gesetzt aus der ITC Slimbach
Satz: L42 AG, Berlin
Druck und Bindearbeiten: CPI books GmbH, Leck
Printed in Germany

INHALT

Einleitung   9

Die Krise der privaten Altersvorsorge   25
    Die drei Säulen der Altersvorsorge:
    gesetzlich, betrieblich, privat   26
    Ist der Ruf erst ruiniert ...
    Versicherer in der Vertrauenskrise   31
    Die Kapitallebensversicherung:
    der Deutschen liebstes Vorsorgemodell   40
    Das Anlage-Problem: Absturz garantiert   42
    Run-off-Gesellschaften:
    »Endlager« für Lebensversicherungen   55
    Was wäre, wenn ... – ein Crash-Szenario   64

Die Mitschuldigen – der Staat als Brandbeschleuniger   73
    Agenda 2010:
    der Rettungsversuch als Desaster   74
    Solvency II:
    wenn Lösungen zum Problem werden   86
    Unter Druck:
    die Lebensversicherung am Abgrund   92

Die Opfer – Altersarmut statt Rendite 97

Enttäuschte Kunden:
wenn das Ersparte immer weniger wird 97
Abgezockt: Altersarmut statt Rendite 107

Die Verursacher – eine Branche sieht rot 113

Organisierte Verantwortungslosigkeit:
wie Versicherungsunternehmen ticken 114
Linke Tasche, rechte Tasche:
ein kannibalistisches Geschäftsmodell 126

Das große Schweigen – bloß keine Panik 133

Die Versicherungsbranche:
too big to fail? 139
Das Geflecht der Abhängigkeiten:
eine unheilige Allianz? 147

Der absehbare Kollaps 153

Der Sündenfall:
vom Solidaritätsprinzip zum Sparprodukt 153
Die Entfremdung: der entfesselte Vertrieb 173
Die Gier: Der Markt frisst seine Kunden 192

Das Ende und die Zukunft – Altersvorsorge und Versicherungen im Wandel 209

Digitalisierung:
die Versicherungsbranche im Umbruch 209
Change: Wer sich ändert, gewinnt 216
Das Neue: Wie geht Versichern 4.0? 228
Die Zukunft der privaten Altersvorsorge
und die Rolle der Lebensversicherung 236

**Was tun? – Wie Sie sich auf den Crash
vorbereiten können** **247**

Der Neustart: am Ende ein Anfang 247
Raus aus den Policen: Was Sie mit Ihrer
Lebensversicherung tun können 249
Seien Sie mutig: Das Leben besteht
nicht nur aus Risiken 265

Zum Schluss 269
Dank 272
Anmerkungen 273

EINLEITUNG

Die Deutschen werden immer älter. Heute Fünfzigjährige können damit rechnen, weit über 80 Jahre alt zu werden – und wer jünger ist, hat eine noch höhere Lebenserwartung.[1] Das ist schön und eigentlich eine gute Nachricht. Weniger schön sind jedoch die erschwerten Bedingungen, unter denen viele Ältere zukünftig werden leben müssen. Denn ihnen droht ein Alter in Armut. Für jeden einzelnen betroffenen Menschen ist das dramatisch. Wird Altersarmut gar zum Massenphänomen, rüttelt dies an den Grundfesten unserer Gesellschaft. Ein Problem, über das die Politik zwar hin und wieder redet, jedoch keinerlei Anstalten unternimmt, es durch eine grundlegende Reform der Altersvorsorge zu lösen.

Diese düstere Prognose habe ich mir nicht selbst ausgedacht, immer wieder weisen Untersuchungen auf die Gefahr der Altersarmut hin, exemplarisch sei hier eine aktuelle Studie[2] im Auftrag der Bertelsmann Stiftung genannt. Deren Vorstandsvorsitzender Aart De Geus schlussfolgerte: »Wir brauchen weitere Reformen für den Ruhestand: Wenn die Babyboomer-Generation in Rente geht, könnte es zu einem bösen Erwachen kommen.«[3] Denn Altersarmut wird kein Randphänomen sein. Das zeigt die Entwicklung der Altersstruktur unserer Gesellschaft: Die Babyboomer, das sind in

Deutschland die zwischen Mitte der 1950er- und Ende der 1960er-Jahre Geborenen, erreichen bald das Rentenalter. Ältere werden bald über ein Drittel der Bevölkerung ausmachen, Tendenz steigend.

Ich bin der Meinung, dass die alarmierenden Vorhersagen noch viel zu positiv sind. Sie betonen, dass vor allem die Marginalisierten – Bildungsferne, Langzeitarbeitslose und alleinstehende Frauen – von Altersarmut betroffen sein werden. Das verschiebt die Problemlage weg von der Mitte der Gesellschaft hin zu den Rändern. Doch Altersarmut kann uns alle treffen, auch Menschen, die durchgehend gearbeitet haben, und vor allem auch jene, die zusätzlich auf eigene Initiative hin vorgesorgt haben – etwa mit einer Kapitallebensversicherung, das in Deutschland mit Abstand beliebteste Produkt für die private Altersvorsorge.

Die Experten haben nämlich bei ihren Untersuchungen einen enorm wichtigen Faktor nicht bedacht. Sie gehen davon aus, dass die private Altersvorsorge – als Ergänzung zur gesetzlichen Rente und zur Betriebsrente heute für viele Menschen essentiell – funktioniert. Doch ist sie in ihrer Existenz bedroht. Die wichtigste Form der privaten Absicherung von Millionen Deutschen, die in den kommenden Jahren und Jahrzehnten in Rente gehen, ist die »klassische« Lebensversicherung, im Fachjargon »kapitalbildende Lebensversicherung auf den Todes- und den Erlebensfall« genannt. Sie steht heute auf der Kippe. Etliche Versicherungsunternehmen lagern die entsprechenden Policen bereits an fremde Firmen aus, weil sie die Ansprüche ihrer Kunden nicht mehr bedienen können, anderen droht der Kollaps – und den Versicherten damit der Verlust eines beträchtlichen Teils ihres Vermögens.

Es handelt sich um eine Gefahr, die die Versicherungsunternehmen aus gutem Grund verschweigen. Eine Gefahr, die der Staat und seine Institutionen schon seit langem kennen – doch niemand möchte die schlechte Botschaft überbringen, denn es droht nicht nur die Abstrafung bei der nächsten Wahl, sondern Panik im Land. Und daran haben weder die Vorsorgeindustrie noch die Politiker ein Interesse.

Das Schweigen hat System, eine Haltung, die unsere Gesellschaft in Sicherheit wiegt, uns aber unvorbereitet lässt, wenn es dann tatsächlich zu einem Crash kommt. Es ist eine Gefahr, über die auch nur sehr wenig in Zeitungen, Zeitschriften oder Rundfunk und TV berichtet wird. Eine Gefahr, die in der Medienlandschaft, wo sonst jede kleine Verfehlung sicher aufgespürt und garantiert zum Skandal hochgejazzt wird, fast unsichtbar geblieben ist.

Dabei ist der Tod der Lebensversicherung keine Schwarzmalerei, der Patient liegt bereits auf der Intensivstation. Die Ursachen und Folgen des absehbaren Zusammenbruchs möchte ich in diesem Buch näher beschreiben. Mich treibt dabei keineswegs eine morbide Lust am Untergang. Ich selbst habe einige Jahrzehnte in Führungspositionen der Versicherungswirtschaft gearbeitet und fühle mich ihr und ihrem ursprünglichen gesellschaftlichen Auftrag nach wie vor in vielerlei Hinsicht verbunden. Ich musste jedoch erkennen und konnte es auch in Leitungsfunktionen nicht verhindern, dass das Gründungs- und Grundprinzip der Branche, eine Solidar- und Schutzgemeinschaft der Versicherten zu sein, von einer überbordenden Vertriebsmaschinerie zermalmt wurde und zunehmend einer reinen Umsatzorientierung gewichen ist, die nun den Bestand des Geschäfts bedroht und damit die private Altersvorsorge. Das heißt, die Ursachen für den absehbaren Kollaps sind zu einem guten Teil – aber nicht ausschließlich – hausgemacht.

Schockwellen

Warum spitzt sich gerade jetzt die Lage für die Lebensversicherungsbranche und damit für ihre Kunden zu? Vor allem drei Faktoren kommen gegenwärtig zusammen, die jeder für sich gefährlich genug wären, die aber in ihrer Kombination kaum zu bewältigen sein werden.

Erstens: Nachdem das Bundesverfassungsgericht im März 2002 die unterschiedliche Besteuerung der Beamtenpensionen und der Renten aus der gesetzlichen Rentenversicherung mit dem Gleichheitsgrundsatz des Grundgesetzes für unvereinbar erklärt und dem Gesetzgeber aufgetragen hatte, den Mangel zu beheben, trat am 1. Januar 2005 das Alterseinkünftegesetz in Kraft. Darin wurde das so genannte Steuerprivileg von Kapitallebensversicherungen verändert. Alle Zahlungen aus Verträgen, die nach dem 31. Dezember 2004 abgeschlossen wurden, waren nun steuerpflichtig. Seitdem muss bei Einmalauszahlungen die Hälfte der Erträge aus Kapitallebensversicherungen – diese Erträge sind die Differenz zwischen eingezahltem und ausgezahltem Betrag – versteuert werden, sofern die Auszahlung nach Vollendung des 62. Lebensjahrs erfolgt und der Vertrag eine Mindestlaufzeit von zwölf Jahren hat. Als diese gesetzlichen Vorgaben bekannt wurden, schwärmten die für mein damaliges Unternehmen tätigen Vertreter und Vermittler aus und brachten wäschekörbeweise Neuverträge mit, die wir auf extra herbeigeschafften Tapeziertischen bearbeiteten. Vor allem von Juli 2004, als das Gesetz verabschiedet wurde, bis Ende Dezember 2004 war der Andrang der Steuersparwilligen riesig. Jeder wollte noch schnell dem Fiskus ein Schnippchen schlagen. Da eine Mindestlaufzeit von zwölf Jahren auch bei Altverträgen die Voraussetzung für die Steuerfreiheit ist, kamen die Versicherer nach Ablauf dieser Frist in eine erste prekäre Phase. Ende 2016 wurden die ersten der damals geschlossenen Policen fällig, die Unternehmen mussten die Ansprüche ihrer Kunden bedienen, was sie gehörig unter Druck setzte. Und da viele Verträge erst noch zur Auszahlung kommen, müssen die Versicherer in den nächsten Jahren in großem Umfang liquide Mittel vorhalten. Um die Liquidität zu sichern, wurden bereits umfangreiche Sparmaßnahmen ergriffen und tausende Mitarbeiter entlassen.

Zweitens: Dieser Liquiditätsbedarf ist in einer Phase anhaltend niedriger Zinsen problematisch. Derzeit Jahren laufen viele noch hochverzinste, langlaufende Bundesanleihen aus den 1990er-Jahren aus und lassen sich durch keine auch nur annähernd rentablen Papiere ersetzen. Denn seit 2000 ist das Zinsniveau kontinuierlich gesunken und befindet sich derzeit auf einem Rekordtief. Zudem müssen die Versicherer laut gesetzlicher Vorgabe rund 80 Prozent ihrer Kapitalanlagen – also das Geld ihrer Kunden – in scheinbar sichere, festverzinsliche Wertpapiere anlegen. Mit ihren Anlagen erzielen die Unternehmen eine Rendite, die noch unter der liegt, die an die Kunden ausgezahlt werden muss. Wenn einige Versicherer nun zusätzlich Wertpapiere und Beteiligungen, die noch eine nennenswerte Verzinsung aufweisen, veräußern müssen, um den aktuellen Kapitalbedarf zu decken, werden sie hierfür künftig keinen adäquaten Ersatz mehr finden. Ohne Zinserträge aber ist ihr Geschäftsmodell praktisch perdu.

Drittens: Der Liquiditätsbedarf wird in den kommenden Jahren sogar noch steigen, wenn die Babyboomer in die Auszahlungsphase kommen. Es dürften Millionen Policen fällig werden. In gewisser Weise ist das eine Ironie der Geschichte: Jahrelang haben die Versicherer ihre Altersvorsorgeprodukte mit dem Argument beworben und verkauft, dass man sich wegen der demographischen Entwicklung gegen Versorgungslücken im Alter wappnen müsse, jetzt sitzen sie selbst in der Demographiefalle. Eine große Zahl von Leistungsberechtigten wartet auf Auszahlung, während immer weniger Beitragszahler hinzukommen.

Wie schon erwähnt, kommt jede dieser drei Besonderheiten für sich schon einem realen Stresstest für die Versicherer gleich. Aber so sehr die Risk Manager und Aktuare – das sind die vom Vorstand bestellten Versicherungsmathematiker, die unter anderem die für die Zukunft erforderlichen Deckungsrückstellungen kalkulieren – auch rechnen werden, für einige Unternehmen wird der Absturz nicht abzuwenden sein. Ich werde beschreiben, warum das so ist und welche Szenarien dann realistisch sind.

Systemversagen

Der Kollaps, der hier droht, ist kein unvorhergesehener, plötzlicher und »unverschuldeter« Zusammenbruch eines an sich gesunden Systems. Nein, Lebensversicherer steuern vielmehr seit Jahren sehenden Auges auf einen Abgrund zu. Fehlentwicklungen werden beharrlich beschwiegen und mit teuren Marketingmaßnahmen übertüncht, bestenfalls missdeutet; ein enormer Verkaufsdruck hat die Beratungsqualität erodieren lassen; die Chancen der Digitalisierung bleiben bislang weitgehend ungenutzt; die Volatilität eines Marktes, der im Wesentlichen auf Vertrauen gründet, wird im Glauben an die eigene Kapitalstärke und »Systemrelevanz« regelmäßig missachtet. Würden die Versicherungsgesellschaften dadurch »nur« ihre eigene Existenz sowie den Bestand von hunderttausenden Arbeitsplätzen gefährden, wäre dies bitter genug. Es wird aber weit schlimmer kommen. Der Kapitalbestand der Assekuranz-Unternehmen ist derart groß, dass sie den gesamten Finanzmarkt in die Krise reißen können. Natürlich wird der Staat deshalb, und um einen sozialpolitischen Super-GAU zu verhindern, im Zweifel mit Milliarden an Steuergeldern einen Kollaps abzuwenden versuchen. Tatsächlich hat der Gesetzgeber, in Sorge um die Branche, während der letzten Jahre bereits sehr viel getan, um ihre Zukunftsfähigkeit sicherzustellen. Schon die 2002 eingeführte Riester- und danach die Rürup-Rente waren gigantische Finanzhilfen für die private Versicherungswirtschaft, die es ihr eigentlich ermöglicht hätten, erforderliche Reformen auf den Weg zu bringen und zeitgemäße Geschäftsmodelle zu entwickeln. Aber die meisten Maßnahmen, auf die ich im Einzelnen noch eingehen werde, haben den Kollaps lediglich verzögert, weil sie eben nicht als Anschub für etwas Neues, sondern als Hilfe zur Weiterführung des Alten fehlverwendet wurden. In einigen Fällen erweisen sich die Interventionen des Bundesfinanzministeriums, der Finanzaufsicht und der Zentralbank sogar als Brandbeschleuniger, weil sie die angespannte Kapitalbasis der Unternehmen zusätzlich schmälern.

Wann der Zusammenbruch erfolgen wird, kann ich nicht präzise vorhersagen. Zwar gibt es bereits erste, gewissermaßen offizielle Warnungen, etwa seitens der deutschen und der europäischen Finanzaufsicht und des Internationalen Währungsfonds IWF, wonach die »Schieflage« der Lebensversicherer eine neue Finanzkrise auslösen könnte. Doch in der Öffentlichkeit und an den Börsen herrscht noch weitgehend Ruhe. Es dürfte die sprichwörtliche Ruhe vor dem Sturm sein, da bin ich sicher.

Vom Prunkstück zum Auslaufmodell

Während ich diese Zeilen schreibe, verdichten sich die Anzeichen für den Crash: Viele namhafte und große Versicherer bieten die klassische Lebensversicherung gar nicht mehr an, weil das »Produkt« für sie unrentabel geworden ist – eine »Marktanpassung«, die allerdings wegen der Millionen noch laufenden Verträge keine Rettung verspricht.

Was dazukommt und die Lage weiter verschärft: Einige Lebensversicherer lagern ihre Policen in eigenständige Gesellschaften aus – das defizitäre Geschäft soll das Hauptunternehmen nicht mehr belasten. Andere verkaufen die Verträge über die Köpfe der Versicherten hinweg an spezialisierte Abwicklungsfirmen, so genannte Run-off-Gesellschaften, die mit den Lebensversicherungen von der Resterampe Geschäfte machen wollen. So landen viele der von den Bürgern besparten Policen auf der »Müllkippe« der Versicherungsindustrie. Werden die Policen ausgelagert, wird das Problem aber nicht gelöst, sondern nur verlagert. Am Ende droht den Versicherten gar der Verlust ihrer gezahlten Beiträge.

Ein weiteres, untrügliches Indiz für den Niedergang: Schon heute müssen zahlreiche Versicherte in den sauren

Apfel beißen und zum Teil drastische Kürzungen bei ihrer Privatrente[4] hinnehmen. Als Kunde bekommt man heute bei weitem nicht mehr das, was von den Vermittlern oder Vertretern bei Vertragsschluss versprochen wurde. Ein schwerer Schlag für alle Versicherten, die ihre Lebensplanung und ihre Altersvorsorge darauf aufgebaut haben. Die Lebensversicherung, in der Bundesrepublik für viele Menschen jahrzehntelang ein Synonym für Sicherheit und Solidität, liegt auf dem Sterbebett. Und alle schauen beim Sterben zu. Das einstige Prunkstück der privaten Altersvorsorge ist zum Auslaufmodell geworden.

Sichere Einlagen?

Die Gefahr eines Crashs der Kapitallebensversicherung ist durchaus nicht unbekannt, sorgt aber öffentlich noch (!) nicht für große Aufregung, auch weil die eigentlich nicht zu übersehenden Krisenzeichen von den Verantwortlichen in Politik und Wirtschaft entweder kleingeredet oder mit fragwürdiger Rhetorik übertüncht werden. »Ihre Einlagen sind sicher. Dafür steht die Bundesregierung ein.«[5] Diese mutige Auskunft erteilten Kanzlerin Merkel und der damalige Bundesfinanzminister Peer Steinbrück bekanntlich im Oktober 2008, auf dem Höhepunkt der Bankenkrise, allen »Sparerinnen und Sparern« im Lande – und sorgten damit für eine Beruhigung, die bis heute anzuhalten scheint. Dabei besteht zur Beruhigung überhaupt kein Anlass. Wer das Volumen des Sparvermögens in Deutschland kennt – über 2,2 Billionen Euro als Bargeld, Tages- oder Festgeld und noch einmal knapp 3,5 Billionen Euro in Form von Anleihen, Aktien, Fonds oder Versicherungen[6] –, muss wissen, dass eine solche Aussage der reine Irrwitz ist. Der gesamte Bundeshaushalt für das Jahr 2018 beispielsweise sieht Ausgaben in Höhe von knapp 337 Milliarden Euro vor, damit könnten gerade einmal rund 6 Prozent der Spareinlagen gesichert werden. Und der Rest, immerhin knapp 94 Prozent? Kein Einlagensicherungsfonds und keine Regierung dieser Welt könnten so etwas stemmen. Unsere Ersparnisse sind also keineswegs sicher. Insofern sollte der beschwichtigende Auftritt der Regierungsverantwortlichen nicht als Garantie missverstanden werden. Er war psychologisch motiviert, wie Peer Steinbrück später auch einräumte. Wenn nur 15 Prozent der Sparer ihre Konten aufgelöst und ihr Geld nach Hause getragen hätten, wäre der gesamte Geldkreislauf im Land zusammengebrochen. Da darf man es mit der Wahrheit ruhig mal etwas weniger genau nehmen.

Ähnlich dramatische Zeiten stehen uns jetzt wieder bevor. Denn in Wahrheit ist das Kartenhaus unserer privaten Vorsorge akut einsturzgefährdet. Schon heute findet, insbesondere durch die anhaltende Niedrigzinspolitik der Europäischen Zentralbank, eine schleichende Enteignung von Millionen Sparern statt, deren Zinserträge aus Sparguthaben und Lebensversicherungen von der Inflation mehr als aufgezehrt werden. Nach Berechnungen der DZ Bank, des Zentralinstituts der Volks- und Raiffeisenbanken, mussten die Deutschen allein von 2010 bis Ende 2016 einen Wohlstandsverlust von knapp 200 Milliarden Euro verkraften.[7] Der damit einhergehende Verlust an politischer Stabilität ist nicht minder schmerzlich. Bekanntlich basierten die ersten Erfolge der AfD vor allem darauf, dass die Partei vorgab, den deutschen Sparer vor Europa und den griechischen Staatsschulden zu schützen. Gerade der Anti-Kurs gegen den Euro und die Europäische Zentralbank ist Teil der Gründungsgeschichte der vermeintlichen »Alternative für Deutschland«, die die Parteienlandschaft in Deutschland durcheinandergewirbelt hat.

Richtig ist: Die niedrigen Zinsen sind ein wirkmächtiger Faktor. Richtig ist aber auch: Sie bieten keine hinreichende Erklärung für die Krise der Versicherungsbranche, die in meinen Augen viel gefährlicher ist – und sich erheblich einschneidender auswirken kann – als die erwähnte schleichende Enteignung. Der Vorsorge-Markt ist bereits in eine Abwärtsspirale geraten und steuert direkt auf den freien Fall zu. Geschieht dies, wird kein Sicherungsnetz auch nur annähernd in der Lage sein, die Verluste in nennenswertem Umfang auszugleichen, allen Beschwichtigungen zum Trotz.

Ein Placebo als Rettungsschirm

Solange es lediglich einen, möglichst nicht mehr als mittelgroßen, Versicherer trifft, wird man das Problem wohl noch managen können. Schon im Jahr 2003 haben alle im Gesamtverband der Deutschen Versicherungswirtschaft (GDV) organisierten Assekuranz-Unternehmen auf Druck der BaFin, der Bundesanstalt für Finanzdienstleistungsaufsicht, eine gemeinsame Rettungsgesellschaft gegründet, die Protektor AG, um gegen die Insolvenz eines Mitgliedsunternehmens gewappnet zu sein. Und es gab einen konkreten Anlass. Im Frühjahr 2003 war das bis dahin für unmöglich Gehaltene tatsächlich passiert: In Deutschland stand eine Versicherung vor dem Aus. Die Mannheimer Versicherung hatte durch hohe Kursverluste an den Börsen einen Gutteil ihres Anlagevermögens, das heißt der von ihr verwalteten

Kundengelder, verloren und benötigte 370 Millionen Euro, um den Betrieb aufrechterhalten zu können. 340 000 Lebensversicherungsverträge drohten zu platzen, der Ruf der gesamten Branche war gefährdet.

Nachdem Übernahmeverhandlungen gescheitert waren, traf man sich zum Krisengipfel und gründete flugs die genannte Auffanggesellschaft, um den Schaden möglichst gering zu halten. Die Protektor AG übernahm schließlich alle Verträge der Mannheimer, um sie weiterzuführen, sowie knapp 300 von 1200 Mitarbeitern. Da laut Satzung keinerlei Neugeschäft vorgesehen ist, konnten die Vertriebs- und Verwaltungskosten bei dieser »Sterbebegleitung« zunächst vergleichsweise gering gehalten werden, ohne dass die Leistungen für die Altersvorsorge und den Risikoschutz für die Kunden geschmälert werden. Trotzdem mussten die Aktionäre der Protektor Lebensversicherungs-AG, also die Gemeinschaft der Versicherer, nach eigenen Angaben 240 Millionen Euro aufbringen, um die Katastrophe für die Mannheimer-Kunden abzuwenden.[8] Am Ende war man froh, den durch Ablauf, Todesfälle oder vorzeitige Beendigung auf rund 100 000 abgeschmolzenen Bestand der Versicherungsverträge loszuwerden und 2017 an die private Abwicklungsgesellschaft Viridium verkaufen zu können.[9]

Trotz allem ist die ganze Abwicklung erstaunlich geräuscharm über die Bühne gebracht und sogar als Beispiel für die Solidität der Branche vermarktet worden. Ob das ein weiteres Mal gelingen kann, erst recht, wenn mehrere Unternehmen abrutschen, muss bezweifelt werden. Und auf die im Oktober 2008 geschürte Hoffnung, dass es dann eben, als letzte Instanz, der Staat richten wird, sollte man, wie schon erwähnt, besser nicht bauen.

Was tun?

Noch einmal: Ich möchte hier nicht schwarzmalen. Doch nur wer die Wirklichkeit zur Kenntnis nimmt, wird in der Lage sein, sich auf schwierige Zeiten vorzubereiten und auch die mit jeder Krise einhergehenden Chancen wahrzunehmen. Der Kollaps selbst ist meiner Überzeugung nach nicht abzuwenden – eben weil die Lebensversicherer alle sich bislang ergebenden Möglichkeiten zur Neuausrichtung ignoriert haben. Als Erstes wird es die vielen »normalen« Sparer treffen, die schon heute am Ende der Vertragslaufzeit kaum mehr herausbekommen, als sie eingezahlt haben – und ganz gewiss deutlich weniger, als ihnen bei Vertragsschluss in schönen Modellrechnungen vorgegaukelt wurde. Aber auch das Eingezahlte, das Ersparte ist nicht mehr sicher. Wir werden eine massenhafte Kapitalvernichtung erleben, können aber gleichwohl gestärkt aus dieser Situation hervorgehen, wenn wir als Verbraucher, aber auch die Unternehmer und nicht zuletzt die Politik die richtigen Schlüsse ziehen.

Für die Bürgerinnen und Bürger heißt es, nicht blind ins Verderben zu laufen und sich aktiv mit dem Thema Altersvorsorge auseinanderzusetzen Für die Versicherungsbranche bedeutet dies ein radikales Umdenken. Es heißt vor allem, endlich den Schritt ins 21. Jahrhundert zu gehen, zeitgemäße Vorsorgeprodukte anzubieten und sich den Chancen, die die Digitalisierung bietet, nicht zu verweigern. Die Politik schließlich sollte ihre Lethargie ablegen; zu lange schon beobachtet sie die Krise der Alterssicherung und lässt die private Altersvorsorge in Richtung Abgrund laufen. Die letzte Bundestagswahl liegt noch nicht lange zurück. Die neue Bundesregierung hat nun die Möglichkeit, endlich das »heiße Eisen« Altersvorsorge anzupacken – ohne direkt eine Abstrafung durch die Wähler befürchten zu müssen.

Ein Überblick

In den folgenden Kapiteln werde ich die derzeitige Situation der privaten Altersvorsorge – insbesondere der Lebensversicherung – skizzieren und ihre Hintergründe aufzeigen. Wie konnte es zur Krise kommen? Welche Rolle spielte dabei die Versicherungsbranche selbst? Warum verschärfte der Staat die Situation, anstatt mit sinnvollen Instrumenten gegenzusteuern? Und wie stellt sich die Lage für die Betroffenen, die Versicherten dar? Ich möchte weiter beschreiben, durch welche Fehlentwicklungen die gegenwärtige Lage entstanden ist und wie die Versicherer ihre Zukunft aufs Spiel setzten, und damit auch die ihrer Kunden. Im Anschluss möchte ich Anregungen dafür geben, was Sie, verehrte Leserin, lieber Leser, tun können, um den Aufprall so wenig beschadet wie möglich zu überstehen; wie Sie sich auf den drohenden Crash vorbereiten können, was Sie mit Ihren Lebensversicherungspolicen tun können, und wie Altersvorsorge und Versicherungsschutz in der Zukunft aussehen können.

Ich stütze mich in diesem Buch in erster Linie auf eigene Beobachtungen, Erlebnisse und Erfahrungen, denn ich bin kein Wissenschaftler, sondern komme und berichte aus der Praxis. Und in dieser Praxis rast man gerade mit hoher Geschwindigkeit in eine Sackgasse. Ein Aufprall wird nicht mehr zu verhindern, aber vielleicht abzumildern sein.

Deshalb dieses Buch, das weder ein Fachbuch noch ein Ratgeber sein will, sondern eine Diskussion anstoßen möchte, die wir dringend führen müssen, wenn wir die Fehler der Vergangenheit künftig vermeiden wollen.

DIE KRISE DER PRIVATEN ALTERSVORSORGE

Altersvorsorge ist kein Thema, dem man sich gerne widmet. Es ist kompliziert, es ist dröge, es hat irgendwie einen negativen Beigeschmack. Dieses unangenehme Gefühl wird noch verstärkt durch die passive Haltung unserer Politiker, die zwar gerne von Wohlstand und Gerechtigkeit reden, das Thema Altersvorsorge aber immer wieder beiseiteschieben. Allenfalls wird einmal im Jahr, wenn eine der oben genannten Studien zur Altersarmut erscheint, medienwirksam Alarm geschlagen. Und trotzdem haben sich die allermeisten Menschen in Deutschland schon mit der privaten Altersvorsorge beschäftigt und sorgen bereits aktiv für ihren Ruhestand vor. Denn sie wissen spätestens seit Gerhard Schröders Agenda 2010, dass die gesetzliche Rente nicht mehr ausreichen wird, um später den eigenen Lebensstandard auch nur annähernd halten zu können.

Eines ist klar, die Zukunft ist unsicher, gerade was Rente und Altersvorsorge betrifft. Und gerade deswegen ist es wichtig, sich möglicherweise auch unangenehmen Wahrheiten zu stellen. Nur so behält man auch im Alter Handlungsspielräume und wird nicht zum Spielball der Verhältnisse. Es reicht heute – leider – nicht mehr aus, wenn man irgendwann eine Lebensversicherungs-Police abgeschlossen hat wie schon die Eltern oder die Großeltern, oder eine Rentenversicherung. Es geht nicht um die Frage, ob die private Vorsorge das Jahr für Jahr sinkende Rentenniveau ausgleichen kann, es geht vielmehr darum, ob die private Vorsorge überhaupt noch einen Vorteil bringt und ob die gesparten Beträge überhaupt noch sicher sind.

Die Altersvorsorge insgesamt befindet sich in einer Krise, und das betrifft sowohl die gesetzliche Rente als auch die betriebliche Altersversorgung, aber noch viel mehr die private Altersvorsorge. Gar dramatisch ist die Lage für die Menschen, die dabei vor allem auf die klassische, kapitalbildende Lebensversicherung gebaut haben. Denn für sie geht es um alles.

Die drei Säulen der Altersvorsorge: gesetzlich, betrieblich, privat

Das System der Alterssicherung basiert in Deutschland heute bekanntlich auf drei Säulen: gesetzliche Rentenversicherung, betriebliche Altersversorgung und private Altersvorsorge.

Die ersten beiden Säulen begünstigen vor allem Angestellte mit einer traditionellen Erwerbsbiographie: Die gesetzliche Rente richtet sich im Großen und Ganzen nach Anzahl und Höhe der geleisteten Beiträge. Wer durchgehend beschäftigt ist, hat also Vorteile, doch wer ist das heutzutage noch? Ein weiteres Problem bei der Sache: Angesichts der sich umkehrenden Bevölkerungspyramide droht das Rentenniveau weiter abzusinken. Immer weniger Einzahlern stehen immer mehr Rentenempfänger gegenüber, die steigende Lebenserwartung tut ihr Übriges. Experten prognostizieren, dass die Rente für viele Menschen die Höhe der Grundsicherung nicht übersteigen wird, vor allem, wenn deren Einkommen sich am gesetzlichen Mindestlohn orientiert.[1] Zwar bemühen sich jede Legislaturperiode die zuständigen Minister aufs Neue, ein weiteres Absinken in der Zukunft zu begrenzen. Ob das klappt, ist eher anzuzweifeln – zumindest wenn die Finanzierung des Rentensystems nicht grundlegend reformiert wird.

In den Genuss einer betrieblichen Altersversorgung oder Betriebsrente kommen in Deutschland nur rund die Hälfte der Angestellten.[2] In welcher Form sie gewährt wird, ist auch abhängig von der jeweiligen Unternehmenspolitik. Generell kann man sagen: Je kleiner die Firma, desto geringer die Wahrscheinlichkeit, später einmal von einer Betriebsrente zu profitieren. Für diese gibt es verschiedene Modelle: Entweder zahlt das Unternehmen eine zusätzliche Rente, auch »Direktzusage« genannt, oder der Angestellte reserviert einen Teil seines Bruttolohns für die Rente, was Vorteile bei Steuern und Sozialabgaben hat. Bei vielen Varianten sorgen beide Seiten, Arbeitnehmer und Arbeitgeber, für die Finanzierung. Zwar wurde bislang selbst im Falle von Unternehmensinsolvenzen die Betriebsrente vom Pensionsversicherungsverein der deutschen Wirtschaft gedeckt, doch gerät auch das System der Betriebsrente zunehmend unter Druck. So »sicher«, wie immer behauptet wird, ist sie keineswegs: »Ein europaweiter Stresstest bei Einrichtungen der betrieblichen Altersversorgung zeigt, dass die Leistungszusagen bei einer marktkonsistenten Bewertung nicht mehr von den eigenen Vermögen gedeckt wären.«[3] So das Urteil der Deutschen Bundesbank in ihrem Finanzstabilitätsbericht.

Ob Direktversicherungen, Pensionsfondskassen und -fonds, Unterstützungskassen: Es gibt zahlreiche, ganz unterschiedliche Modelle für die betriebliche Altersversorgung, ein Hin- und Herwechseln ist schwierig oder teilweise unmöglich, und einen Anspruch auf eine Betriebsrente gibt es per se nicht – ein Problem, das sich vor allem bei einem Wechsel des Arbeitgebers offenbart.

Ich halte die Betriebsrente deshalb nicht mehr für zeitgemäß. Zum einen birgt sie für das Unternehmen schwer abschätzbare finanzielle Risiken, zum anderen haben sich die Arbeitsbiographien der Menschen in den letzten 20 Jahren stark verändert. Den Wunsch nach lebenslanger betrieblicher Zugehörigkeit gibt es nicht mehr, sodass eine Betriebsrente heute auch kein Personalbindungsinstrument mehr ist, sondern vor allem ein Verwaltungsmonster. Daran wird auch das Betriebsrentenstärkungsgesetz von 2017 – die so genannte »Nahles-Rente« – nichts ändern. Der Rechtsexperte der ARAG, Tobias Klingelhöfer, äußerte sich ganz ähnlich zur betrieblichen Altersversorgung: »Es ist sicher sinnvoll, die gesetzliche Rentenversicherung durch eine kapitalgedeckte Absicherung zu ergänzen. Jedoch wechseln viele Beschäftigte heute den Arbeitsplatz öfter als früher und sogar die Branche, in der sie arbeiten. Diese Flexibilität wird heutzutage von Arbeitnehmern sogar erwartet. Sie benötigen aber eine private Altersvorsorge, die nicht direkt am Arbeitsplatz anknüpft, sondern von diesem unabhängig ist.«[4]

Unser Rentensystem – ein Relikt aus dem vergangenen Jahrhundert

Das Idealbild dieser beiden ersten Säulen ist also der Angestellte, der sein Leben lang in einer Firma arbeitet – die ein oder mehrere Betriebsrentenmodelle anbietet. Das klingt nach »geordneten Verhältnissen«, nach »heiler Welt«, nach den Sechziger- oder Siebzigerjahren in der alten Bonner Republik? Stimmt. Unser Rentensystem funktioniert noch nach den Prinzipien des Industriezeitalters, auch wenn hin und wieder an der einen oder anderen Schraube gedreht wird – meist zu Lasten der Arbeitnehmer. In der Tat hat sich seit der Einführung der Rentenversicherung im Jahr 1891 nichts Grundlegendes verändert. Mit der Realität und Zukunft unserer Arbeitswelt hat das Rentensystem nichts mehr zu tun.

Durchgehende Beschäftigung, unbefristete Jobs und eine langjährige Bindung an den Arbeitsplatz – dieses Arbeitsmodell ist zwar heute noch für viele Menschen selbstverständlich. Doch wechseln sich immer häufiger Phasen der angestellten Beschäftigung mit denen der Selbständigkeit oder Erwerbslosigkeit ab. Minijobs und niedrige Löhne höhlen die Ansprüche aus der gesetzlichen Rentenversicherung immer weiter aus. Wer davon betroffen ist, dem droht Altersarmut. Auch Aart De Geus von der Bertelsmann Stiftung sieht die Diskrepanz zwischen der Konstruktion des Rentensystems und der Realität: »Um das Rentensystem zukunftsfest zu gestalten, müssen wir es heute an die veränderten Rahmenbedingungen der Arbeitswelt anpassen.«[5] Blickt man in die Zukunft, so bleiben bei den ersten beiden Säulen der Altersvorsorge doch erhebliche Unsicherheiten. Werde ich von gesetzlicher Rente überhaupt leben können? Wie gut werde ich davon leben können? Habe ich Anspruch auf eine Betriebsrente – und falls ja: Ist diese überhaupt sicher? Angesichts dieser Situation wird die private Altersvorsorge umso wichtiger. Für viele Menschen entscheidet sie darüber, ob sie einen Ruhestand in Wohlstand oder in Armut erleben werden.

Die in Deutschland mit Abstand beliebteste Variante war über viele Jahrzehnte die klassische, kapitalgebundene Lebensversicherung. Auch die klassische private Rentenversicherung funktioniert – abgesehen vom hier fehlenden Risikoschutz – nach einem ähnlichen Prinzip. Jahrzehntelang galt die Lebensversicherung als *das* Instrument, um für den Ruhestand vorzusorgen, um eine Immobilie oder andere private Investitionen langfristig abzusichern, um etwa die ein oder andere Reise, ein neues Auto oder das Studium der Kinder zu finanzieren – oder um sich ein finanzielles Extra-Polster zu schaffen. Als die gesetzliche Rente sich dann nicht mehr ganz so »sicher« anfühlte, hofften gerade die Angestellten mit niedrigem bis mittlerem Einkommen darauf, mit Hilfe der Lebensversicherung später nicht in prekäre Verhältnisse abzurutschen und ohne Ängste in den Ruhestand gehen zu können. Für viele ist sie vom finanziellen »Bonus« zum essentiellen und notwendigen Baustein der Altersvorsorge geworden. Für Millionen Menschen in Deutschland würde ein Wegbrechen der erwarteten Erträge aus ihren Lebensversicherungen im finanziellen Desaster enden.

Ist der Ruf erst ruiniert ...: Versicherer in der Vertrauenskrise

Das einstige Vorzeigeprodukt der privaten Altersvorsorge ist inzwischen zum Riesenflop geworden. Ein Grund dafür ist sicher, dass die Versicherungsbranche einen extremen Vertrauensverlust erfahren hat. Wer bei einer Versicherung arbeitet, versucht dies heute eher zu verheimlichen und erzählt davon nicht mehr so gerne, etwa beim Smalltalk auf einer Party. Kein Wunder, denn einen schlechteren Ruf als die Mitarbeiter einer Versicherung haben in Deutschland nicht einmal Politiker. Der Beruf des Versicherungsvertreters steht im Ranking der unbeliebtesten Berufe der Deutschen einsam an der Spitze.[6] Und einer repräsentativen Emnid-Umfrage zufolge sind weit mehr als die Hälfte der Deutschen (58 Prozent) von Versicherungen nur noch genervt.[7] Das ist für ein Geschäft, das Ängste zu mindern und Sicherheit zu stiften vorgibt, ein desaströser Wert.

Selbst eine für die konservative Versicherungsbranche vergleichsweise flotte Kundenansprache und neue, »zeitgeistige« Produkte – wie etwa die inzwischen von einigen Unternehmen angebotene »Shitstorm«-Versicherung – können die schon entstandenen Image-Schäden kaum beheben. Ob es um betrieblich organisierte und als Vertriebskosten abgerechnete Sexorgien in Budapest und anderswo geht, um illegalen Datenhandel, die alltäglichen Erfahrungen mit provisionsgierigen Maklern, sektenartige Strukturvertriebe und Anlagebetrug in großem Stil, um Falschberatungen, Schwierigkeiten bei der Schadensabwicklung, verdeckte Kosten, sinkende Dividenden und enttäuschte Erwartungen: Die Kunden spüren, dass die Versicherungsbranche ihr Ursprungsprinzip der Solidarität längst zu Gunsten einer rigorosen Umsatzmaximierung verraten hat.

Dieses Misstrauen kann für eine Branche, die ganz wesentlich auf Solidität und Vertrauen beruht, extrem gefährlich werden.

Der schleichende Tod der Lebensversicherung

Und so schwächelt das Neugeschäft mit Lebensversicherungen, Jahr für Jahr werden weniger Verträge abgeschlossen: 2013 gab es einen Rückgang um satte 13 Prozent, 2015 um 8,1 Prozent, im Jahr 2016 um immer noch 5,4 Prozent[8]. Auch ein für Neuabschlüsse positives Jahr wie 2014 (plus 3,9 Prozent) kann die Tendenz nicht beschönigen.[9]

Was besonders bemerkenswert ist: War noch 1995 jede zweite neu abgeschlossene Police in Deutschland eine klassische, kapitalgebundene Lebensversicherung, so ist deren Anteil bei neuen Verträgen heute auf unter 10 Prozent abgestürzt.[10] Neuere, fondsgebundene Lebensversicherungen ohne garantierte Verzinsung können den Verlust aber bei weitem nicht aufwiegen. Denn sie bieten weniger Sicherheit und wälzen einen guten Teil der Anlagerisiken auf die Kunden ab. Das kommt in Deutschland nicht so gut an.

Ein anderes Phänomen: Die Kunden ziehen sich aus den bestehenden Lebensversicherungsverträgen zurück. Nach Angaben des *Versicherungsboten*, einem Online-Portal für Versicherungsmakler und Vermittler, werden jedes Jahr deutschlandweit Policen in Milliardenhöhe gekündigt. 2014 waren es Versicherungen im Wert von 14,86 Milliarden Euro[11], 2015 lag das Stornovolumen bei stolzen 13,1

Milliarden Euro[12], im Jahr 2016 bei 12,4 Milliarden Euro[13]. Und zudem liegt der Anteil der stillgelegten, (»beitragsfrei gestellten«) Policen inzwischen bei 27 Prozent[14], das heißt, die Versicherten zahlen nicht mehr in ihre Lebensversicherung ein. All diese Zahlen lassen nur einen Schluss zu: Das Jahrzehnte währende Wachstum der Versicherungswirtschaft dürfte zu Ende sein.

Zwar ist eine Kündigungswelle in der genannten Größenordnung bei dem enormen Kapitalbestand der Versicherer noch nicht viel mehr als ein Alarmzeichen. Dennoch reagieren die Unternehmen nervös. Aber anstatt Maßnahmen zu ergreifen, um das verlorengegangene Vertrauen wirklich zurückzugewinnen, verstärken sie ihre Marketing- und Vertriebsaktivitäten – Herr Kaiser lässt grüßen. Mit ihren hilflosen Versuchen laufen sie allerdings Gefahr, ihr Image weiter zu ramponieren.

An den Bedürfnissen der Kunden vorbei

Längst sind Kundengenerationen herangewachsen, die nicht mehr plump oder aggressiv umworben, sondern überzeugt werden wollen und die, sollten sie mit einem Produkt oder einer Leistung nicht zufrieden sein, einem Anbieter über die sozialen Medien extrem gefährlich werden können. Solche Kunden schreiben Marketingexperten in den USA der »Generation C« zu, ihre Zahl wird dort auf 75 Millionen geschätzt[15], in Deutschland werden sie im Jahr 2020 rund 40 Prozent der Bevölkerung ausmachen[16]. Das »C« steht für »connected«, »content« und »clicking« und zeigt an, wie sehr die neuen Technologien das Kundenverhalten zu bestimmen begonnen haben. Informationen über Produkte und Preise sind heute im Prinzip überall und jederzeit verfügbar, und jeder über das Internet vernetzte Kunde kann zu einem scharfen Kritiker werden. Aber die Marketing- und Vertriebsorganisationen haben offenkundig noch nicht hinreichend begriffen, dass es einer neuen Kundenorientierung bedarf. Rund 225 000 selbständige Versicherungsmehrfachagenten und Versicherungsmakler sind in Deutschland registriert[17] – die an eine Versicherung gebundenen Vertreter sowie die Berater in Banken und Sparkassen, die ebenfalls auf Provisionsbasis Policen abschließen, sind hier nicht mitgerechnet. Und diese Verkaufsschar hält an ihrem einstigen Erfolgsmodell fest, dem so genannten Strukturvertrieb, der über Jahre so schöne Umsätze beschert hat. Es ist ihnen geradezu in Fleisch und Blut übergegangen. Das manifestiert sich alljährlich in den so genannten Zielvereinbarungsgesprächen. Nachdem der Vorstand im Vorfeld hat berechnen lassen, wie viel Neugeschäft benötigt wird, werden die Volumina entsprechend zugeschnitten und top-down verteilt. Dabei bleibt die Realität konsequent ausgeblendet, weder Kundenwünsche noch regionale Besonderheiten oder Marktveränderungen spielen eine Rolle. Einziger Antrieb für die Verkäufer und Vermittler ist der eigene hierarchische und vor allem finanzielle Mehrwert.

Vom ursprünglichen Prinzip der Solidargemeinschaft sind Versicherer heute so weit entfernt wie die Erde vom Mond, ihre Interessen und die der Versicherten sind schon lange nicht mehr identisch. Versicherungsunternehmen verstehen sich als reine Dienstleister und haben sich in ihrer Mentalität den seit den 1990er-Jahren so erfolgreichen wie berüchtigten Strukturvertrieben angepasst – auch weil sie von ihnen abhängig wurden, wie zum Beispiel vom ehemaligen AWD (Allgemeiner Wirtschaftsdienst) Carsten Maschmeyers, der die Firma mit 1000 Mitarbeitern und einem Buchwert von knapp einer Milliarde Euro 2007 an den Schweizer Renten- und Versicherungskonzern Swisslife verkaufte. Heute gibt es kaum noch einen Vertrieb, der nicht zu einer Versicherung gehört.

Warum Beratung nicht unabhängig ist

Versicherungen arbeiten im Vertrieb mit so genannten Ausschließlichkeitsvertretern. Der Kunde weiß dann in der Regel, dass dieser für ein bestimmtes Unternehmen arbeitet und auch dessen Produkte anbietet. Daneben gibt es Makler und unabhängige Vertriebsgesellschaften, die – eigentlich – in ihrer Beratungsempfehlung frei sind. Beteiligt sich nun ein Versicherer an diesen Vertriebsgesellschaften oder Maklerhäusern, besteht sehr stark die Gefahr der Einflussnahme. Um Ihnen einen kleinen Eindruck zu verschaffen, wie eng Versicherer und Vermittler miteinander verflochten sind, stelle ich kurz dar, welche der relevanten Vertriebsfirmen direkt einem oder mehreren Versicherungsunternehmen zugeordnet sind. Daraus kann eine nicht so leicht zu durchschauende Form der Abhängigkeit entstehen, weil ja scheinbar ein größeres Portfolio angeboten wird:

> Die OVB Vermögensberatung AG ist eine hundertprozentige Tochter der OVB Holding AG, an der mehrere Versicherer mit über 10 Prozent beteiligt sind: die Signal Iduna Gruppe (IDUNA, Balance, Deutscher Ring), die Basler Beteiligungsholding GmbH und die Generali Lebensversicherung AG.

> Die Swiss Life select (ehemals bekannt unter dem Namen AWD) gehört zur Swiss Life-Gruppe. An der MLP sind die Swiss Life, HDI-Gerling, Barmenia und die Allianz beteiligt.
> Die Deutsche Vermögensberatung (DVAG) gehört zu fast 40 Prozent der Generali Deutschland AG und vertreibt exklusiv die Produkte von deren Tochter AachenMünchener.
> Die tecis Finanzdienstleistungen AG ist eine Gesellschaft der SwissLife.
> Die Vermittlungsgesellschaft Zeus gehört der Basler Versicherung.

Solche Informationen sind auf den Webseiten der Unternehmen zugänglich, aber meistens im Impressum »versteckt«. Bei der Kundenansprache geben sich die Vermittler unabhängig und betonen in der Regel ihr großes Portfolio »zum Wohle des Kunden«. Das können Sie glauben – oder auch nicht. Beinahe jede zweite neue Versicherungs-Police wird heute von einem »Einfirmenvertreter« abgeschlossen. Ein weiteres Drittel wird durch Mehrfirmenvertreter vertrieben. Vertriebsorganisationen und Makler sind ebenfalls stark am Neukundengeschäft interessiert – schließlich gibt es dabei mehr zu verdienen als mit der Pflege von Bestandskunden.[18] Am Ende zählt für viele Vertreter und Vertriebsfirmen eben nicht der Kundennutzen, sondern das eigene Portemonnaie.

Seit langem geht es nur noch um eines: Verkaufen um jeden Preis! Das sichert den Vertretern Provisionszahlungen und den Unternehmen frisches Geld, um die Ansprüche der Altkunden bedienen zu können. Worauf es nicht mehr ankommt: auf den einzelnen Menschen, der für sein Alter vorsorgen möchte oder seine Risiken absichern will.

Wie die Versicherer das Unwissen der Kunden ausnutzen

Dass dieses Geschäft so lange so gut funktioniert hat, liegt vor allem an den Vorgängern der Generation C. Gerade wir Deutschen sichern uns am liebsten zu 130 Prozent ab und wollen dabei auch noch jede Gewinnchance und jede Steuersparmöglichkeit mitnehmen, die man uns vorgaukelt. Dabei kümmern wir uns nur ungern selbst um die zum Teil komplexen Fragen von Versicherungspolicen oder Vermögensaufbau. Und noch weniger sind wir bereit, offen darüber zu reden. Über Geld spricht man bekanntlich nicht! Die lästigen Details überlassen wir deshalb, trotz unseres schwindenden Vertrauens, dann doch lieber Bankangestellten, Maklern oder einfach dem Vater Staat. Es ist solch »unmündiges« Verhalten, auf dem der Erfolg der Branche beruht, das ihr aber auch zum Verhängnis zu werden droht, weil kritisches Nachfragen vielleicht längst eine Neuausrichtung erzwungen hätte.

Diese Ahnungslosigkeit auf Seiten der Kunden bestimmt das Geschäft bis heute. Zahllose Policen sind überflüssig, etwa weil die versicherten Risiken schon anderweitig abgedeckt sind. Heute ist man häufig doppelt und dreifach versichert. So sind viele Versicherungen bereits in Kreditkarten-Verträge eingebunden – wie etwa die Reiserücktrittsversicherung, eine begrenzte Selbstbeteiligung bei Mietwagen-Schäden oder eine Insassenunfallversicherung. Zudem werden geradezu läppische Risiken unsinnig versichert, zum Beispiel gibt es eine Hochzeitsrücktrittsversicherung oder eine Handyversicherung. Zudem ist es für Kunden oft extrem schwierig, im Schadensfall die versprochenen Leistungen auch geltend zu machen, vor allem bei der Berufsunfähigkeitsversicherung. Ein Berater sagte mir einmal: »Erst wenn eine Bombe neben dir hochgeht und du anschließend deinen Kopf unter dem Arm trägst, giltst du als berufsunfähig, und die Versicherung greift.« Zugegeben, das ist überspitzt formuliert. Jedoch werden im Schnitt 30 Prozent aller Anträge auf Berufsunfähigkeit abgelehnt. Bei einigen Anbietern sogar mehr als die Hälfte.[19] Sicherheit sieht anders aus. Die Berater und Makler wissen das alles, doch sie schweigen lieber, aus Angst, einen Abschluss und damit die ihnen vorgegebene Quote zu gefährden. Und bevor sie dem Kunden empfehlen, auf eine Versicherung zu verzichten, nehmen sie lieber die Provision mit. Ein Verkaufstrainer fasste diese Haltung bei einer Schulung einmal in folgende Worte: »Wenn du dem Kunden erklären möchtest, wie Versicherungen funktionieren, dann wird er anschließend – wenn er in der Pharmaindustrie arbeitet – dir auch beibringen wollen, wie Medizin hergestellt wird. Du bist der Experte, er ist die Mehlmütze. Du brauchst ihm nichts zu erklären, er soll nur unterschreiben. Das ist das Ziel.« Damit war alles gesagt.

Auch die Lebensversicherung ist in ihrer heutigen Form als Sparmodell nicht zu empfehlen – was die Berater und Makler ebenfalls wissen, aber verschweigen –, während viele neue Risiken in einer sich verändernden Lebenswirklichkeit auf innovative Antworten warten. Als ich für einen internationalen Versicherungskonzern tätig war, gab es dort Fondsprodukte, die man 25 Jahre lang nicht verändert hatte. Diese boten den Kunden zwar keinerlei Vorteile mehr, erfüllten aber die Vorgaben des Gesetzgebers, hatten also das entsprechende »Gütesiegel« und konnten so jede Prüfung passieren. Der Kunde bekam, wider besseres Verkäuferwissen, eine Sparanlage angedreht, die ihm buchstäblich nichts einbrachte.

Über all das gilt es endlich einen offenen Diskurs zu führen. Aber hierbei sind eben die Kunden genauso gefordert wie die Unternehmen. Das Versäumnis, uns nicht angemessen zu informieren, und unsere Neigung, allen möglichen (längst nicht mehr garantierten!) Versprechungen glauben zu wollen, wird uns teuer zu stehen kommen. Die Assekuranz-Unternehmen verwalten in Deutschland rund 430 Millionen Versicherungsverträge[20], das heißt im Durchschnitt mehr als fünf pro Kopf. Lebensversicherungen, Pensionskassen und Pensionsfonds verfügen in rund 89 Millionen Policen über einen Anlagebestand in Höhe von 923 Milliarden Euro[21] – das ist mehr als doppelt so viel wie die gesamten Staatsschulden Griechenlands. Dieses »Volksvermögen« ist akut bedroht. Läuft alles weiter, ist der Tod der Lebensversicherung unvermeidlich, der am Ende die Mehrheit der Deutschen treffen wird. Es ist ein Tod auf Raten, ein Absturz mit Ansage, ein schmutziges Spiel auf Kosten der Kunden.

Die Kapitallebensversicherung: der Deutschen liebstes Vorsorgemodell

Es ist noch gar nicht so lange her, da hatte praktisch jeder eine klassische Kapitallebensversicherung abgeschlossen. Sie war für die meisten Menschen ein wichtiger und verlässlicher Baustein der privaten Altersvorsorge, unverzichtbar bei der Risikoabsicherung der Familie und auch als Sicherheit für Kredite – etwa um das Eigenheim zu finanzieren – äußerst beliebt. Noch heute verwalten die Versicherungsunternehmen 89 Millionen Verträge, das sind mehr Policen als Deutschland Einwohner hat. Warum erfreute sich gerade die kapitalbildende Lebensversicherung so großer Beliebtheit? Nun, sie machte den Kunden ein auf den ersten Blick unschlagbares Angebot: Risikoabsicherung für die Familie und Kapitalanlage in einem Produkt, mit einer einzigen Police. Der Versicherte schien so zwei Fliegen mit einer Klappe zu schlagen: Er sorgte im eigenen Todesfall für einen finanziellen Schutz seiner Liebsten – und sicherte gleichzeitig den eigenen Lebensabend mit einem langfristigen Sparplan ab. Die Kapitallebensversicherung bot eine ordentliche Rendite bei einem in Spitzenzeiten bis zu 4 Prozent hohen Garantiezins, bot Steuervorteile und versprach dabei maximale Sicherheit. Und wir Deutschen lieben nun einmal die Sicherheit, Risiko gilt uns als suspekt.

»Einfach, praktisch, sicher«

Diese Kombination machte die Kapitallebensversicherung zu einer Art Eier legender Wollmilchsau, ein attraktives Versprechen, dem nur die wenigsten widerstehen konnten. Ein Funktionär der Versicherungsbranche formulierte es, ganz in verkäuferischer Manier, einmal so: »Wo bekommen die Menschen denn sonst einen Todesfallschutz, drei Prozent Zinsen und eine lebenslange Rente?«[22] Das Modell war zudem bequem: Berater und Vermittler besuchten die Kunden zu Hause am Wohnzimmertisch und beschworen die Vorzüge des Modells mit Hilfe von schönen Bildern vom Lebensabend in Wohlstand und verlockenden Beispielrechnungen. Der Kunde musste sich nicht kümmern, musste das Kleingedruckte nicht lesen und brauchte am Ende nur noch zu unterschreiben.

Inzwischen ist die klassische Lebensversicherung zum Sorgenkind der Branche geworden. Die Unternehmen wollen alte Verträge loswerden, Zinsgarantien und Renditen sind im Sinkflug. Versicherte bekamen Ende des Jahres 2016 Briefe, sie mögen ihre Versicherung doch bitte kündigen. Was dahintersteckte, wurde nicht erklärt. Kein Wunder, wenn das Vertrauen der vielen Millionen Kunden leidet. Sie fühlen sich hintergangen, weil am Ende eines Vertrags die Auszahlung weit niedriger ist, als ursprünglich am Wohnzimmertisch vom Versicherungsvertreter oder -vermittler vorgerechnet und versprochen wurde. Sie fühlen sich hintergangen, weil sie langsam daran zweifeln, dass ihre Lebensversicherung wirklich sicher ist. Weil sie Angst um ihre Zukunft haben. Leider haben sie damit recht.

Das Anlage-Problem:
Absturz garantiert

Ausgerechnet das Paradeprodukt der Versicherer, die Kapitallebensversicherung, durch die niedrigen Zinsen der vergangenen Jahre schon deutlich angeschlagen und mittlerweile als Sparmodell völlig ungeeignet, befindet sich im freien Fall. Und dieser Absturz ist durch langfristig unhaltbare Renditegarantien sowie durch eine heute – in Anbetracht der Zinssituation und der Marktsättigung – schon wahnhaft anmutende Neugeschäftsorientierung zu einem Gutteil selbstverschuldet.

Weil die meisten Lebensversicherungsverträge eine Laufzeit von mehreren Jahrzehnten haben, ist ihre Garantieverzinsung eigentlich ein kaum kalkulierbares Risiko, das die Assekuranz-Unternehmen aber zu Verkaufs- und Umsatzzwecken millionenfach eingegangen sind. Und so spielt die Zinssituation heute eine tragende Rolle im absehbaren Drama um die Versicherungswirtschaft, weil das Geschäftsmodell der Versicherer, als langfristig kalkulierende Kapitalsammelstellen, von sicheren, zinstragenden Anlagemöglichkeiten abhängig ist. Solche Anlagen sind aber seit einigen Jahren nicht mehr verfügbar, und sie werden es vermutlich auch in absehbarer Zeit nicht sein.

Garantiezins

Der so genannte Garantiezins, eigentlich »Höchstrechnungszins«, war für die Lebensversicherer jahrzehntelang das beste Verkaufsargument. Sie sichern damit ihren Kunden bei Vertragsabschluss eine bestimmte Mindestverzinsung ihrer Guthaben über die gesamte Vertragslaufzeit zu. Damit die Versicherer im Kampf um Kunden keine illusorischen Renditeversprechen machen, sondern ihre langfristigen Zusagen auch erfüllen können, ist die maximale Höhe des Garantiezinses im Versicherungsaufsichtsgesetz geregelt und wird vom Bundesfinanzministerium auf Empfehlung von Versicherungsmathematikern und der Finanzaufsicht BaFin festgelegt. Versicherer dürfen dem Kunden weniger bieten, aber nicht mehr. Grundsätzlich gilt, dass der Garantiezins nicht mehr als 60 Prozent des langjährigen Durchschnitts der Rendite von zehnjährigen Bundesanleihen betragen darf. Diese Regelung hat dazu geführt, dass der Höchstrechnungszins in den vergangenen 15 Jahren auf Grund der allgemeinen Zinsentwicklung sukzessive gesenkt werden musste, von ehemals vier Prozent bis zum Jahr 2000 auf heute gerade mal 0,9 Prozent, was der klassischen Lebensversicherung wohl den endgültigen Todesstoß versetzen wird.

Von einer Veränderung des Höchstsatzes sind jeweils nur die Neukunden betroffen, während die Altzusagen die Versicherer zunehmend belasten. Für die Kunden allerdings ist die jeweilige Garantieverzinsung in gewisser Weise schon immer eine Mogelpackung gewesen, weil sie nicht etwa, wie die meisten Versicherungsnehmer annehmen, auf ihre Einzahlungen berechnet wird, sondern darauf, was von ihren Prämien abzüglich der Kosten (Abschlussprovision, Vertriebsaufwand, Verwaltung, Todesfallschutz) übrigbleibt. Da der Kunde aber in der Regel nicht erfährt, wie hoch diese Kosten sind, kann er also gar nicht wissen, welche Verzinsung er, bezogen auf seine Einzahlungen, tatsächlich garantiert bekommt.

Money for nothing

Weil die Schuldenstände der Staaten anhaltend hoch sind und jeder Zinsanstieg diese Schulden, vereinfacht gesagt, praktisch weiter erhöht – denn je höher die Zinsen sind, desto mehr Mittel müssen in den Schuldendienst fließen –, werden die Zentralbanken auch weiterhin alles versuchen, das Geld möglichst billig zu halten. Eine solche Geldpolitik entlastet private und öffentliche Schuldner, sie befeuert den Konsum, kann das Investitionsklima verbessern und stützt damit weite Teile der Wirtschaft. Sie ist aber für die Versicherungsbranche existenzbedrohend, und sie ist gewissermaßen ein gigantisches Enteignungsprogramm, das unser aller Ersparnisse gefährdet und die meisten Formen finanzieller Vorsorge konterkariert.

Durch die seit Jahren – seit der Finanzkrise – ungewöhnlich niedrigen Zinsen ist die Branche inzwischen sogar in einen Teufelskreis geraten. Für einige Zeit war die Niedrigzinsphase durchaus verkraftbar, weil die Unternehmen noch viele alte Papiere in der Bilanz hielten, die ihnen mittelfristig eine ausreichend gute Durchschnittsverzinsung sicherten. Diese Zeit geht nun jedoch zu Ende, und es ist nicht erkennbar, dass die Versicherer »Vorsorge« getroffen hätten – vermutlich in der Hoffnung, die Zinsen würden schon bald wieder steigen. Dabei ist inzwischen auch diese Hoffnung seltsam trügerisch. Denn paradoxerweise kann ihnen heute auch eine »Normalisierung« des Zinsniveaus gefährlich werden – weil dann viele, zu schlechten Zinskonditionen abgeschlossenen Policen für die Kunden unattraktiv werden und massenhafte Stornierungen für die Versicherer weniger Einnahmen bedeuten würden.

Schon als wir 2004, wie oben bereits kurz erwähnt, auf Grund des Anfang 2005 in Kraft tretenden Alterseinkünftegesetzes wie am Fließband neue Policen ausstellten, wurde vielen Versicherungsmathematikern in der Branche mulmig. Unser Aktuar beispielsweise räumte unumwunden ein, dass wir seiner Einschätzung nach den schönen momentanen Umsatzerfolg in den Jahren ab 2016 mit der Pleite bezahlen werden, weil wir ab 2005 nicht mehr genug Neukunden finden würden, um die massenhaft eingegangenen Altzusagen weiter bedienen zu können – und damals hatte wir noch eine deutlich günstigere Zinssituation als heute. Wir im Vorstand nahmen die Prophezeiung achselzuckend zur Kenntnis: Augen zu und durch. Man denkt nicht gerne so viele Jahre im Voraus – insbesondere, wenn der eigene Vorstandsvertrag eine deutlich geringere Laufzeit hat und damit unternehmerisches Denken geradezu verhindert. Woran Versicherungs-Manager und Vorstände nämlich in erster Linie denken, ist nicht die langfristige Zukunft des Unternehmens und erst recht nicht das Schicksal der Kunden. Viel wichtiger ist ihnen, dass der eigene Vertrag verlängert wird. »Mein Vertrag läuft nächstes Jahr aus – ich wäre wahnsinnig, jetzt irgendwelche strategischen Entscheidungen zu treffen, die die ferne Zukunft betreffen. Ich sehe erst einmal zu, dass das Ergebnis gut aussieht, nach dem ich bemessen werde.« Das ist die Denke, die dahintersteht. Und sie ist zutiefst menschlich und sicher nicht nur in der Versicherungswirtschaft weit verbreitet.

Auch Bonifikationen bemessen sich nach dem Bilanzergebnis, bis zu 100 Prozent Aufschlag auf das ohnehin recht üppige Gehalt sind keine Seltenheit. Und solche Ergebnisse lassen sich natürlich beeinflussen, etwa indem man Abschlüsse und Zahlungen vor- oder rückdatiert, Rückstellungen bildet oder Auszahlungen vorzieht. Der Phantasie sind da keine Grenzen gesetzt. Auch damit stehen Versicherungsunternehmen natürlich nicht alleine da: So funktioniert heute der Kapitalismus, in allen Branchen. Wir leben in einer Welt, in der wir glauben, dass ein Unternehmen gut zu lenken ist, wenn wir wie beim Autofahren in den Rückspiegel schauen – obwohl uns bewusst ist, dass wir auf der Autobahn eigentlich nach vorne schauen müssten.

Diese organisierte Kurzsichtigkeit wird sich für die Versicherten nun rächen. Inzwischen wissen einige Lebensversicherer nicht mehr, wie sie ihr Kapital anlegen sollen. Bis jetzt kamen die meisten Unternehmen noch recht gut über die Runden. Doch viele alte, noch hochverzinste Anleihen laufen in diesen Jahren sukzessive aus, und etwas Vergleichbares ist heute auf dem Kapitalmarkt nicht mehr zu finden. Im Gegenteil, drei Viertel aller deutschen Staatsanleihen etwa werden mittlerweile sogar negativ verzinst, während die Versicherer auf Millionen Verträgen sitzen, die ihren Kunden einen positiven Zins garantieren. Einige Unternehmen werden dadurch schon kurzfristig in arge Finanzprobleme geraten.

Beispiel Japan

Um diese gar nicht ferne Zukunft auszumalen, bedarf es keines Orakels, es genügt ein Blick in die nahe Vergangenheit, nach Japan. Dort hatte sich in den 1980er-Jahren eine Aktien- und Immobilienblase aufgebaut, von der sich auch die Versicherer hatten anstecken lassen. Sie versprachen ihren Kunden eine immer höhere Mindestverzinsung, zeitweise bis zu sechs Prozent. 1989 platzte die Blase – und der Staat musste immer mehr Geld in Rettungsmaßnahmen und Konjunkturprogramme pumpen und dafür Kredite aufnehmen. Um das zu ermöglichen, senkte die Notenbank die Zinsen – im Jahr 2000 auf null Prozent – und machte Japan damit zum ersten Land, das eine dauerhafte Niedrigzinspolitik zum Mittel der Wirtschaftspolitik erhob. So ist es dort übrigens bis heute. Und die Maßnahme zeigte auch durchaus Wirkung, die Wirtschaft erholte sich, verursachte aber gewissermaßen Kollateralschäden: die Krise der Versicherungsbranche. Die alten Zinsgarantien, die durch Zinseinnahmen nicht mehr gedeckt werden konnten, rissen Lücken in die Bilanzen der Versicherer und lösten ab 1999 eine Pleitewelle aus, die 2001 mit dem Bankrott von fünf großen Assekuranz-Unternehmen ihren Höhepunkt erreichte. Zwar konnte ein Rettungsschirm der Versicherungsbranche einen Totalverlust für die Kunden abwenden, dennoch verloren diese Geld. Denn die Finanzaufsicht erlaubte damals den insolventen Versicherern, die Garantiezahlungen zu senken.[23]

Inzwischen scheint sich die Lage stabilisiert zu haben – die meisten Altverträge wurden nach 20 Jahren abgegolten –, sie bleibt aber angespannt. Angesichts einer weiterhin enorm hohen Staatsverschuldung – von knapp 240 Prozent des Bruttoinlandprodukts[24] – bleibt die Finanzsituation Japans äußerst fragil, und die japanischen Versicherungskonzerne gehören mit ihren Investitionen in japanische Staatsanleihen mit einem Volumen von weit über 1000 Milliarden Euro[25] zu den größten Gläubigern des Landes. Hier ist vielleicht keine unmittelbare Gefahr im Verzug, aber im Grunde genommen existiert das gigantische Vermögen der vielen japanischen Sparer nur noch auf »Papieren«, die im

Falle einer ernsten Haushaltskrise oder gar einer Staatspleite ihren Nennwert nicht mehr einlösen könnten. Und da die meisten Sparer zugleich Steuerzahler sind, wären sie in einem solchen Fall gewissermaßen doppelt Geschädigte. Zwischen den deutschen Versicherern und dem Staatshaushalt ist der Grad wechselseitiger Abhängigkeit nicht minder hoch. Und die Ausgangslage ist hier heute so ähnlich wie in Japan um die Jahrtausendwende. Vor allem die anhaltende Tiefzinspolitik der Zentralbanken verhindert, dass die notwendige Rendite erzielt werden kann, um die Altzusagen an die Versicherten bedienen zu können. Die seit 2011 deshalb geforderte Zinszusatzreserve (das ist eine gesetzlich vorgeschriebene zusätzliche Rückstellung für Lebensversicherer, wenn der von den Gesellschaften erwirtschaftete Referenzzinssatz aus gesicherten Staatsanleihen die Garantien gegenüber den Kunden unterschreitet) und die Regulierung Solvency II mit ihren strengen Vorgaben an die Eigenmittelausstattung der Versicherungsunternehmen verschärfen die Situation noch. Sie erhöhen die Wahrscheinlichkeit, »dass künftig immer mehr Lebensversicherer nach Stellung der Zinszusatzreserve kein positives Kapitalanlageergebnis mehr darstellen können«[26], warnte die Rating-Agentur Assekurata in ihrem letzten Marktausblick. Heute sind die Belastungen der Versicherer durch die Zinszusatzreserve so hoch wie nie, so prognostizierte es die Ratingagentur Standard & Poor's bereits vor einigen Jahren. »Den Höhepunkt der Belastung sieht die Ratingagentur [...] in den Jahren 2017, 2018 und 2019.«[27] Für einige Versicherer wird es sich dann entscheiden, ob sie den Belastungen standhalten können. Ich werde auf die – an sich vernünftige – Maßnahmen (Zinszusatzreserve und Solvency II) noch zurückkommen.

Der Teufelskreis

Selbst die seit dem Frühjahr 2015 wieder leicht steigenden Zinsen auf Staatsanleihen versprechen kurz- und mittelfristig keine Besserung, weil es sich lediglich um die gehandelten Zinsen von bereits herausgegebenen Staatsanleihen handelt (bei Neukauf gelten deutlich schlechtere Konditionen). Diese können die Versicherer aber nicht verkaufen, weil sie an die vereinbarten Laufzeiten gebunden sind. Dadurch sinkt die Durchschnittsverzinsung der Kapitalanlagen der Versicherer schnell unter die aktuell erreichbaren Renditen. Für die in dieser Situation dringend erforderlichen Neukunden, deren Beiträge das System stabilisieren sollen, ist das ein denkbar unattraktives Szenario. Warum sollten sie praktisch zum Nulltarif und inzwischen ohne besonderen steuerlichen Vorteil Geld anlegen? Zudem lösen sich bei schnellem Zinsanstieg die stillen Reserven aus den gehaltenen Anleihen auf. Diese Bewertungsreserven (siehe Infobox) wären also nicht mehr verfügbar, um daraus die Ansprüche von Millionen von Versicherten zu finanzieren.

Bewertungsreserven

Mit den Beiträgen ihrer Kunden kaufen die Versicherer Anleihen, Aktien oder Immobilien und erzielen damit – so ist das Geschäftsmodell – Zinserträge oder Kursgewinne. Solange diese Anlagen nicht wieder verkauft werden, existieren solche »Einnahmen« allerdings nur auf dem Papier. Sie heißen deshalb Bewertungsreserven, und an diesen Reserven müssen die Kunden, so hat es das Bundesverfassungsgericht 2005 entschieden, im Rahmen der Überschussbeteiligung (siehe Infoblock auf Seite 102) zur Hälfte beteiligt werden. Das ist seitdem aber umstritten, zum einen, weil jeder Euro, der heute an ausscheidende Kunden ausgezahlt wird, für die Bedienung der Ansprüche der Kunden von morgen fehlt (Gleichbehandlungsgrundsatz), zum anderen, weil die tatsächlich erzielbaren Werte mit den Buchwerten nicht immer übereinstimmen. Im Unterschied etwa zu Aktien oder Immobilien gibt es bei Staats- oder Bankenanleihen keine dauerhaften Kursgewinne. Die Versicherung erhält jedes Jahr die vereinbarten Zinsen und am Ende der Laufzeit das Geld zurück. Weil aber gut verzinste Anleihen heute an der Börse hoch begehrt sind und dort mit Gewinn gehandelt werden könnten, schwellen die Bewertungsreserven der Versicherer künstlich an. Diese Kursgewinne werden sich aber wieder auflösen, sobald der Leihvertrag endet. Da gibt es nichts zu verteilen. Selbst wenn die Versicherungen ihre alten Anleihen mit hohem Kursgewinn verkaufen würden, wäre das in der Regel eine Milchmädchenrechnung oder »nur« ein Nullsummenspiel, weil sie im Gegenzug auf die Zinsen aus diesen Anleihen verzichten würden und aktuell nur deutlich schlechter verzinste Anlagen bekämen.

Die Lebensversicherer haben sich in einen wahren Teufelskreis manövriert. Einerseits sind die dauerhaften Niedrigzinsen ein ernstes Problem, insbesondere wegen der Millionen bis ins Jahr 2000 abgeschlossenen Policen, die den Versicherungsnehmern einen deutlich höheren Zinssatz (bis zu vier Prozent) garantieren, als er heute mit halbwegs sicheren festverzinsten Papieren am Finanzmarkt erreichbar ist. Das Ergebnis dürfte evident sein: Wenn der Marktzins kleiner ist als die den Versicherten vertraglich versprochene Mindestverzinsung, wird der Kapitalpuffer vieler Unternehmen früher oder später aufgebraucht sein.

In den vergangenen Jahren hatten die Niedrigzinsen die Eigenmittelausstattung etlicher Versicherer bereits gefährlich nahe an den von der Aufsichtsbehörde BaFin definierten unteren Grenzwert manövriert.[28] Dass die Lage sich nicht entspannt hat, bestätigt die BaFin in ihrem letzten Jahresbericht.[29] Rutschen die Versicherer unter den Grenzwert, müssen sich die Kunden ernsthaft Sorgen machen. Kürzlich bewertete der Versicherungsexperte und Hochschulprofessor Hermann Weinmann die zwölf größten deutschen Lebensversicherer, dabei bekamen die Debeka und die Generali Leben gerade noch die Note »ausreichend«[30], bei kleineren Versicherungsunternehmen dürfte die Lage keinesfalls besser aussehen.

Andererseits kann aber auch ein plötzlicher Zinsanstieg die Unternehmen ins Wanken bringen. Denn viele Kunden, die erst in der jüngeren Vergangenheit eine Lebensversicherung abgeschlossen haben, würden dann ihre schlecht verzinsten Verträge kündigen, um mit ihrem Geld, etwa bei den Banken, direkt von den gestiegenen Zinsen zu profitieren. Da die Versicherer, um überhaupt Zinsen zu bekommen und wegen gesetzlicher Vorgaben vor allem Wertpapiere mit langen Laufzeiten in ihren Bilanzen halten, haben sie praktisch keine Möglichkeit, die Zinsbewegung mitzugehen. Sie blieben auf ihren schlecht verzinsten und an Wert verlierenden Papieren sitzen – und würden zudem zahlreiche Kunden verlieren. Laut einer Prognose von Bundesbank-Forschern wäre bei einem Zinsanstieg »von mehr als 2,1 Prozentpunkten«[31] die Hälfte der großen Versicherer in ihrer Existenz bedroht. Zwar basiert diese Voraussage auf einem höheren Zinsniveau als heute, dennoch warnte Kay Schaumlöffel, Abteilungsleiter Lebensversicherung und Kapitalanlage bei der BaFin, kürzlich auf dem Kongress »Lebensversicherung aktuell« vor den Gefahren eines Zinsanstiegs: »Wenn die Zinsen steigen und insbesondere drastisch steigen, dann wirkt sich das auf die Ertragslage zunächst nicht positiv aus«, noch gravierender wäre aber die Gefahr, dass Kunden im erheblichen Umfang Lebensversicherungspolicen stornierten, was den ein oder anderen Versicherer in eine heikle Lage bringen könnte.[32]

Steigt der Leitzins, dann steigen zunächst einmal die Zinsen der vom Staat ausgegebenen festverzinslichen Wertpapiere. Diese Papiere werden frei gehandelt und unterliegen den Marktmechanismen. Sie haben eine bestimmte Laufzeit, an deren Ende kommt der dann existierende Handelswert zur Auszahlung. Noch bis vor kurzer Zeit war es unvorstellbar, dass ein festverzinsliches Papier im Wert fällt. Dieser hatte sich immer nach oben bewegt – weil es den Staaten immer besser ging. Veränderungen von 0,1 oder 0,2 Prozentpunkten waren schon viel. Das hat sich heute grundlegend geändert. Und damit haben die Versicherungsunternehmen ein Problem. Ein Beispiel: Angenommen, es werden Papiere mit 0,1 Prozent Zinsen gehandelt. Kommen nach Erhöhung des Leitzinses Staatsanleihen mit 3,5 Prozent Zinsen auf den Markt, wird das Papier mit 0,1 Prozent uninteressant. Verständlicherweise möchte es niemand mehr kaufen, es verliert noch weiter an Wert.

Die Lebensversicherer haben aber wegen der Solvency-II-Regeln bis zu 80 Prozent der eingegangenen Kundengelder in festverzinsliche Staatsanleihen investieren müssen. Und das zum Teil auf viele Jahre oder gar Jahrzehnte, 20 oder 30 Jahre sind keine Seltenheit. Was fatal ist: Der Versicherer kommt aus dieser Anlage kaum mehr heraus – und wenn, dann nur mit massiven Verlusten. Die neuen, hochverzinsten Papiere sind dagegen begehrt und stark nachgefragt. Es ist nicht gesagt, dass der Versicherer sie auch bei Interesse bekommt. Zudem dauert es zunächst einmal ein Jahr, bis er nach Abschluss von der Verzinsung profitiert. Für Versicherer ist dieser Fall eine Katastrophe, der Druck auf ihn nimmt extrem zu. Er sitzt in der Zwickmühle. Niedrigzins oder Zinsanstieg erscheinen hier wie die Alternative zwischen Pest oder Cholera. Heute regiert noch die Pest: »Aus Sicht der Finanzstabilität dominiert derzeit das Risiko aus einem weiter anhaltenden Niedrigzinsumfeld. Das ist allerdings kein Grund, das Risiko eines deutlichen Zinsanstiegs aus dem Blickfeld zu verlieren«[33], so die Deutsche Bundesbank. Doch beide Krankheiten bedeuten den Tod des Modells der kapitalbildenden Lebensversicherung. Das Modell ist am Ende – egal was passiert.

Riskante Anlagen

Nicht nur der Staat, seine Schulden und die Politik der Zentralbank setzen den Versicherern zu, in ihren Bilanzen schlummern noch jede Menge anderer Risiken. Auch Banken- und Unternehmens-Anleihen – ebenfalls klassische Anlageprodukte für Versicherungen – können platzen, wie die erste Pleite eines deutschen Lebensversicherers, der Mannheimer Versicherung, im Jahr 2003 und die Bankenkrise von 2008 eindrücklich vor Augen geführt haben. Unter dem Eindruck dieser Krise räumte der damalige Finanzvorstand der Gothaer Versicherung, Jürgen Maisch, dann auch bereits 2009 ein, dass die Branche der Lebensversicherer eine Pleite mehrerer Banken nicht überleben würde. »Das ist in der Krise so klar geworden wie nie. Der so genannte Einlagensicherungsfonds der deutschen Banken war nach der Insolvenz von Lehman Brothers schon am Ende. Zur Rettung dieser in Deutschland sehr kleinen Bank musste sich der Sicherungsfonds damals Geld leihen. Insofern sollte man auf die Aussage ›Schuldscheine sind besichert durch den Sicherungsfonds‹ wenig geben.«[34] Und nicht nur Banken können fallen, nein, wie die Griechenland-Krise gezeigt hat, ist auch ein Staatsbankrott kein Denk-Tabu mehr. Wenn aber eine Bank oder gar ein Staat die leeren Hände hebt, können die Gläubiger ihre Werte abschreiben – und die Kunden ihr Erspartes.

Um die Lage in ein Bild zu fassen: Das ganze, auf allen möglichen Arten von Wertpapieren beruhende Anlagesystem der Lebensversicherungsbranche ist so sicher wie ein Wald am Ende eines langen, trockenen Sommers. Ein Funke kann genügen, und es entsteht ein Flächenbrand, der große Bestände zu verbrennen droht. Da dürften dann sowohl die freiwillige (Protektor) wie auch die staatliche Feuerwehr wohl nur noch eindämmen, aber nicht mehr löschen können. Und der Gesetzgeber hat, um im Bild zu bleiben, durch mangelhaften »Klimaschutz« mit dafür gesorgt, dass es zu dieser brenzligen Situation kommen konnte.

Run-off-Gesellschaften:
»Endlager« für Lebensversicherungen

Inzwischen entscheiden sich einige kränkelnde Lebensversicherer für den geordneten Untergang, etwa die Lebensversicherungs-Töchter der Ergo-Gruppe. Man stellt das Neugeschäft ein, hat folglich weder Provisions-, noch anderweitige Vertriebs-, noch Marketingkosten und lagert die laufenden Verträge in eine eigene Gesellschaft aus und verwaltet diese nur noch. Die Ergo hat sich für diese Radikallösung entschieden und 2016 angekündigt, sich vom klassischen Lebensversicherungsgeschäft zu trennen. Rund 6,5 Millionen Verträge wurden auf eine eigene Plattform ausgelagert, wo sie auf potentielle Käufer warten. »Eine Bankrotterklärung für die Lebensversicherung«[35], urteilte *Die Welt*, die Wirtschaftspresse sprach gar von »erheblichen Kollateralschäden für Kunden und Versicherer«[36]. Und Hermann Weinmann, Professor für Finanzdienstleistungen, nannte den Vorgang ein »Armutszeugnis«. Weinmann befürchtete schon bei der Ankündigung der Ergo negative Konsequenzen für die Versicherten: »Dass Ergo-Kunden künftig weniger Überschussbeteiligung bekommen, ist für mich sicher. Das Unternehmen spürt ja keinen Wettbewerbsdruck mehr, weil es die Policen einfach auslaufen lässt. Mit zukünftigen Überschussbeteiligungen muss die Ergo also keine neuen Kunden mehr überzeugen.«[37] Dass die Auszahlung bei Vertragsende deutlich geringer ausfallen wird als zu Vertragsbeginn »versprochen«, gilt aber nicht nur für die Kunden der Ergo, deren Policen ausgelagert wurden. Das gilt, wie die Stiftung Warentest ermittelt hat[38], inzwischen generell.

Die Kundengarantien bleiben bei einer solchen Auslagerung bestehen, den Versicherten bleibt wenigstens ihr Sparanteil erhalten. Natürlich gilt dies nur, sofern und solange sich der Gesetzgeber nicht veranlasst sieht, alte Regelungen – etwa die Beteiligung an Überschüssen oder an den Bewertungsreserven – zu Gunsten der angeschlagenen Unternehmen abzuändern.

Ein ähnliches Szenario würde sich im Großen und Ganzen auch dann ergeben, wenn zwei oder mehr Versicherer fusionieren, wenn also ein Unternehmen die Bestandsverträge eines anderen übernehmen würde. Hier käme es aus verwaltungstechnischen Gründen möglicherweise zu kleineren »Vertragsanpassungen«, allein schon weil unterschiedliche Datenbestände zusammengeführt werden müssen. Die dürften eher nicht zu Gunsten der Kunden ausfallen. Solche Vertragsänderungen werden meist in einem Brief mit positiv klingender Botschaft mitgeteilt – mit Formulierungen wie »Wir sind jetzt noch größer« oder »Diese Veränderung hat für Sie nur Vorteile«. In einem Nebensatz wird über eine Änderung der AGB informiert, ab jetzt gelte das Recht des Käufer-Unternehmens. Wer kein Profi ist, wird neue Regelungen nur sehr schwer erkennen oder gar bewerten können. Zwar hat man als Kunde ein Widerspruchsrecht oder ein außerordentliches Kündigungsrecht von vier Wochen, doch in der Regel scheut man den Aufwand. Wer liest schon bis zu mehrere hundert Seiten AGB und vergleicht sie mit den alten? Was bleibt einem übrig, als die neuen Bedingungen zu akzeptieren?

Die »Müllkippenverwalter der Versicherungsindustrie«

Die inzwischen immer beliebtere Alternative zu einer Auslagerung in eine eigene Gesellschaft oder zu einer Fusion sind heute die so genannten Run-off-Gesellschaften. »Run-off« könnte man mit »davonrennen« übersetzen, was einer unfreiwilligen Komik nicht entbehrt. Es soll aber so viel bedeuten wie »auslaufendes Geschäft«. Für die meisten Versicherungsunternehmen sind die klassischen Lebensversicherungen in der Tat nur noch ein auslaufendes Geschäft: Sie bieten keine neuen Policen mehr an und möchten die bestehenden möglichst schnell aus ihrem Portfolio abschieben. Dabei überträgt der Versicherer den Altbestand der Kapitallebensversicherungsverträge inklusive seiner Eigenmittel und Kapitalanlagen an ein Unternehmen, das die Policen weiterführt, verwaltet und abwickelt. In einigen Fällen wechselt sogar die ganze Abteilung mitsamt der Mitarbeiter den Eigentümer und wird in die Run-off-Firma eingegliedert. Diese spezialisierten Run-off-Gesellschaften sind gewissermaßen das »Endlager« für die klassische Lebensversicherung.

Mit rund einer Million verwalteten Verträgen[39], darunter die alten Bestände der einstigen Heidelberger Lebensversicherung, der Skandia und der Entis Lebensversicherung, sowie den Mitte 2017 übernommenen Beständen der Protektor ist die Viridium-Gruppe die größte solcher auf dem deutschen Markt aktiven Plattformen.

Durch Zukäufe von Policen anderer Versicherer und dank moderner Informationstechnik und weniger Mitarbeiter können die Verwaltungskosten um rund 30 Prozent gesenkt werden – ein schlagendes Indiz dafür, wie ineffizient viele Versicherer arbeiten. Ab einer bestimmten Anzahl von Verträgen, so die Theorie, lohnt sich das Geschäft, und der Ertrag pro Police steigt. Ein Teil dieses Effizienzgewinns, etwa zehn Prozent, so der Chef der Viridium, Heinz-Peter Roß, wird am Ende der Vertragslaufzeit sogar an den Kunden ausgeschüttet. Er wird sich daran messen lassen müssen. Dem Unternehmen und seinen Investoren winkt immer noch ein ordentlicher Gewinn, da bei der Übernahme der Policen deren aktuelle Kostenquote bis zum Vertragsende gebucht wird.

Run-off-Gesellschaften:
die vier wichtigsten Player in Deutschland

> Zur **Viridium Holding AG** – einem Gemeinschaftsunternehmen der Beteiligungsgesellschaft Cinven und der Hannover Rück – gehören derzeit (Stand: August 2017): Heidelberger Lebensversicherung AG, Skandia Lebensversicherung AG, Entis Lebensversicherung AG. Sie übernahm auch die verbliebenen Verträge der Mannheimer Versicherung von der Auffanggesellschaft Protektor.

> Die **Athene Leben** wurde von US-amerikanischen Finanzinvestoren gegründet und ist seit 2010 im Run-off-Geschäft aktiv. Sie betreut rund 300 000 Verträge. U.a. übernahm sie 2015 die deutsche Delta Lloyd.

> Auch die **Frankfurter Leben,** hinter der der chinesische Konzern Fosun und die BHF Bank stehen, kauft aktiv Altbestände an Lebensversicherungen, u. a. mehr als 100 000 Verträge der Basler Leben und 320 000 Verträge der ARAG Leben, zusammen mit 120 Mitarbeitern.

> Die **Mylife Leben** betreibt das Run-off flexibel als IT-Dienstleister, als Bestandsmanager für Dritte bis hin zu kompletten Übernahmen, etwa die Riester-Policen des Versicherers Münchener Verein.

Der Boom mit den Lebensversicherungen von der Resterampe

Das Auslagern von Kapitallebensversicherungspolicen hat inzwischen Schule gemacht, ein relativ neues, boomendes Geschäftsmodell hat sich entwickelt. Kritiker nennen diese Run-off-Gesellschaften ganz offen die »Müllkippenverwalter der Versicherungsindustrie«[40]. Wohin die Entwicklung gehen wird, zeigt eine Umfrage des Wirtschaftsprüfers PricewaterhouseCoopers unter Versicherungsunternehmen[41]: Die Branche erwartet, dass rund 30 Prozent aller Lebensversicherungspolicen ausgelagert werden. Damit liegt Deutschland hinter Großbritannien europaweit auf Platz 2. Dass weitere Verschiebungen ins »Endlager« schnell kommen werden, zeigt die Frage an die Versicherer, wie wichtig für sie das Run-off-Geschäft ist: Für 61 Prozent hat es »Priorität«. Die Ratingagentur Fitch schätzt, dass »bis zum Jahr 2022 das Run-off-Volumen von heute 90 Milliarden Euro auf dann 150 Milliarden Euro zulegen«[42] könnte. Und Ina Kirchhof, Vorstandsvorsitzende der Run-off-Firma Athene, eines der größten Akteure bei den Run-offs, äußerte sich so: »Mein Eindruck ist, dass praktisch jedes zweite Versicherungsunternehmen in Deutschland derzeit prüft, Altbestände abzugeben.«[43] Dazu gehören, nur ein Jahr nach der Auslagerung in eine eigene Gesellschaft, die Lebensversicherungen der Ergo Leben und der Victoria Leben. »Falls wir ein gutes Angebot bekommen, würden wir uns das ansehen«[44], so ein Sprecher der Ergo. Als Käufer kommen nicht nur deutsche Run-off-Firmen in Frage, sondern offenbar auch chinesische und englische Investoren sowie US-amerikanische Hedgefonds. Und auch die Generali prüft derzeit den Verkauf ihrer Lebensversicherungssparte mit über vier Millionen Policen.

Die Kunden der Lebensversicherungen müssen einem Verkauf nicht zustimmen, sie erfahren davon häufig erst, nachdem die Messe gelesen ist. Für viele ist der Verkauf der eigenen Police ein Schock, haben sie sich doch die Wahl ihres Lebensversicherers nicht leicht gemacht. Das Ziel war bestmögliche Sicherheit, dabei spielte Vertrauen eine große Rolle. Und ein Verkauf – ohne dass man überhaupt gefragt wird – kann einen schon ins Grübeln bringen, ob diese Sicherheit noch gewährleistet ist. Auf jeden Fall ist Vertrauen verlorengegangen. Rein sachlich könnte es den Kunden egal sein, wer ihre Lebensversicherung verwaltet – Hauptsache, sie bekommen am Ende das versprochene Geld. Dem ist aber nicht so. Schon bei den regulären Versicherern geht die in Aussicht gestellte Überschussbeteiligung inzwischen gegen null. Die Run-off-Gesellschaften – in der Finanzbranche auch gerne »Zombie-Insurances« genannt – haben aber ein noch viel geringeres Interesse am Wohl der Kunden. Denn die Verzinsung der Altbestände als wichtiges Verkaufsargument für Neukunden fällt ja weg. Sie betreiben kein Neukundengeschäft, sie haben keinen Ruf zu verlieren, sie wickeln die Verträge nur noch ab. Und können sich ganz ohne Nebengeräusche auf den eigenen Profit konzentrieren und einfach die Überschüsse kappen. »Hocheffiziente Betreuung«[45] von Verträgen, so nannte es einmal der Vorstandsvorsitzende der Heidelberger Leben, Heinz-Peter Roß, der heute als CEO des Run-off-Riesen Viridium firmiert. Werden Verträge mit relativ niedrigem Garantiezins in eine Run-off-Gesellschaft ausgelagert, schauen die Kunden erst recht in die Röhre. Sie können sich ausmalen, dass sie in ein Verlustgeschäft investieren, und nicht wenige sind dann versucht, ihre Verträge zu kündigen. Genau darauf spekulieren aber die Run-off-Betreiber: »Vor allem die Kunden mit laufenden Rentenverträgen, welche noch in der Ansparphase sind, werden das Handtuch werfen. In der Konsequenz reduzieren sich dadurch gerade die langfristigen Verbindlichkeiten der Versicherung, was zusätzliches Eigenkapital freisetzt.«[46] So formulierte es der Schweizer Finanzexperte Michael Bernegger in einem Beitrag für das Fachmedium *Deutsche Wirtschafts Nachrichten*.

Verraten und verkauft an eine »Bad Insurance«?

Den Kunden droht aber eine noch viel größere Gefahr: Denn das Geschäftsmodell der Run-off-Gesellschaften kann auf Dauer gar nicht funktionieren. Heute läuft es, weil die Firmen wegen ihrer vergleichsweise geringen Verwaltungskosten pro Police die Ausschüttungen an die Kunden vornehmen können und dabei noch einen eigenen Gewinn erwirtschaften. Ganz nach dem Motto: »Die Masse macht's.« Durch weitere Übernahmen und die monatlichen Beiträge der Kunden kommt auch stetig frisches Kapital zusammen, und die Verwaltungsquote bleibt niedrig. Genau deswegen haben die Run-off-Firmen auch so großen Hunger auf immer neue Policen. Es wird aber nicht mehr lange dauern, da wird ihr Hunger nicht mehr gestillt werden können – denn der Markt wird in nicht allzu ferner Zukunft abgegrast sein. Viele der Kapitallebensversicherungen laufen bald aus, und immer weniger Verträge werden abgeschlossen. Da ist es absehbar, dass ab einem bestimmten Zeitpunkt die Kosten pro Police wieder steigen werden und irgendwann eine kritische Linie unterschritten wird. Das Geschäft der Run-off-Gesellschaften erinnert damit ein wenig an ein Schneeballsystem oder an das Ponzi-Schema (siehe Seite 127): Solange das System weiter gefüttert werden kann, funktioniert es. Bleibt der Nachschub aus, bricht es zusammen. Wer heute noch eine Kapitallebensversicherung mit langer Laufzeit besitzt, sollte sich in Acht nehmen, denn auch hier steht zu befürchten: Die Letzten beißen die Hunde.

Doch was passiert, wenn dann die Run-off-Firma die Ansprüche der Kunden nicht mehr bedienen kann? Was, wenn das Endlager für Lebensversicherungen explodiert? Wer ist dann verantwortlich und kommt für die Ansprüche der Kunden auf? Springt dann auch die von der Versicherungsbranche getragene Auffanggesellschaft Protektor ein? Oder greift der Staat der »Bad Insurance« – die ja ganz ähnlich wie eine »Bad Bank« nur noch als Abwicklungsorganisation fungiert – unter die Arme, um größere Verwerfungen zu vermeiden oder um Sympathiepunkte bei potentiellen Wählern zu sammeln?

Im schlimmsten Fall, das heißt wenn es tatsächlich zu einer Insolvenz käme, greift das Versicherungsaufsichtsgesetz, von dem wohl kaum ein Versicherungsnehmer jemals etwas gehört hat. Diese Kenntnisfreiheit ist wieder mal gut für die Versicherer, denn wenn ihre Kunden das

Gesetz kennen würden, wären sie vielleicht schon immer etwas vorsichtiger gewesen. In Paragraph 314 ermächtigt es die Aufsichtsbehörde BaFin beispielsweise dazu, »alle Arten von Zahlungen, besonders Versicherungsleistungen, Gewinnverteilungen und bei Lebensversicherungen den Rückkauf oder die Beleihung des Versicherungsscheins sowie Vorauszahlungen darauf [...] zeitweilig« zu verbieten und »die Verpflichtungen eines Lebensversicherungsunternehmens aus seinen Versicherungen dem Vermögensstand entsprechend« herabzusetzen.[47] In anderen Worten: In so einem Fall ist gar nichts mehr sicher.

Die Insolvenz eines Versicherers träfe die Kunden sogar weit härter als die Insolvenz einer Bank. Während ich bei einer Bankenpleite mindestens einen Teil meines Ersparten – bis zu 100 000 Euro – vom Einlagensicherungsfonds garantiert zurückerhalte, wird beim Crash eines Versicherers gewissermaßen nach Kassenlage verfahren. Die Aufsichtsbehörde kann die Ansprüche der Versicherten praktisch nach eigenem Ermessen »herabsetzen«, und sie darf die Versicherungsnehmer hierbei sogar »ungleichmäßig« behandeln.

Am Ende drängt sich vielleicht sogar die Frage auf, ob die Auslagerung von Lebensversicherungspolicen in Run-off-Gesellschaften für die Versicherer nicht bloß eine willkommene Möglichkeit darstellt, unliebsame Verträge »kalt zu entsorgen«. Die Kunden können keine Ansprüche mehr stellen, die Verantwortung liegt offensichtlich bei den Run-off-Gesellschaften, die Versicherer waschen ihre Hände in Unschuld.

Was wäre, wenn ... – ein Crash-Szenario

Es ist nur noch eine Frage der Zeit, bis die Schwierigkeiten mindestens eines relevanten Lebensversicherers so groß werden, dass er unter der Last zusammenbricht. Warum das passieren wird, habe ich aufzuzeigen versucht. Und doch möchte ich das Ganze noch etwas anschaulicher gestalten und in einem heute noch ausgedachten Szenario den Zusammenbruch der Kapitallebensversicherungssparte der fiktiven Versicherungsgesellschaft *Bingo* einmal durchspielen. Die *Bingo* gehört, so die Annahme, zu den zehn größten Lebensversicherern in Deutschland und verwaltet rund 5 Millionen Lebensversicherungspolicen.

Die »Bingo Classic Life«

Jeder Versicherer hat in seinem Bestand Lebensversicherungsverträge mit unterschiedlich hohen Verzinsungen. Je größer der Altbestand mit hohen Garantieverzinsungen – und entsprechender Überschussbeteiligungen – ist, desto schwieriger wird die Situation, wenn er im Markt nichts erwirtschaften kann wie zu Zeiten von Niedrig- oder gar Negativzinsen. Manche Versicherer nennen solche Verträge intern »faule Papiere«. Nach außen, für die Kunden, haben solche Altverträge wohlklingende Namen wie »Klassik-Policen«.

Die *Bingo*-Versicherungsgesellschaft hat einen erheblichen Bestand solcher Kontrakte. Ihre fünf Millionen Altverträge versprechen zum Teil noch bis zu 4 Prozent Garantiezins – und belasten damit das Ergebnis des gesamten Unternehmens. Immer größere Quersubventionierungen durch die Sachversicherungssparte und durch Investment-Produkte sind in den letzten Jahren nötig geworden, um die Ansprüche der Klassik-Kunden, deren Verträge ausgelaufen sind, bedienen zu können.

Damit die *Bingo* dadurch nicht insgesamt in Schieflage gerät, greift ihr CEO einen Vorschlag auf, den er zunächst aus Furcht vor Reputationsverlust abgelehnt hatte: Die Verträge werden in eine eigenständige, unabhängige Unternehmung ausgelagert, ihr Name: *Bingo Classic Life*. Dabei bleiben die Überlegungen aber nicht stehen, vielleicht geht es sogar noch besser: »Wenn wir eine Gesellschaft gründen, die versucht, das Problem der ›faulen Papiere‹ in den Griff zu bekommen, warum holen wir nicht noch viel mehr solcher Verträge dazu? So können wir die Verwaltungskosten pro Vertrag massiv senken und sind dann möglicherweise wieder in der Lage, mit den marktgängigen Zinserträgen die Zusagen an die Kunden zu erfüllen.« Die *Bingo Classic Life* übernimmt also hochverzinste Altverträge von anderen, ebenfalls unter Druck geratenen Unternehmen und hat dann ein riesiges Volumen an Policen in ihrem Portfolio angesammelt. Die Infrastruktur für die Verwaltung existiert ohnehin – und mit mehr verwalteten Verträgen werden die Kosten je Police in der ausgelagerten Gesellschaft gegen null gefahren. Arbeitskraft wird verschoben, um die Bilanzen schön zu machen. Mit sehr vielen Verträgen gibt es zwei Vorteile: niedrigere Durchschnittskosten und eine höhere Anlagesumme, mit der eine höhere Rendite möglich ist. Ein Beispiel mit fiktiven Zahlen, das nur den Sachverhalt illustrieren soll: Legt man nicht nur 100 Millionen Euro an, sondern eine Milliarde, bekommt man dafür eine höhere Verzinsung – zum Beispiel 0,4 Prozent an Stelle von 0,1 Prozent.

Glauben Sie mir, auf dem Finanzmarkt gibt es genügend Verrückte, die ein solches Spiel mitspielen. Aber welche Logik steckt dahinter? Auf das heiße Vabanquespiel, das ein Lebensversicherer ohnehin spielt, setzt die Abwicklungsgesellschaft ein noch heißeres obendrauf. Denn die Anlagen werden zunehmend riskanter, weil sie mehr erwirtschaften muss. Mit den alten Verträgen ist die ausgelagerte Gesellschaft quasi gezwungen, richtig zu spekulieren, um überhaupt eine Chance zu haben, ihre Zusagen einzuhalten. Die Auffanggesellschaft geht ins Risiko, in der Hoffnung, dass es funktioniert. *No risk, no fun.*

Die Pleitegefahr ist für eine solche Gesellschaft ungleich größer, weil sie lediglich die alten Verträge betreut und sonst über keinerlei Einnahmequellen verfügt. Denn ein Neukundengeschäft ist nicht mehr vorgesehen. Es gibt kein Solidarprinzip mehr zwischen den Älteren und den Jüngeren. Das Solidaritätsprinzip wird abgelöst vom Prinzip Hoffnung. Der Mutterkonzern ist wegen der Auslagerung nicht betroffen und – zumindest was die Geschäfte der Tochter angeht – *save*.

Das Problem mit der Geldanlage

Die *Bingo Classic Life* muss nun dieses riskante Spiel annehmen und eine riesige Summe investieren, um Kundenansprüche bedienen zu können.

> 80 Prozent muss sie wegen der gesetzlichen Solvency II-Regel in festverzinsliche Papiere eines Staates anlegen, am besten wurde dieser von Ratingagenturen als »AAA-Staat« eingestuft. Selbst bei langfristiger Anlage mit sehr

hohem Investment liegen die Zinsen angesichts der heutigen Marktlage deutlich unter 2 Prozent, maximal bei 1,5 Prozent.

> Die Zusagen für neuere Lebensversicherungspolicen belaufen sich ebenfalls auf etwa 1,5 Prozent plus Überschussbeteiligung.

> Die meisten der alten Policen sind mit garantierten 3,5 Prozent verzinst, einige sogar mit 4 Prozent. Diese sehr langfristigen Verträge stammen noch aus der Hochzinsphase. Dass die Papiere die Versicherung einmal in die Bredouille bringen könnte, hatte der Vertreter zur Zeit des Abschlusses nicht geahnt. Es war für ihn auch nicht relevant, er hatte damals ein Interesse am Verkauf, egal wie hoch der Garantiezins war. Denn er profitierte durch hohe Provisionen.

Mit den verbleibenden 20 Prozent Anlagekapital muss die Versicherung also die Differenz zwischen der eigenen Verzinsung (1,5 Prozent) und den garantierten 3,5 bzw. 4 Prozent schließen. Das ist an sich schon eine Herausforderung, denn es ist immer mehr Geld im Markt, doch gibt es immer weniger Möglichkeiten, dieses Geld überhaupt anzulegen. Wie werden nun die restlichen 20 Prozent investiert? Eine Option wäre der nicht so schlecht laufende Immobilienmarkt. Also beginnt die *Bingo Classic Life*, Einkaufszentren zu bauen und später zu vermieten. Einen kleineren Teil investiert sie in Unternehmen, die Zukunftstechnologien herstellen, zum Beispiel 3D-Drucker, Biotechnologie, Drohnen. Und den Rest legt sie am Aktienmarkt in Blue Chips an.

Stellen wir uns vor, eines dieser Investments funktioniert nicht. Der Immobilienmarkt bricht ein. Das ist so unwahrscheinlich nicht – in der jüngeren Vergangenheit ist nicht nur eine Blase geplatzt. Oder aber die Hightech-Branche, in die die *Bingo Classic Life* ihre Aktien investiert hat, kollabiert. Etwa weil sie sich nicht so schnell entwickelt, wie sich die Aktionäre erhofft haben – auch dieser Fall ist nicht abwegig und hat schon viele Anleger auf den Boden der Tatsachen geholt. Eine neue Blase im IT-Aktienmarkt ist ebenfalls nicht so weit hergeholt. Was passiert nun, wenn beide Szenarien zusammenkommen: Crash der Hightech-Aktien und Einbruch des Immobilienmarkts? Dann ist das Spiel zu Ende. Die *Bingo Classic Life* wäre nicht mehr in der Lage, die Kunden, deren Verträge auslaufen, zu bedienen. Es kommt zu massiven Liquiditätsengpässen, es droht die Insolvenz.

Was dann? Fliegt die Gesellschaft, die die »Altverträge« verwaltet, in die Luft, ist der Weg nicht klar vorgezeichnet. Entweder die Auffanggesellschaft der deutschen Lebensversicherer, die Protektor, übernimmt die Policen, so wie es bei der Mannheimer Versicherung war. Oder – diesen Fall gab es noch nicht – der Staat sichert die Kunden-Gelder ab, damit es nicht zum Chaos kommt. Das vor einigen Jahren gegebene Versprechen von Angela Merkel gegenüber Bankkunden – dass nämlich deren Einlagen »sicher« seien – würde wohl auch für die Kunden von Lebensversicherungen gelten. Denn diese Branche ist ähnlich »systemrelevant« wie die Banken. Es ist gut vorstellbar, dass die Bundeskanzlerin mit ihrem Wirtschaftsminister dann wieder vor die Kameras tritt und verspricht: »Ihre Policen sind sicher.« Zwar ist der Staat nicht gesetzlich dazu verpflichtet, einzuspringen. Er könnte aber tatsächlich einsteigen, um einer größeren Verunsicherung der Bevölkerung vorzubeugen. Es lohnt sich, beide Wege etwas genauer zu beleuchten.

Szenario 1: Die Protektor übernimmt die Verträge

Eines vorweg: Übernimmt die Protektor die Verträge der eigenständigen *Bingo Classic Life*, so wäre dies für das Mutterunternehmen *Bingo* selbst ein Horrorszenario. Sie hat die Policen ausgelagert, um sie loszuwerden und nicht mehr dafür geradezustehen, und müsste nun trotzdem – über ihre Einlagen in den Sicherungsfonds der Protektor – mithelfen, die entstandenen Verluste abzusichern.

Bei der Insolvenz der Mannheimer Versicherung im Jahr 2003 war der Weg über die Protektor – nach heutigem Stand – erfolgreich: Die Verträge wurden übernommen, ausbezahlt, und die letzten 100 000 Policen wurden an eine private Run-off-Gesellschaft verkauft. Doch die Mannheimer Versicherung war vergleichsweise klein, im Gegensatz zu unserer *Bingo Classic Life*, die mit über fünf Millionen Verträgen deutlich relevanter ist. Die in unserem Szenario zur Debatte stehende Summe ist daher – auf Grund der immensen Anzahl der Verträge – so groß, dass die Mittel der Protektor bei weitem nicht ausreichen, um die Policen zu übernehmen und auszubezahlen.»Protektor reicht aus, um kleinere und mittlere Versicherungen aufzufangen«, konstatierte Heinrich Schradin, Versicherungsexperte an der Universität Köln, einmal in der Wirtschaftswoche.[48] Auch andere Fachgremien warnen davor, dass die Leistungsfähigkeit der Protektor »endlich« sei, etwa der bei der EZB angesiedelte Europäische Ausschuss für Systemrisiken.[49] Würde es einen großen oder mehrere mittelgroße Versicherer treffen, müssten alle anderen Unternehmen der Branche weiteres Geld nachschießen, wozu sie verpflichtet sind. Doch viele

Versicherer stehen selbst unter enormem Liquiditätsdruck – nicht alle sind dazu in der Lage. Übersteigt die Höhe der Nachschusspflicht die eigenen finanziellen Möglichkeiten eines Versicherers – wenn Rücklagen und Beitragseinnahmen nicht mehr ausreichen –, wird es spannend. Was könnte dann passieren?

Die solventen Versicherer könnten akzeptieren, dass beispielsweise 30 Prozent der Versicherungsunternehmen in Deutschland es sich nicht leisten können, in den Crash der *Bingo Classic Life* mit hineingezogen zu werden. Die nun in die Insolvenz gehenden Versicherer müssten von den bleibenden 70 Prozent zusätzlich aufgefangen werden. Gehen wir nur einen Schritt weiter und nehmen an, dass sich diese nochmals höhere Summe wiederum 20 Prozent der verbliebenen Unternehmen nicht leisten können, ohne selbst in Zahlungsschwierigkeiten zu geraten ... Diese Spirale ließe sich immer weiter drehen. Je mehr Policen beim Crash des ersten Versicherers – hier der *Bingo Classic Life* – betroffen sind, desto schneller dreht sie sich. Doch bleiben wir der Einfachheit halber bei den 50 Prozent der Versicherer, die nun den Schaden auffangen müssen. Diese Unternehmen müssten so viel Geld in die *Bingo Classic Life*-Pleite und deren Folgen stecken, dass ihre eigene Klientel darunter leidet. Denn woher soll das Geld kommen? Natürlich von den neu Versicherten, von den Kunden, die *jetzt* Geld anlegen. Diese Kunden sind es am Ende, die die Pleite eines anderen Versicherungsunternehmens auffangen müssen. Ich fürchte, ein solches Szenario würde das Fass selbst bei denen zum Überlaufen bringen, die bislang zu den Verfehlungen der Branche geschwiegen haben.

Szenario 2: Der Staat greift ein

Greift der Staat ein, um entweder die *Bingo Classic Life* zu retten oder einen weitergehenden Schaden für die Volkswirtschaft abzuwenden, gibt es keine Blaupause. Eine Möglichkeit ist folgende: Das »Versicherungsaufsichtsgesetz« kommt zur Anwendung, die Aufsichtsbehörde BaFin ändert die Spielregeln. Konkret: Sie erlaubt in diesem Fall, dass die Verpflichtungen des Lebensversicherers aufgeschoben oder gar reduziert werden. Damit werden die fälligen Versicherungssummen nicht an die Kunden ausbezahlt. Die Versicherungsnehmer könnten am Ende nicht einmal ihre eingezahlten Beiträge zurückbekommen oder müssten sehr lange auf eine Auszahlung warten. Für die Versicherer hört sich das einfach an. Sie zahlen nicht mehr, bis sie irgendwann saniert sind. Doch der Kunde, der womöglich fest mit der Prämie gerechnet hat, wird auf unbestimmte Zeit vertröstet. Natürlich kann er vor Gericht ziehen und klagen – und bekommt vielleicht auch recht. Doch bis der Versicherer saniert ist und das Geld dann schließlich ausbezahlt wird ... Sie ahnen es. Dann sind Jahre vergangen, und der Versicherte hat am Ende nichts mehr davon, selbst wenn er den Prozess gewinnt. Nur seine Erben dürfen sich vielleicht freuen.

Will der Staat sich darauf nicht einlassen und ein direktes Eingreifen vermeiden, gibt es ein anderes Problem. Möchte er tatsächlich alle Einlagen inklusive der Garantien sichern, reden wir über Anlagevolumina, die sich selbst der Staat nicht leisten kann, wir erinnern uns an das Rechenbeispiel mit den Spareinlagen. Es bleibt also die Variante, dass der Staat bei Banken für die Versicherer bürgt. Damit bekäme die Protektor (oder die Versicherungsunternehmen selbst oder ein Run-off) höchstwahrscheinlich einen Kredit. Doch wer gewährt diesen Kredit? Banken, die selbst unter Druck stehen. Wir haben es dann mit einer Gemengelage im Finanzsektor zu tun, die sehr, sehr brisant ist. Und nicht zu vergessen: Was Politiker den Bürgern vor laufenden Kameras versprechen, ist oft nur reine Psychologie, um die Märkte zu beruhigen. Denn die Politiker wissen nur zu gut: Crashen gleich mehrere große Lebensversicherer mit vielen Millionen laufenden Verträgen, dann reicht auch die Potenz des Staates nicht aus, um die Auszahlungssumme zu sichern. Der Finanzsektor unserer Volkswirtschaft wäre komplett am Boden. Es besteht sogar die Gefahr, dass die gesamte Volkswirtschaft kippt.

Auch wenn im geschilderten Fall bei der *Bingo* beziehungsweise *Bingo Classic Life* gleich mehrere Dinge zusammenkommen, so ist jeder Aspekt für sich genommen nicht ganz unwahrscheinlich. Und damit ist es auch durchaus möglich, dass eines der Szenarien tatsächlich bei einem realen Lebensversicherungs-Unternehmen eintritt. Über solche Szenarien sollten wir zumindest einmal nachdenken. Eine Debatte darüber vermisse ich jedoch bei Fachleuten der Branche, in der Politik und auch in den Medien. Weil alle von der Hoffnung beseelt sind, dass es am Ende nicht so schlimm kommen wird. Setzen wir lieber nicht allein auf die Hoffnung, diskutieren wir, und arbeiten wir Lösungen aus. Das wäre mein Wunsch!

DIE MITSCHULDIGEN – DER STAAT ALS BRANDBESCHLEUNIGER

Die Krise der Lebensversicherung ist weit mehr als die Krise einer Branche. Sie bringt auch das gesamte System der Altersvorsorge in Gefahr – was in einem sozialpolitischen Super-GAU enden könnte. Und an diesem größten anzunehmenden Unfall trüge die Politik mindestens eine Mitverantwortung. Um nicht zu weit auszuholen und etwa mit den bismarckschen Sozialreformen anzufangen, will ich mich darauf beschränken, kurz zu rekapitulieren, was sich seit der Jahrtausendwende sozialpolitisch verändert hat.

Nicht wenige Kritiker – darunter Schwergewichte wie Albrecht Müller, ehemals Planungschef im Bundeskanzleramt unter Willy Brandt und Helmut Schmidt, oder Heiner Flassbeck, ehemals Chef-Volkswirt bei der UNO-Organisation für Welthandel und Entwicklung (UNCTAD) in Genf – sehen in der Rentenreform von 2001, mit der die gesetzlichen Voraussetzungen zur Einführung der Riester-Rente geschaffen wurden, gewissermaßen den sozialpolitischen Sündenfall. Da darüber schon einiges geschrieben worden ist – unter anderem von den gerade genannten Kritikern –, will ich versuchen, mich möglichst kurz zu fassen. Ganz knapp geht es hingegen nicht, weil der Zusammenhang nicht aus dem Blick geraten darf, weshalb der kundige Leser und die informierte Leserin im Folgenden sicher auf das eine oder andere bereits Bekannte stoßen werden.

Agenda 2010: der Rettungsversuch als Desaster

Konkreter Anlass für die von Kanzler Gerhard Schröder und seiner rot-grünen Regierung um die Jahrtausendwende energisch vorangetriebene Rentenreform – am 26. Juni 2001 unter dem schönen Namen »Gesetz zur Reform der gesetzlichen Rentenversicherung und zur Förderung eines kapitalgedeckten Altersvorsorgevermögens (Altersvermögensgesetz = AVmG)« verabschiedet – war ein in den Jahren zuvor bedenklich gestiegener Beitragssatz zur gesetzlichen Rentenversicherung auf über 20 Prozent des Einkommens. Man befürchtete gar, dieser Satz müsse auf Grund der wirtschaftlichen – Stichwort: Arbeitslosigkeit – und vor allem demographischen Entwicklung weiter angehoben werden.

Demographiefalle

»Demographiefalle«, »Generationengerechtigkeit« und »Zukunftsfestigkeit« waren dann auch die Schlüsselbegriffe, mit denen massiv um die Reform geworben wurde. Tatsächlich hatten sich die Bedingungen für die gesetzliche Rentenversicherung seit ihrer Einführung im Jahre 1891 grundlegend gewandelt. Das bis zur Reform ausschließlich umlagefinanzierte Rentensystem ist faktisch ein so genannter Generationenvertrag und funktioniert nach dem Durchlaufprinzip. Meine Beiträge fließen nicht auf ein persönliches Konto, von dem aus sie mir später, als Rente, in monatlichen Raten wieder zurückgezahlt werden. Sie werden vielmehr direkt an die aktuellen Rentner ausgezahlt. Das heißt, der erwerbstätige Teil der Bevölkerung kommt für die Rentenleistungen der nicht mehr erwerbstätigen Bürger auf – ganz solidarisch gewissermaßen.

Diese Finanzierungsform hat viele Jahrzehnte auch sehr gut funktioniert, weil das Verhältnis von Beitragszahlern zu Rentenempfängern lange günstig war. Als das gesetzliche Rentensystem in seiner bis heute gültigen Form 1957 installiert wurde, kamen auf einen Rentner noch acht Beitragszahler. Inzwischen hat sich diese Proportion auf eins zu zwei verschlechtert. Gleichzeitig ist die Lebenserwartung, erfreulicherweise, in den vergangenen Jahrzehnten enorm gestiegen. Betrug die durchschnittliche Rentenbezugsdauer im Jahr 1957 noch weniger als zehn Jahre, so hat sie sich bis heute nahezu verdoppelt. Es ist klar, dass die Beitragszahler, die zudem wegen einer bekanntlich seit Jahren niedrigen Geburtenrate tendenziell eher weniger werden, den Generationenvertrag in dieser Form auf Dauer nicht werden bedienen können – so jedenfalls die stets im warnenden Ton vorgetragene und ja auch durchaus plausible Schlussfolgerung der Reformbefürworter.

Einheitskosten

Die Rede von der Demographiefalle ließ andere Gründe für die akute Finanzkrise des Rentensystems schnell vergessen, und das war gesellschaftspolitisch vermutlich ein durchaus willkommener Nebeneffekt. Tatsächlich ächzten die Sozialkassen seit Jahren vor allem unter den Kosten der deutschen Einheit und (noch) nicht unter den Folgen des demographischen Wandels. Die Zusammenführung der Rentenversicherungssysteme West und Ost und die Anpassung der Ost-Renten an das westdeutsche Rentenniveau kosteten Jahr für Jahr Milliarden. Zwar war im Einigungsvertrag zunächst beschlossen worden, dass die in den alten Bundesländern erhobenen Beiträge nicht zur Deckung von in den neuen Bundesländern anfallenden Ausgaben verwendet werden dürfen, damit es eben nicht zu einer höheren Belastung der Beitragszahler käme. Der gute Vorsatz ließ sich jedoch nicht lange durchhalten und wurde 1992 mit dem Rentenüberleitungsgesetz fallen gelassen, das unter anderem einen gemeinsamen Kassenverbund einführte. In den Folgejahren steigerten sich daraufhin die Transferleistungen der Rentenversicherung an die ostdeutschen Länder auf rund 15 Milliarden D-Mark jährlich.[1] Der Solidargemeinschaft der gesetzlich Versicherten wurde damit – im Vergleich etwa zu Beamten und Selbständigen – eine überproportional große Last bei der Finanzierung der Einheit aufgebürdet. Das lässt sich vielleicht politisch rechtfertigen, führte jedoch am Ende zu jenen Defiziten, die das Altersvorsorge-System gefährdeten und ein Umdenken erzwangen.

Denn wenn das System im Kernbestand erhalten bleiben soll, und das ist auch aus meiner Sicht sozial- und gesellschaftspolitisch geboten, gibt es auf die skizzierten Entwicklungen – sowohl die angespannte Finanzlage auf Grund der Einheitskosten als auch die absehbaren demographischen Veränderungen – nur zwei Reaktionsmöglichkeiten: Entweder hebe ich den Beitragssatz für die erwerbsaktive Bevölkerung entsprechend an, oder ich senke das Rentenniveau ab – durch Rentenkürzung und/oder Anhebung des Renteneintrittsalters. Beide Maßnahmen sind natürlich politisch äußerst unbeliebt und werden deshalb von gewählten und zu wählenden Politikern nur sehr ungern ergriffen; sie sind darüber hinaus sozialpolitisch stets umstritten. Im Falle der Beitragserhöhung beklagt sich »die Wirtschaft«, Arbeitnehmer wie Arbeitgeber, weil ich dadurch einerseits den Nettolohn kürze, andererseits durch den ja ebenfalls steigenden Arbeitgeberanteil die Arbeitskosten erhöhe – und damit, wie es damals in verlässlicher Regelmäßigkeit hieß, »den Standort gefährde«. Eine Rentenkürzung wiederum bringt die wichtige und wachsende Wählergruppe der Rentner gegen mich auf, sie ist juristisch nicht trivial, weil auch die Rentenversicherung dem Vertragsrecht unterliegt, und sie verursacht schwer zu kalkulierende Folgekosten, weil immer mehr »Kleinrenten« durch Transferleistungen aufzufüllen sein werden.

Neoliberales Fieber

Was also tun? Die Regierung Schröder jedenfalls war zum Handeln entschlossen, und ihre Entscheidung – wie auch andere Maßnahmen der so genannten Agenda 2010 – fiel bekanntlich zu Gunsten des »Standorts« aus. Die Begleitumstände waren günstig. Obwohl erst ein Jahr zuvor in der so genannten Dotcom-Blase Milliardenwerte verbrannt worden waren und die auch in Deutschland aufkommende Aktien- und Finanzmarkt-Begeisterung einen ersten Dämpfer erlitten hatte, herrschte im Jahr 2001 weiterhin eine Art neoliberales Fieber, das nicht nur Wirtschaft und Politik erfasst, sondern auch alle wichtigen Medien erhitzt hatte. Überall las und hörte man, dass die Märkte effizienter seien als staatliche Institutionen, dass der Staat deshalb zurückgedrängt und die Unternehmen entlastet werden müssten. Ein Sozialdemokrat führte die Regierung an, ein ehemaliger Gewerkschafter, Walter Riester, leitete das federführende Ministerium für Arbeit und Sozialordnung, etliche gut beleumdete Experten vom Schlage eines Bert Rürup – allesamt kapitalistischer Umtriebe vermeintlich unverdächtig – rechtfertigten die geplanten Maßnahmen als unvermeidlich. Einer CDU-geführten Regierung, womöglich noch im Verbund mit der FDP, hätte man so viel »Wirtschaftsfreundlichkeit« vermutlich nicht nachgesehen.

Das Reformklima war günstig, die Maßnahmen wurden als alternativlos dargestellt. So war es möglich, vom bisherigen Credo der »Lebensstandardsicherung« im Alter abzuweichen und den unpopulären und »schmerzhaften« Beschluss zu fassen, das gesetzliche Rentenniveau in zeitlich gestreckten Schritten abzusenken: Um den Beitragssatz stabil zu halten, ihn jedenfalls nicht über 22 Prozent des Bruttolohns steigen zu lassen, sollte das Rentenniveau (vor Steuern) durch eine Neuberechnung der Rentenformel von damals knapp 53 Prozent sukzessive reduziert werden. Im Jahr 2017 lag das Rentenniveau bei 48,2 Prozent[2], bis 2030 soll es auf die festgelegte Untergrenze von 43 Prozent sinken.[3] Und diese Kürzung erhielt dann auch Gesetzesstatus.

Was aber hat es damit ganz praktisch auf sich? Von 53 auf 43 Prozent: Das klingt schon hart, ist aber in Wahrheit mit Hilfe von statistischen Tricks noch schöngerechnet. Die konkreten Prozentangaben beziehen sich auf einen so genannten Eckrentner. Ein »Eckrentner« ist jemand, der 45 Jahre ein durchschnittliches Arbeitseinkommen erzielt hat. Fragen Sie, verehrte Leserin, lieber Leser, einmal in Ihrem Bekanntenkreis herum, wer das schafft. Sie werden feststellen, dass der »Eckrentner« wie ein ganz, ganz scheues Reh ist. Er lässt sich nur sehr selten blicken und gehört zudem einer aussterbenden Spezies an. In der Praxis erreichen nur sehr wenige Arbeitnehmer 45 Beitragsjahre – und noch viel weniger mit einem durchgehend »durchschnittlichen Einkommen«. Die durchschnittliche Lebensarbeitszeit aller Rentenversicherten liegt knapp zehn Jahre darunter, mit weiter abnehmender Tendenz. Das heißt, das gesetzlich fixierte Rentenniveau hat mit der Wirklichkeit recht wenig zu tun. Die moderne Arbeitswelt, inklusive Arbeitslosigkeit, Jobwechsel, Erziehungszeiten und einem enormen Anstieg aller Arten von prekärer Beschäftigung, lässt das tatsächliche Rentenniveau noch weiter in den Keller sinken. Wird man dann noch von der Rente leben können?

Diese Frage stellten sich natürlich auch die damals

verantwortlichen Reformer und erdachten sich daraufhin eine Kompensation, die seither den Namen der Reform-Konstrukteure trägt: Riester und Rürup. Um die durch eine Absenkung des Rentenniveaus auftretenden Versorgungslücken zu schließen, wurde das umlagegedeckte Rentensystem durch eine staatlich geförderte, kapitalgedeckte Privatvorsorge ergänzt. Und dadurch kam die Versicherungsbranche ins Millionenspiel. Nebenbei bemerkt wurden damit gleichzeitig die Arbeitgeber »entlastet« und praktisch aus der paritätischen Finanzierung der Rentenversicherung entlassen. An dem Ausgleich der Versorgungslücke jedenfalls müssen sie sich nicht beteiligen – wohl aber, über die staatliche Förderung, all jene Steuerzahler, die selber nicht »riestern«, von der Rentenkürzung aber gleichwohl betroffen sind.

Eine Ölquelle

Ich möchte hier nun nicht behaupten, dass ich damals wusste oder heute wüsste, wie die objektiven Probleme einer alternden Gesellschaft optimal zu lösen wären. Ich weiß nur, dass bei solcher »Lösung«, wie sie sicher auch das Reformgesetz von 2001 im Blick hatte, immer auch Interessen berücksichtigt werden, die dabei etwas anderes im Visier haben als etwa – wie in diesem Fall – den finanziell abgesicherten Lebensabend eines Großteils der Ruheständler. Natürlich waren wir in der Versicherungsbranche für die Reform. Natürlich haben wir für sie getrommelt, weil die Teilprivatisierung des gesamten Vorsorgesystems für uns einer Lizenz zum Gelddrucken gleichkam. Auch ich habe keine Gelegenheit ausgelassen, das gesetzliche

Rentensystem madig zu machen, vor Versorgungslücken zu warnen und private Vorsorge zu propagieren.

Nun war meine Stimme, ebenso wie die Stimme der meisten Vorstandskollegen aus der Branche, politisch eher von geringer Durchschlagskraft. Aber wir hatten mächtige Mitstreiter, allen voran die Lobbyisten des Branchenprimus Allianz, die in den politischen Planungsstäben stets Gehör finden, sowie den schillernden Finanzdienstleister und Kanzler-Freund Carsten Maschmeyer, für dessen Firma AWD die private Altersvorsorge in der Folge zu einem Umsatzschwerpunkt werden sollte. Auf der AWD-Hauptversammlung nannte er die Riester-Rente ganz offen »eine Ölquelle«. »Sie ist angebohrt, sie ist riesig, und sie wird sprudeln.«[4] Das tat sie dann auch, wenngleich mit leichter zeitlicher Verzögerung.

Übrigens – dies nur nebenbei bemerkt – hat sich auch für die Namensgeber der Reform, Riester und Rürup, der politische Einsatz durchaus gelohnt. Bert Rürup gründete später mit Carsten Maschmeyer eine gemeinsame Beratungsfirma – Schwerpunkt: Gesundheits- und Altersvorsorge. Walter Riester blieb nach seinem Austritt aus dem Kabinett 2002 weiterhin Bundestagsabgeordneter, war neben dieser Tätigkeit ein gern gebuchter und gut bezahlter Referent bei verschiedenen Unternehmen der Finanzdienstleistungsbranche und wurde nach seinem Ausscheiden aus dem Bundestag in den Aufsichtsrat von Union Investment berufen, dem Marktführer von Riester-geförderten Investmentsparplänen. Ein Schelm, wer bei alldem Böses denkt.

Mein erster Gedanke damals folgte dem gesunden Menschenverstand: Wer hat sich denn diesen Blödsinn ausgedacht? Warum nimmt man dem Bürger per Rentenformel etwas weg, um es ihm dann über die Förderung seiner privaten Vorsorge wiederzugeben? Privatvorsorge mit Milliarden an Steuergeldern zu subventionieren, hätte doch insgesamt nur Sinn, wenn die Leute mehr für ihr Alter zurücklegen als vorher. Das tun sie aber gar nicht, vermutlich sind die meisten auch nicht in der Lage dazu. Tatsächlich ist die so genannte Sparquote nach der Reform im Großen und Ganzen gleich geblieben. Das heißt, der Staat unterstützt die Haushalte lediglich darin, ihre Ersparnisse, die sie ohnehin gehalten hätten, teilweise durch Riester-Produkte zu ersetzen. Von einem Ausgleich der Absenkung des Rentenniveaus kann nicht die Rede sein. Die eigentlich Begünstigten der gigantischen staatlichen Subventionszahlungen waren und sind von Beginn an die Versicherer.

Dennoch waren anfangs alle in der Branche, auch der Antreiber Carsten Maschmeyer, mit den gesetzlichen Vorgaben unzufrieden. Diese Unzufriedenheit war allerdings eher professioneller Natur. Nach dem Sinn und Nutzen einer Versicherung wird in den Unternehmen schon lange nicht mehr gefragt. Es geht um den Verkauf von Produkten. Und als Produkt war die Riester-Rente zunächst ein bürokratisches Monstrum: viel zu kompliziert in Verwaltung und Vertrieb. Darüber hinaus bissen sich unsere »Produktentwickler« an einer Vielzahl von »Zertifizierungskriterien« die Zähne aus, die erfüllt sein mussten, um als Riester-Rente staatlich gefördert zu werden. Ausländische Versicherer machten in dieser Situation den, wie ich fand, hervorragenden Vorschlag einer Kooperation: Man tut sich zusammen, entwickelt und kalkuliert ein Produkt, und jeder macht sein Label drauf. So hätten die Entwicklungs- und Verwaltungskosten klein gehalten werden können – zum

Vorteil aller, auch der Kunden. Das wollten aber die deutschen Unternehmen nicht, allen voran die Branchenriesen mit ihrer Marktmacht. Also werkelte jeder für sich allein, mit der Folge, dass die Kosten für Vertrieb und Verwaltung im Verhältnis zur Förderung bis heute so hoch sind, dass »Riestern« als Spar- oder Anlagemodell im Grunde nur für die lohnt, die älter als 90 werden. Zum Teil dauert es bis zu zwölf Jahre, bis überhaupt die Ansparphase erreicht wird.

Diese schlechte Performance hing natürlich auch mit den moderaten Beiträgen zusammen, und das war unser nächstes Problem: kleine Prämien, hoher Verwaltungsaufwand für ein wenig staatliche Unterstützung. Kaum Provision, also nichts zu verdienen. Vor allem strenge Provisionsregeln – eine Förderbedingung war, dass die Provisionszahlung über einen Zeitraum von zehn Jahren gestreckt werden musste – sorgten dafür, dass die Riester-Rente zunächst ein Ladenhüter war. Staatliche Förderung und steuerliche Absetzbarkeit sind zwar Argumente, mit denen man gerade in Deutschland praktisch alles verkaufen kann, aber wenn die Makler und Vermittler nicht »genug« daran verdienen, stockt der Vertrieb. Und so war es dann auch. In den ersten drei Jahren nach Einführung der Riester-Rente konnten insgesamt nicht einmal vier Millionen Kunden gewonnen werden, deutlich weniger als erhofft. Es herrschte Katerstimmung.

Versicherer als Staatsersatz

Die Versicherer drängten auf Veränderungen, Vereinfachungen und begründeten ihr Drängen mit dem Hinweis, andernfalls ihrer gesellschaftlichen Verantwortung zur Verhinderung der Altersarmut nicht angemessen gerecht werden zu können. Stichwortgeber war in diesem Fall sogar der Kanzler persönlich. Bei einem Weihnachtstreffen von AWD-Verkäufern im Dezember 2004 im Berliner Hotel Estrel erschien er als Maschmeyers Überraschungsgast und rief den begeisterten Teilnehmern der »Vertriebstagung« zu – so berichtet es kurz darauf die AWD-Mitarbeiterzeitung: »Sie als AWD-Mitarbeiter erfüllen eine staatsersetzende Funktion. Sichern Sie die Rente Ihrer Mandanten, denn der Staat kann es nicht!«[5]

Zuvor aber musste die Regierung Schröder liefern. Und das tat sie. Als im darauffolgenden Jahr, nach beständiger Lobbyarbeit, mit dem Inkrafttreten des schon erwähnten Alterseinkünftegesetzes auch knapp die Hälfte der Förderregeln für die Riester-Rente wegfiel, gewannen die Riester-Produkte für die Versicherer an Attraktivität. Unter anderem wurde nun auch die Provision rascher fällig ... Nun legten die Versicherer den Hebel um, man erhöhte den Marketingaufwand, hob die Provisionen spürbar an und machte dem Vertrieb ehrgeizige Verkaufsvorgaben. Dass die Unternehmen damit den von Schröder erteilten staatstragenden Auftrag annahmen, um ihrer gesellschaftlichen Verantwortung gerecht zu werden, möchte ich für das mir bekannte Umfeld bestreiten. Stattdessen wurde die private Altersvorsorge in den Folgejahren in erster Linie zu einem Umsatzschwerpunkt der Branche.

Bis heute – Stand 2017 – gibt es gut 16,5 Millionen Riester-Verträge[6], darunter – u. A. neben Bausparmodellen und Investmentfonds – über 10 Millionen Versicherungspolicen[7]. Insgesamt wurden die Riester-Verträge mit über 20 Milliarden Euro vom Staat gefördert[8], jährlich kommen zirka drei Milliarden Fördergelder hinzu. Aus Sicht der Versicherer könnte das Verkaufsergebnis zwar noch deutlich besser sein, es hat aber auch so für einen schönen Umsatz- und Provisionsregen gesorgt. Schwachsinn bleibt es trotzdem. Ob die 16,5 Millionen Versicherten – davon hat allerdings jeder fünfte seinen Vertrag ruhend gestellt[9] – damit ihre Versorgungslücke im Alter schließen können, bleibt fraglich. Kaum fraglich dürfte sein, dass viele der anderen gesetzlich Versicherten einem Alter in Armut entgegengehen. Ihre hauptsächlichen Vorsorge-»Produkte« jedenfalls – gesetzliche Rente plus Kapitallebensversicherung – werden sie davor nicht mehr schützen können.

Lobbyisten am Werk

Schaut man sich die Liste der staatlichen Eingriffe in das Versicherungswesen an, wird man erstaunt feststellen, dass sie ganz überwiegend nicht etwa im Sinne der Versicherten oder im Sinne von Verbraucherschützern erfolgten, sondern im Sinne und zum Vorteil der Versicherungsunternehmen. Warum ist das so? Hat das mit Lobbyarbeit zu tun? Nun, in der Tat zahlen einzelne Versicherer Lobbyisten in Berlin, die mit den Bundestagsabgeordneten in Kontakt stehen und diese mit entsprechenden Informationen versorgen. Dagegen ist zunächst einmal nichts einzuwenden, denn Parlamentarier sind in der Regel keine Finanzexperten, sie sind auf Fachinformationen angewiesen. Entscheidungsvorlagen für Gesetze sind in der Regel gut vorbereitet, doch gehen sie meist – nicht zuletzt durch die Arbeit der Lobbyisten – in eine bestimmte Richtung: nämlich in die von den Versicherern gewünschte. Ein Argument kommt dabei immer wieder zum Einsatz: Arbeitsplätze. Bei diesem Stichwort werden Politiker sofort hellhörig. Ist ein Gesetz in der Diskussion, das den Versicherungsunternehmen nicht passt, schlagen diese Alarm: »Das wird massiv Arbeitsplätze kosten.« Und das kann sich niemand im Parlament erlauben, erst recht nicht in Regierungsverantwortung. Wird ein solches Gesetz dann tatsächlich einmal gegen die Interessen der Versicherer umgesetzt, ist der Effekt meist doch nicht so schlimm wie im Horrorszenario von den Lobbyisten ausgemalt. Aber das scheinen die verantwortlichen Politiker nicht sehen zu wollen, denn immer wieder vermeiden sie Entscheidungen, von denen die Lobbyisten behaupten, dass sie Arbeitsplätze kosten könnten.

Eine andere Form von Lobbyarbeit ist direkter: Unternehmen bezahlen Parlamentarier für Auftritte. Wird ein Politiker zu einer Veranstaltung als Redner eingeladen, bekommt er dafür Geld – und wird in der Folge dem Unternehmen gegenüber eher positiv gestimmt sein. Ein solches Vorgehen ist nicht unüblich, es wird aber nicht viel darüber geredet. Warum weder die Branchenvertreter noch die Politiker ein Interesse daran haben, kann man sich nur zu gut vorstellen.

Solvency II:
wenn Lösungen zum Problem werden

Der Staat ist gegenüber den Versicherungen gewissermaßen in der Zwickmühle. Für die Altersvorsorge – das gilt ebenfalls für die Schadens- und Krankheitsvorsorge –

sind die Versicherer systemrelevant. Und sie sind in dieser Eigenschaft, durch staatliche Weichenstellungen, immer wichtiger und in sozialpolitischer Hinsicht sogar unverzichtbar geworden. Der Grundstein hierfür wurde bereits 1957 gelegt, als das heutige umlagefinanzierte und dynamische Rentensystem – »dynamisch« heißt, dass die Renten der Lohn- und Kaufkraftentwicklung regelmäßig angepasst werden – mit der Rentenreform von Konrad Adenauer eingeführt wurde. Die Regierung Adenauer traf damals die Entscheidung, das Recht der freiwilligen Versicherung in der gesetzlichen Rentenversicherung für Selbständige und Freiberufler – zum Beispiel Ärzte, Anwälte oder Architekten – ersatzlos zu streichen, und eröffnete damit der privaten Versicherungswirtschaft einen üppigen Markt. Seit dieser Weichenstellung sind die Versicherer ein sozialpolitisches Schwergewicht – sie haben, in des ehemaligen Kanzlers Worten, eine »staatsersetzende« Funktion – und bedürfen deshalb besonderer staatlicher Obhut, sowohl Kontrolle als auch »Fürsorge«. Und diese Doppelaufgabe begründet die erwähnte Zwickmühlen-Situation.

Indem das Grundgesetz »Sozialstaatlichkeit« als Ziel vorschreibt, verpflichtet es den Staat, in Gesetzgebung und Verwaltung für einen sozialen Ausgleich der Gesellschaft zu sorgen und finanziell benachteiligte, kranke, alte oder anderweitig schutzbedürftige Bürger zu unterstützen. Und gerade die Alterssicherung ist eines der wichtigsten Teilziele dieser sozialen Staatlichkeit. Für solche Alterssicherung mag der Staat nun zwar eine zusätzliche private Vorsorge empfehlen und fördern, er ist dadurch aber nicht aus der Verantwortung für die Millionen privat Versicherten entlassen. Aus dieser Verantwortung wiederum resultiert seine besondere Aufsichtspflicht gegenüber den Versicherungen, insbesondere dort, wo diese gewissermaßen staatliche Aufgaben übernehmen. Rechte und Pflichten von Versicherern, Versicherungsnehmern und Versicherungsvermittlern sind daher in ausführlichen und komplizierten Gesetzespaketen penibel geregelt.

Keine Sorge, hier sollen nun keine seitenlangen Erläuterungen etwa zum wichtigen Versicherungsvertragsgesetz (VVG), zur VVG-Informationspflichtenverordnung, zum Versicherungs- und Finanzdienstleistungsaufsichtsgesetz oder zu den Wettbewerbsrichtlinien erfolgen. Selbst für Juristen ist es schwierig, hier den Überblick zu behalten. Zudem, und nur so viel ist mir an dieser Stelle wichtig, unterliegt dieses gesamte Regelwerk einem permanenten Wandel. Insbesondere durch Markt- und Marktumfeldveränderungen – dazu zählen beispielsweise veränderte Wettbewerbsregeln im europäischen Binnenmarkt (»Deregulierung«), die Zinsentwicklung oder eine steigende Lebenserwartung – machen eine ständige Neujustierung der unterschiedlichen Interessen der im Versicherungsgeschehen Beteiligten erforderlich. Und der Gesetzgeber wandelt dabei stets auf einem schmalen Grat. Er hat zum einen die erwähnte Fürsorgepflicht gegenüber den Versicherten, deren Belange vom mächtigen Bund der Versicherten und von anderen Verbraucherschutzorganisationen mittlerweile einflussreich vertreten werden. Er hat zum anderen eine Kontroll-, aber auch Schutzpflicht gegenüber den Versicherern, die sich durch ihren Gesamtverband und durch einzelne Big Player Gehör zu verschaffen verstehen. Und er hat zum Dritten sozial-, finanz-, wirtschafts- und nicht zuletzt arbeitsmarktpolitische Erwägungen zu berücksichtigen, die ja nicht selten ihrerseits miteinander kollidieren. Dieses so komplexe wie fragile Gefüge halbwegs stabil auszubalancieren, erscheint wie die Quadratur des Kreises.

Nehmen wir ein Beispiel, das die Schwierigkeiten des Unterfangens veranschaulichen kann: die seit 1. Januar 2016 geltenden neuen, strengeren Eigenkapitalregeln für die Versicherungsunternehmen, genannt »Solvency II«. Unter dem Eindruck der sich abzeichnenden Bankenkrise sah sich die EU-Kommission bereits im Sommer 2007 veranlasst, eine grundlegende Reform auch des Versicherungsaufsichtsrechts in Europa auf den Weg zu bringen. Wie die Banken sollten auch die Versicherer künftig mehr Eigenmittel vorhalten, um im Krisenfall besser geschützt zu sein. Ziel war und ist es, sowohl die Kunden vor Ausfällen wie auch den Steuerzahler – wie im Falle der Banken – vor Rettungszahlungen zu bewahren. In vielen Unternehmen beschränkte sich das Risikomanagement auf das Ausfüllen von Excel-Tabellen, mit denen die Risiken in Wahrheit eher verschleiert als dokumentiert und ganz gewiss nicht reduziert wurden.

Es ist daher nach all den schmerzlichen und teuren Erfahrungen der vergangenen Jahre zweifelsfrei richtig, gewinnorientierte Privatunternehmen zu einem verbesserten Risikomanagement zu verpflichten und ihre so genannte Solvabilität (siehe Infoblock) zu erhöhen, damit am Ende nicht der Staat – »Ihre Einlagen sind sicher« – für alle Schäden in Haftung gehen muss und damit immer wieder dem ja nicht unberechtigten Argument Vorschub leistet, wonach die Gewinne stets privatisiert, die Verluste hingegen sozialisiert werden. Die Unternehmen stärker in die Eigenhaftung zu nehmen, kann allerdings dazu führen, dass einige Versicherer zusätzlich unter Druck geraten, dem sie am Ende nicht gewachsen sein werden. Salopp gesagt: Operation gelungen, Patient tot.

Nach Berechnungen der Finanzaufsicht BaFin wäre Ende 2014 fast die Hälfte der Unternehmen der Branche an den seit 2016 geltenden Vorschriften gescheitert, 2017 waren es 29 von 84 deutschen Versicherern, die auf Übergangsmaßnahmen angewiesen waren, um den Stresstest der BaFin zu bestehen, eine Gesellschaft war sogar nicht in der Lage, ausreichende Eigenmittel auszuweisen.[10]. Nach zähen Verhandlungen auf EU-Ebene hat man deshalb den deutschen Lebensversicherern schließlich 16 Jahre Zeit eingeräumt, um ihre Kapitalbasis gemäß Solvency II zu stärken. In dieser Zeit müssen sie – wiederum nach Berechnungen der BaFin – jährlich viele Milliarden Euro zusätzliches Kapital aufbauen. Und das heißt praktisch, dass dieses Geld ihrem operativen Geschäft entzogen ist, um ihre langfristigen Garantien mit dem nötigen Sicherheitspuffer zu unterlegen. Geld, das am Ende den Kunden fehlt. Nicht alle Versicherer werden diese Rosskur überleben.

Solvabilität

Unter Solvabilität versteht man die Eigenmittelausstattung eines Versicherers, die vorgehalten werden muss, um die Risiken des Versicherungsgeschäfts abzudecken und die Ansprüche der Versicherungsnehmer zu sichern. Es handelt sich dabei um Kapitalanlagen, denen keine Verpflichtungen gegenüberstehen. Lebensversicherungsverträge binden die Versicherer über eine für gewöhnlich sehr lange Laufzeit an die vereinbarten Konditionen, unabhängig davon, wie sich die wirtschaftlichen Umstände oder auch die Lebenserwartung entwickeln. Da sowohl der Hinterbliebenenschutz als auch die Alterssicherung von hohem öffentlichen Interesse sind, soll so sichergestellt werden, dass diese Verpflichtungen auch über die gesamte Vertragsdauer erfüllbar bleiben. Daher regelt das Versicherungsaufsichtsgesetz von jeher, wie die Solvabilität beschaffen sein muss, damit die Kundenansprüche auch sicher bedient werden können. Zur Berechnung wurden bislang überwiegend bilanzielle Größen - also beispielsweise Beitragsaufkommen oder Schadensaufwendungen - herangezogen, wodurch allerdings die tatsächliche Risikolage der einzelnen Unternehmen unberücksichtigt blieb. Dies ist mit Solvency II nun geändert worden, indem jeder Versicherer ein eigenes Risikoprofil zu erstellen hat. Wer hohe Risiken eingegangen ist - etwa durch einen großen Anteil an Policen mit hoher Garantieverzinsung oder durch Anlage der Kundengelder in weniger sichere Werte, wie beispielsweise Aktien -, muss entsprechend mehr Eigenkapital vorhalten.

Die strengeren Regeln sowie die damit verbundenen schärferen Berichterstattungspflichten, die die spezifischen Risiken jedes einzelnen Versicherers besser sichtbar machen, haben bereits vor Inkrafttreten von Solvency II dazu geführt, dass sich immer mehr Lebensversicherer aus dem Neugeschäft mit klassischen Verträgen, die einen festen Zins langfristig garantieren, verabschiedeten. Zurich Deutscher Herold beispielsweise oder die Versicherungen der Generali-Gruppe – etwa die AachenMünchener und Cosmos Direkt – vertreiben schon seit einiger Zeit keine Policen mit Garantiezins mehr, der Konzern Talanx – mit Marken wie Neue Leben, Targo Leben, PB Leben und HDI einer der fünf größten deutschen Lebensversicherer – hat sich inzwischen ebenfalls aus diesem Geschäft verabschiedet. Andere Anbieter, wie die Versicherungen der Allianz-Gruppe, setzen verstärkt auf neue, fondsgebundene Produkte – auf »kapitaleffiziente« Policen, wie es im schönen Versicherungsdeutsch heißt – und wollen die Garantie-Produkte so nach und nach »herunterfahren«. Und der Vorstandschef des Ergo-Konzerns hatte seine Töchter Victoria Leben, Ergo Leben und Ergo Pensionskasse im Juni 2016 angewiesen, aus dem Neugeschäft mit den klassischen, garantieverzinsten Lebensversicherungen auszusteigen und künftig nur noch die Altverträge, immerhin rund 6,5 Millionen Policen, zu verwalten, während die junge Tochter Ergo Vorsorge sich verstärkt um neue Produkte, das heißt Vertragsmodelle ohne Garantiezins, kümmern soll.

Unter Druck:
die Lebensversicherung am Abgrund

Die anhaltende Niedrigzinsphase und strengere Eigenkapitalregeln haben die klassische Kapitallebensversicherung zweifellos notleidend gemacht. Das muss man nicht bedauern, denn die Policen mit Garantiezins sind für die Kunden schon seit Jahren kein sinnvolles Sparprodukt mehr. Das eigentliche Problem sind dabei aber gar nicht so sehr die äußeren Einflüsse, sondern die internen Kosten. Die Ratingagentur Assekurata hat bei 34 Lebensversicherern nachgerechnet, wie es um die effektive Beitragsrendite – also die Bruttoerträge abzüglich der Kosten – tatsächlich bestellt ist: Danach bleiben von den versprochenen 0,9 Prozent im Schnitt nur noch 0,1 Prozent übrig[11]. Im Schnitt, wohlgemerkt. Denn das bedeutet, dass bei einigen Versicherern die Beitragsrendite sogar negativ ist. Für den Sparer heißt das im Klartext: Es sind noch nicht einmal die eingezahlten Beträge garantiert. Das in der Vergangenheit gewichtigste Argument der klassischen Lebensversicherung, die Garantieverzinsung, ist heute entweder irrelevant oder hat sich sogar ins Gegenteil verkehrt. Die Erfolgsgeschichte dieses klassischen Vorsorgeprodukts ist somit endgültig beendet.

Fondsgebundene Policen

Was aber nun stattdessen angeboten und mit »höherer Verzinsung« beworben wird, ist aus meiner Sicht noch weniger zu empfehlen. Zwar lässt sich mit einer fondsgebundenen Lebensversicherung theoretisch eine den heute äußerst schmächtigen Garantiezins deutlich übersteigende Rendite erzielen. Das Risiko geht aber praktisch komplett auf den Kunden über. Als Ablaufleistung garantiert wird in der Regel nur noch das angesparte Kapital – wohlgemerkt, damit sind nicht die eingezahlten Prämien, sondern die Beitragszahlungen abzüglich der Kosten gemeint –, während die tatsächliche Verzinsung vom Versicherer, je nach Marktlage, erst am Ende festgelegt wird. Damit wird die Police zu einer Art Lotterie-Los.

Das ist schlecht für die Versicherten, aber gut für die Versicherer. Sie meiden ein langfristiges Zinsrisiko und müssen deshalb entsprechend weniger Eigenkapital als Absicherung vorhalten. Und sie gewinnen deutlich an Spielraum in der Anlage der Kundengelder, da beim »Fondssparen« erhebliche Mittel aus dem wenig bis gar nicht mehr attraktiven

Anlagemarkt der festverzinslichen Wertpapiere in den Aktienmarkt umgeschichtet werden können. Das bedeutet aber auch, dass die Versicherungen nun zunehmend in das Investment-Segment drängen – eben jenen schwer berechenbaren Bereich, in dem schon viele Banken grandiose Stürze hingelegt haben. In anderen Worten: Sicherheiten können die Versicherungen hier nicht mehr gewähren.

Für die Kunden jedenfalls, die doch eigentlich besser geschützt werden sollten, wird die Situation dadurch noch unberechenbarer. Da sind Frustration und Ärger programmiert. Schon 2011 habe ich in meiner damaligen Funktion als Vorstandsvorsitzender der deutschen Tochter eines internationalen Konzerns einmal den Unmut diverser Fondssparkunden zu spüren bekommen, als ihnen die Tücken ihres Produkts schmerzhaft bewusst wurden. Weil die Börsenentwicklung die Rendite der Policen empfindlich schmälerte und dadurch den Zinseszinseffekt praktisch auffraß, wodurch die Kosten für Vertrieb und für die Verwaltung der Verträge im Verhältnis überdurchschnittlich anstiegen, war in den jährlichen Gewinnstandsmeldungen plötzlich eine Abweichung zwischen der einmal prognostizierten und der realen Gewinnentwicklung von bis zu 40 Prozent dokumentiert. Da kommt natürlich keine Freude auf. Immer mehr Kunden beschwerten sich, was zu einem massiven Problem wurde. Der Kundendienst sah sich zu Beschwichtigungsaktionen genötigt: Die Vertragsinformationen seien nur eine Momentaufnahme und der aktuellen Marktentwicklung geschuldet; die angezeigten Verluste würden sicher schnell wieder ausgeglichen. Na ja, den meisten Kunden reichte diese Beschwichtigung erst einmal, um beruhigt zu werden.

Die fondsgebundenen Policen sind bei den Menschen in Deutschland nicht gerade beliebt, das Risiko schreckt sie ab. Das ist aus Kundensicht vernünftig, für die Versicherer aber Grund, Alarm zu schlagen: »Es besteht die ernste Gefahr, dass Kunden sich komplett aus der privaten Altersvorsorge zurückziehen, weil sie die neuen hybriden Produkte nicht durchschauen oder sie ihnen zu wenig Sicherheit bieten – fatal angesichts der demographischen Herausforderung, auf die aktuell die gesetzliche Rente noch keine beruhigenden Antworten liefert, wenn es um Fragen zur Sicherung des Lebensstandards geht.«[12] So drückt es etwa Henning Kühl aus, Chefaktuar bei Policen Direkt.

Wer eine fondsgebundene, »kapitaleffiziente« Lebensversicherung abschließt, tut im Grunde das Gleiche wie ein Anleger, der sich direkt an eine Fondsgesellschaft oder Bank wendet, um sein Geld anzulegen. Mit dem Unterschied, dass die Erträge durch diverse zusätzliche Kosten geschmälert werden. Wie gefährlich das Geschäft selbst für die Banken-»Profis« ist, hat der Bankencrash gezeigt. Können es die Versicherer wirklich besser – oder versuchen sie nur, durch den übergehängten »Ver*sicher*ungs-Mantel« ein wenig mehr Verlässlichkeit auszustrahlen? Die wäre dann aber nur vorgegaukelt: Das Risiko trägt der Kunde zu 100 Prozent, die Verträge sprechen die Versicherer von jeder Haftung frei.

Es ist mehr als zweifelhaft, ob sich die vollmundig abgegebenen Rendite-Versprechen realisieren lassen. Wahrscheinlicher erscheint mir, dass die Neukunden einen Teil der Zeche für alte Verfehlungen bezahlen werden. Weil die Versicherer ständig frisches Geld brauchen, um ihre Altlasten aus den hochverzinsten Verträgen einzulösen, ist heute nicht abzusehen, ob da auf Dauer überhaupt noch Zinsüberschüsse übrigbleiben werden. Weit eher ist damit zu rechnen, dass solche Überschüsse, sollten sie denn anfallen, mehr oder weniger willkürlich unter verschiedenen Tarifgenerationen verteilt werden, um das marode System zu retten. Und das wäre noch der »Best Case«. Der Worst Case bleibt, dass man als Neukunde auf ein sinkendes Schiff aufspringt. Denn viele Versicherer werden die jetzige Krise trotz ihrer schönen, neuen Produkte nicht überleben. Da gibt es dann nicht nur nichts zu verteilen, da stehen auch die eingezahlten Sparbeiträge zur Disposition. Die Kunden werden die Verlierer sein – nein, ich korrigiere mich: Sie sind es schon heute.

DIE OPFER – ALTERSARMUT STATT RENDITE

Enttäuschte Kunden: wenn das Ersparte immer weniger wird

Bereits im Januar 2016 hat die Zeitschrift *Finanztest*[1] der Stiftung Warentest bei knapp 100 Versicherten einmal konkret nachgefragt und festgestellt: »Zwischen der Leistung, die der Versicherer bei Vertragsabschluss in Aussicht gestellt hat, und der tatsächlichen Leistung bei Vertragsablauf klaffen oft erhebliche Lücken. Bis zu knapp der Hälfte weniger, als vom Versicherer einst hochgerechnet, kommt am Ende heraus.« Als etwa ein Kunde 1989 seine Lebensversicherung abschloss, wurden ihm für das Jahr 2020 umgerechnet 196 000 Euro in Aussicht gestellt. In der Standmitteilung vom Sommer 2015 waren es gut 86 000 Euro weniger als zu Vertragsbeginn und in den ersten Jahren danach. Das ist ein Minus von rund 45 Prozent im Vergleich zu den ursprünglichen Annahmen. Und der Versicherte selbst erwartet, dass das Minus bis zum Ende der Laufzeit weiter ansteigt, denn sein Erfahrung lehrt ihn inzwischen: »Von Standmitteilung zu Standmitteilung wird es weniger.«

Von ähnlichen Erfahrungen berichten alle Versicherten, deren Verträge von der Stiftung Warentest ausgewertet wurden. Die zum Teil erheblichen Diskrepanzen resultieren in erster Linie aus unrealistischen Annahmen und missverständlichen Aussagen über die Höhe der so genannten Überschussbeteiligung (siehe Infobox). Die Zeitschrift *Finanztest* berichtet, wie beispielsweise die Provinzial einem ihrer Kunden in einer Standmitteilung erklärte: »Ihr Versicherungsschutz und die Überschussbeteiligung Ihrer Lebensversicherung haben folgende Höhe erreicht« – eine Formulierung, die mit keinem Wort darauf schließen lässt, dass es sich hierbei nur um eine unverbindliche Hochrechnung des Versicherers handelt. Als der entsprechende Vertrag im Sommer 2015 ausgezahlt wurde, waren von den schon Jahre zuvor angeblich erreichten knapp 80 000 Euro nur noch gut 50 000 Euro übriggeblieben. Und wenn ein Kunde dann verstört nachfragt, führen die Unternehmen gern die niedrigen Zinsen ins Feld, die eine Neuberechnung der zu verteilenden Überschüsse erforderlich gemacht hätten.

Das ist zwar nicht ganz falsch, trifft aber nur die halbe Wahrheit. Zeitschrift *Finanztest*: »Kunden, deren Verträge ablaufen, bekommen auch deshalb weniger, weil die Versicherer immer größere Finanzpuffer aufbauen und die Beteiligung der Kunden an den Bewertungsreserven drastisch beschnitten haben.« Daran wiederum ist auch der Gesetzgeber beteiligt. Seit 2011 müssen die Versicherer eine so genannte Zinszusatzreserve vorhalten, damit sie die höheren Garantiezusagen der Vergangenheit einlösen können. Diese

Reserve an Eigenmitteln betrug Ende 2016 schon mehr als 45 Milliarden Euro, und es werden Jahr für Jahr weitere Milliarden dazukommen – allein 2016 waren es zusätzliche 13 Milliarden, 2017 rund 20 Milliarden, bis 2025 werden es 200 Milliarden sein müssen.[2] Und das alles zu Lasten der Kunden, deren Beteiligung an den Überschüssen ein Auslaufmodell ist. Das bestätigte kürzlich wieder die Aufsichtsbehörde BaFin, die über die Höhe der Reserve wacht: »Durch die Niedrigzinsphase fallen die Kapitalerträge deutlich niedriger aus als noch vor einigen Jahren. Entsprechend geringer ist die Zinsüberschussbeteiligung. Auch für die nächsten Jahre ist mit weiter sinkenden Sätzen zu rechnen. Der Aufbau der Zinszusatzreserve führt in diesem Zusammenhang dazu, dass die Sätze derzeit etwas stärker gekürzt werden als in einer Welt ohne Zinszusatzreserve.«[3]

Ich kenne die Enttäuschung der Kunden aus eigener Erfahrung: Als ich gerade in die Versicherungsbranche eingestiegen bin, habe ich nicht wenige Beschwerdebriefe von Kunden zu lesen bekommen. Einer schrieb: »Mir wurden 100 000 Mark versprochen, nun soll ich 60 000 bekommen. Warum? Dass ich vielleicht 200, 1000 oder sogar 5000 Mark weniger bekomme – das würde ich vielleicht noch hinnehmen. Aber 40 000 Mark weniger als prognostiziert ... wie kann das sein?« Danach las ich die Antwortschreiben. Den enttäuschten Kunden antwortete man dann sinngemäß: »Der Markt hat sich nun einmal nicht so entwickelt, wie wir gehofft hatten«, »Eine Blase ist geplatzt«, »Im Vergleich zu Aktienprodukten hat unser Produkt immer noch besser abgeschnitten«. Kein Wort der Entschuldigung. Kein Eingeständnis, dass man wohl etwas versprochen hatte, was man nicht hatte einhalten können. Nichts. Was mich aber noch mehr wunderte – vom Kunden kam danach keine Reaktion mehr. Ob er sich an die BaFin oder eine Schiedsgerichtsstelle gewandt hatte, davon habe ich keine Kenntnis. Doch auch von dort gab es keinerlei Reaktion. Solche Fälle passierten immer wieder, aber sie wurden totgeschwiegen. Ich warte schon seit vielen Jahren, seit Inkrafttreten des Alterseinkünftegesetzes im Jahr 2005, darauf, dass sich enttäuschte oder betrogene Kunden zusammentun und beispielsweise eine Sammelklage initiieren. Ich warte darauf, dass Verbraucherschutzverbände die große Keule auspacken oder dass die Presse diesen Skandal zum Thema macht. Ich denke, ich muss nicht mehr allzu lange warten.

Bekommt man im Frühjahr eine Standmitteilung von seinem Lebensversicherer zugeschickt, so ist das oft ein Schock. Doch ist es häufig sehr schwierig, überhaupt zu verstehen, wie wertvoll die eigene Police wirklich ist. Es fehlen die wesentlichen Angaben, etwa der aktuelle Verkaufswert, die Ablauf- oder Todesfallleistung. Das hat eine Untersuchung des Marktführers auf dem »Zweitmarkt« für Lebensversicherungen, Policen Direkt, ergeben. Dessen Chefaktuar Henning Kühl äußerte sich zu den Konsequenzen für die Kunden: »Wenn der Lebensversicherte aber weder die aktuellen Werte im Leistungsfall noch den aktuellen Vertragsstand kennt, schätzt er die Lage sehr wahrscheinlich falsch ein. Das äußert sich darin, dass mögliche Leistungen mitunter überschätzt, die Versprechen vom Abschluss nicht der aktuellen Situation angepasst und die finanzielle Situation zum Ende der Versicherung damit zu optimistisch eingeschätzt werden.«[4] Er rät, im Zweifel bei der Versicherung direkt nachzufragen, wie viel man bisher und bis zum Ende der Vertragslaufzeit eingezahlt hat, welchen Betrag man am

Ende garantiert erhält und wie viel Geld im Todesfall an die Angehörigen ausgezahlt werden würde.

Möchten Sie sich einen schnellen Überblick darüber verschaffen, wie viel Rendite Sie erwarten können, wenn Sie eine Lebensversicherung abgeschlossen haben? Die so genannte Standardkalkulation, die jeder bei Abschluss einer Police erhält, gibt darüber Auskunft. Dort ist festgelegt, welcher Betrag beispielsweise bei 3 Prozent Zinsen erzielt wird, wie viel Geld man bei 5 Prozent erhält, und so weiter. Über die Höhe des Garantiezinses können Sie sich informieren, heute liegt er bei gerade einmal 0,9 Prozent. Früher war es nicht unüblich, dass die Versicherer »Mondzahlen« in die Kalkulation aufnahmen – um zu suggerieren, dass sich der Abschluss der Lebensversicherung auch wirklich lohnt. Man tat so, als seien 12 oder gar 15 Prozent möglich. Heute ist auch die Kalkulation mit 0 Prozent Zinsen obligatorisch. Wer wissen möchte, wie viel Geld die Versicherung selbst einstreicht, etwa für Verwaltung, Vertrieb usw., kann sich mit Hilfe dieser Nulllinie übrigens sehr gut orientieren. Man braucht allerdings gute Nerven.

Das folgende Rechenbeispiel entspricht einer »Standardkalkulation«, wie sie die Versicherer bei Vertragsabschluss aufstellen: Wer sich 2015 seine Police auszahlen ließ und lange mit 100 000 Euro rechnete, der hat auf Grund der niedrigen Zinsen und der damit schrumpfenden Renditen am Ende nur noch etwa 85 000 Euro erhalten. Für das Jahr 2020 kann man gar nur noch mit 60 000 Euro rechnen. Lediglich der ehemals bei Abschlüssen vor dem Jahr 2000 garantierte Zins von 4 Prozent führt dazu, dass mehr herauskommt als die eingezahlten 45 000 Euro. Die von den Lebensversicherern in Aussicht gestellte Überschussbeteiligung, die früher für jährliche Renditen von bis zu vier und mehr Prozent sorgte, wird dagegen bald völlig entfallen; insbesondere die so genannte Schlussüberschussbeteiligung wird immer wieder gekürzt und tendiert heute bereits gegen null: Im Jahr 2017 wurden häufig deutlich unter 0,5 Prozent ausgeschüttet, etwa bei der Alten Leipziger und der Axa/DBV (0,5), der Ergo (0,35) oder der Nürnberger (0,31). Und die Generali-Versicherung strich Mitte 2017 insgesamt 27 600 Kunden, deren Privatrenten bereits in der Auszahlungsphase sind und deren Garantiezins über 1,75 Prozent liegt, gänzlich die Überschussbeteiligung.[5] Bei den Verbraucherschützern läuteten die Alarmglocken: »Die Generali ist nur die Spitze des Eisbergs. Wir erwarten bei weiteren Versicherern ähnliche Problemlagen«, positioniert sich Axel Kleinlein, Vorstandssprecher beim Verbraucherverband Bund der Versicherten.[6]

Überschussbeteiligung

Da die Lebensversicherer bis vor wenigen Jahren mit dem Geld ihrer Kunden stets Überschüsse erwirtschaftet haben – seien es Zins- und Kostenüberschüsse, etwa aus Zinsgewinnen, oder wenn sie weniger Kosten hatten als kalkuliert, seien es Risikoüberschüsse, etwa wenn weniger Kunden vor Vertragsende sterben als vom Versicherer kalkuliert –, sind sie gesetzlich verpflichtet, die Versicherungsnehmer, entsprechend ihres jeweiligen Anteils an den Überschüssen (»verursachungsorientiert«), mindestens zur Hälfte – bei Zinsgewinnen und Risikoüberschüssen zu 90 Prozent – zu beteiligen. Im Grunde handelt es sich um eine Form der Beitragsrückerstattung, die der Gesetzgeber vorgibt, weil etwa ein Zinsüberschuss ja nicht durch unternehmerische Leistung, sondern in erster Linie durch die staatlichen Vorschriften zur vorsichtigen Gewährung von Zinsgarantien mit verursacht ist. Die Ermittlung, Zuteilung und Ausschüttung solcher Überschüsse ist allerdings alles andere als trivial. Einerseits ist eine solide Eigenkapitalbasis nicht nur betriebswirtschaftlich gefordert, sondern im Zusammenhang mit der Altersvorsorge auch sozialpolitisch geboten, weshalb den Unternehmen auch Rückstellungen erlaubt sind. Andererseits muss die Gleichbehandlung von Kunden gewährleistet sein, das heißt, ein Versicherungsnehmer, dessen Vertrag aktuell ausläuft, darf gegenüber einem anderen, dessen Vertrag erst in zehn Jahren zur Auszahlung kommt, weder bevor- noch benachteiligt werden. Das macht Abwägungsprozesse erforderlich, die dazu führen, dass die Überschussbeteiligung weder einheitlich noch transparent geregelt ist. Sie ist ein variables Instrument, über das letztlich der Vorstand, also das Unternehmen selbst, nach Geschäftslage entscheiden kann. Im August 2014 trat darüber hinaus das Lebensversicherungsreformgesetz in Kraft, wonach festverzinsliche Anlagen in Niedrigzinsphasen bei der Überschussermittlung nicht mehr berücksichtigt werden. Solche Wertpapiere machen aber den Löwenanteil der Kapitalanlagen von Versicherern aus, weshalb es nicht mehr seriös ist, in die Ablaufleistung eine Überschussbeteiligung einzurechnen.

Das Lebensversicherungsreformgesetz wurde verabschiedet, um die sich abzeichnende schwierige Lage einiger Lebensversicherer zu verbessern, die Pleite-Gefahr wurde sichtbar und akut. Trotzdem bleibt die Frage, warum dieses Gesetz auf Initiative des Bundeswirtschaftsministeriums regelrecht »durchgeprügelt« wurde. Das Gesetz wurde in einem Irrsinnstempo umgesetzt – wo doch die Mühlen der Ministeriumsbürokratie sonst sehr langsam mahlen. Spielte dabei Lobbyarbeit eine Rolle? Der Effekt für die Kunden ist der gleiche. Die Überschussbeteiligung, mit der sie noch bei Vertragsabschluss gerechnet hatten, ist entweder abgeschmolzen oder komplett verdampft.

Versicherte, die darauf vertrauen, mit dem Geld aus ihrer Lebensversicherung zum Beispiel das eigene Haus abzubezahlen oder ihren Ruhestand zu finanzieren, werden diese unerwarteten Verluste kaum stemmen können. Da wird für viele ein böses Erwachen folgen – zum Beispiel für viele derjenigen, die sich in den goldenen Neunzigern ihren Traum von der eigenen Immobilie erfüllten und ohne nennenswertes Eigenkapital, aber mit großzügiger staatlicher Unterstützung aus dem Plattenbau ins Eigenheim zogen.

Zeitbombe »Restschuldversicherungen«

Blicken wir noch einmal zurück: Die Mauer war gefallen, alles schien nun möglich. Selbstverständlich war die deutsche Vereinigung mit der sofort darauf folgenden Währungsunion ein Bonanza für die Versicherungsbranche. Wir jubilierten! Und schickten umgehend Heerscharen von Beratern und Vermittlern in die neuen Bundesländer, um die 16 Millionen Neubürger mit allem Nötigen und Unnötigen zu versorgen. Aber nicht nur durch den östlichen Zuwachs, auch im Westen boomte das Neukundengeschäft. Ein nicht unerheblicher Grund dafür waren neue Steuersparmöglichkeiten, die im Zusammenhang mit dem »Aufbau Ost« entstanden waren. Um möglichst viele Akteure an der Finanzierung dieses Aufbaus zu beteiligen, um also

Kapital ins Beitrittsgebiet zu locken, wurden im Frühjahr 1991 zahlreiche Gesetze verabschiedet und Subventionen festgeschrieben, die Investitionen in den neuen Bundesländern für Anleger attraktiv machten. Besonderes Begehren weckte dabei die so genannte Sonderabschreibung Ost, die Immobilienkäufe oder -beteiligungen mit dem Steuervorteil einer 50-prozentigen Sonderabschreibung belohnte. Das war »kein Schlupfloch mehr«, wie das Deutsche Institut für Wirtschaftsforschung (DIW) einige Jahre später kritisch einräumte, das war ein »Scheunentor«, das »der Staat selber sperrangelweit aufgerissen«[7] hatte.

Und die Leute schaufelten ihr Geld durch das Tor. Den Anfang machten, wie immer, die üblichen Verdächtigen. Zahnärzte, Anwälte, leitende Angestellte, Manager und Fernsehgrößen – die *Bild*-Zeitung stellte 1997 Thomas Gottschalks Beteiligung an Büropalästen in Leipzig an den Pranger – nutzten die historisch einmalige Chance zur legalen Steuerminimierung. Von jeder angelegten Million konnten im ersten Jahr bis zu 500 000 steuerlich abgeschrieben werden, was für Topverdiener mit einem Steuersatz von rund 50 Prozent bedeutete, dass der Staat praktisch ein Viertel in cash beisteuerte.

Aber das Steuersparfieber erfasste bald auch normale Angestellte und kleine Handwerker, die von nicht selten windigen Vermittlern aggressiv umworben wurden, deren tatsächliche Steuervorteile jedoch in der Regel nicht der Rede wert sind. Und bei dieser Zielgruppe – aus dem Osten wie aus dem Westen – kamen nun auch wieder die Versicherer ins Spiel, die mit einem pfiffigen Immobilien-Finanzierungsmodell, der Restschuldversicherung, ihren Absatz nochmals steigerten.

Das Modell ist im Grundsatz ganz einfach: Der Immobilienkäufer nimmt ein Bankdarlehen auf, das nicht getilgt wird. An Stelle der Tilgung wird eine Kapitallebensversicherung abgeschlossen, die die gleiche Laufzeit wie das Darlehen hat. Die Lebensversicherungssumme wird auf die Darlehenshöhe abgestimmt, sodass der Kreditbetrag bei Fälligkeit der Lebensversicherung komplett zurückbezahlt werden kann. Die laufenden Kosten sind bis dahin »nur« die Zinsen und die Versicherungsprämien, die zudem unter Umständen als Werbungskosten (bei gewerblicher Nutzung der Immobilie können die Zinsen geltend gemacht werden) beziehungsweise als Sonderausgaben (Versicherungsbeiträge) steuerlich absetzbar sind. Das klingt nach einem geradezu idiotensicheren Immobilienkauf ohne Eigenkapital, hat aber einen Haken, der beim Abschluss der entsprechenden Versicherung sicher nicht thematisiert worden ist. Denn die voraussichtliche Ablaufleistung der Lebensversicherung, die den Darlehensbetrag vermeintlich absichert, ist zu Beginn nur eine Hochrechnung des Versicherers, für die es keine Garantie gibt. Gut möglich also – und davon ist heute praktisch auszugehen –, dass die Lebensversicherung zur Darlehenstilgung gar nicht ausreicht. Wenn es so läuft, wie in den von der Zeitschrift *Finanztest* geschilderten Beispielen, bekommt der Versicherungs- und Kreditnehmer von den ursprünglich einmal angepriesenen 100 000 Euro vielleicht nur noch gut die Hälfte ausbezahlt – und müsste dann die Differenz zur Tilgung des Kredits sofort aus eigener Tasche drauflegen. Das dürfte für alle »Normalverdiener« ein hartes Unterfangen sein, und ich bin mir sicher, die Meisten von ihnen ahnen nicht einmal, welche Zeitbombe da in ihren schönen »Vorsorgeprodukten« tickt.

Wer heute noch damit rechnet, was ihm bei Vertragsabschluss in Aussicht gestellt wurde, der wird seinen Fehler morgen kaum noch kompensieren können. Die Folgen – vom drohenden Hausverkauf bis zur Altersarmut – werden verheerend sein. Und die vielen persönlichen Crashs können sich schnell zum gesellschaftlichen Crash steigern. Denn was passiert erst, wenn die Policen der »Babyboomer«, der geburtenstarken Jahrgänge von Mitte der 1950er bis Ende der 1960er Jahre, in großer Zahl ausgezahlt werden müssen? Da steht für die Versicherer ein hoher zweistelliger bis dreistelliger Milliardenbetrag zur Ausschüttung an, der aber gleichwohl nicht im mindesten an die Auszahlungserwartungen der Versicherten heranreicht.

Abgezockt: das Problem Altersarmut

Diese Auszahlungserwartungen sind entsprechend den tatsächlichen Auszahlungen in den letzten Jahren bereits kontinuierlich gesunken, und sie werden weiter sinken. Schon heute ist Altersarmut ein häufig verdrängtes und nur selten medial aufflackerndes Massenphänomen. Derzeit beziehen knapp 21 Millionen Frauen und Männer in Deutschland eine Altersrente.[8] Davon ist bereits jeder Sechste von Altersarmut betroffen[9], das sind immerhin rund 3,5 Millionen Rentner – vor allem Rentnerinnen, weil die Frauen sowohl auf Grund erwerbsloser Kindererziehungs- und Pflegezeiten als auch auf Grund deutlicher niedriger Löhne und Gehälter noch immer dramatisch schlechter dastehen als die Männer.

Die Zahl der von Armut bedrohten ab 65-Jährigen wächst seit Jahren kontinuierlich.[10] Und sie wird weiter wachsen, weil infolge der Rentenreform von 2001 das Leistungsniveau der Rentenversicherung weiter absinken wird. Mit der Lohnentwicklung halten die Renten längst nicht mehr Schritt, sodass immer mehr Menschen im Alter das Niveau der so genannten Armutsrisikoschwelle unterschreiten. Als armutsgefährdet gilt nach EU-Definition, wer mit weniger als 60 Prozent des mittleren Einkommens seines Landes auskommen muss – das waren nach der letzten Haushaltsbefragung Mikrozensus im Jahr 2015 für einen Alleinstehenden 942 Euro.[11] Diejenigen, deren Altersbezüge darunterliegen und die keine anderen Vermögenswerte wie Immobilien, Spareinlagen oder Fondsanteile besitzen, sind auf die so genannte Grundsicherung im Alter angewiesen – eine, wie es im Sozialgesetzbuch heißt, »bedürftigkeitsorientierte Sozialleistung zur Sicherstellung des notwendigen Lebensunterhalts«.

Die Zahl der Menschen, die auf solche aufstockenden Leistungen im Alter angewiesen sind – der Regelsatz für Alleinstehende entspricht Hartz IV und liegt derzeit bei 416 Euro zuzüglich der Miet- und Heizkosten –, hat sich nach Angaben des Paritätischen Wohlfahrtsverbandes in den vergangenen zehn Jahren in etwa verdoppelt. 2016 mussten bereits mehr als eine halbe Million Rentnerinnen und Rentner die Grundsicherung in Anspruch nehmen. Das Alarmierende daran ist zunächst weder ihre absolute Zahl noch die Quote[12] – sie liegt bei etwa 5,5 Prozent. Besorgniserregend ist vielmehr die Tendenz.

Hierzu nur einige wenige Zahlen: Das tatsächliche Nettorentenniveau vor Steuern lag nach Angaben der Bundesversicherungsanstalt im Jahr 2012 bei 49,6 Prozent und wird bis 2030 auf 43 Prozent abgesunken sein. Das bedeutete schon 2012, dass ein Durchschnittsverdiener – der schon einmal erwähnte »Eckrentner«, der im Erwerbsleben aktuell etwa 3000 Euro brutto im Monat verdient – 27,4 Jahre gearbeitet haben muss, um eine Rente in Höhe der durchschnittlichen Grundsicherung zu erhalten. Im Jahre 2030 werden es 31,6 Beitragsjahre sein. Wer im Verlauf seines Versicherungslebens deutlich weniger verdiente, zum Beispiel die Hälfte des Durchschnittseinkommens, brauchte dafür 2012 rechnerisch schon 54,8 Beitragsjahre, die sich bis 2030 auf 63,2 Jahre verlängern werden. Wohlgemerkt, diese Berechnungen zeigen lediglich an, wie lange es dauert, um wenigstens das Grundsicherungs-Niveau zu erreichen; im Bundesdurchschnitt lag dieser »Regelbedarf« – also Grundsicherung plus Kosten für die Unterkunft – 2015 bei etwa 750 Euro.

Um das noch einmal deutlich zu machen: Wer 2030 als bis dahin gesetzlich Rentenversicherter in den »verdienten« Ruhestand geht, muss über einen Zeitraum von knapp 32 Jahren einen Durchschnittsverdienst erzielt haben, um eine Rente von etwa 750 Euro zu erhalten. Wer länger arbeitet und/oder mehr verdient, darf auf ein paar Euro mehr hoffen; wer die Beitragsjahre nicht zusammenbringt und/oder ein geringeres Einkommen erzielt, dürfte im Alter zum Sozialfall werden. Denn dass ausgerechnet diese zweite Gruppe – also Geringverdiener und Menschen mit unterbrochenen Versicherungsverläufen – mehrheitlich Vorsorge hat treffen können, um »Versorgungslücken« im Alter zu schließen, ist wenig wahrscheinlich. Und selbst wer sich einen Riester-Vertrag oder die Prämien für eine Lebensversicherung gewissermaßen vom Munde abgespart hat, wird am Ende schlimmstenfalls mit leeren Händen dastehen, mindestens aber deutlich weniger herausbekommen, als man ihm anfangs vorgerechnet hat.

In kaum einem anderen Land, zu diesem Ergebnis kommen Studien der OECD, schneiden Geringverdiener bei der Alterssicherung so schlecht ab wie in Deutschland. Das Problem der Altersarmut wird sich deshalb in den nächsten Jahren extrem verschärfen. Zum einen, weil das Rentenniveau weiter abgesenkt wird, zum Zweiten, weil nun verstärkt Versichertengruppen in den Rentenbezug kommen, deren Erwerbsbiographien durch vielfältige, das Rentenniveau zusätzlich mindernde Besonderheiten geprägt sind: langjährige Arbeitslosigkeit – zum Beispiel in den neuen Bundesländern nach der Wende –, Erziehungs- und Pflegezeiten – überwiegend bei Frauen –, befristete Arbeitsverhältnisse, Leiharbeit und Minijobs, lange Ausbildungszeiten und ein im internationalen Vergleich später Berufseintritt.

Diese Probleme sind seit Jahren bekannt, aber ebenso lange verschlafen, verdrängt, vernachlässigt, verleugnet worden. Lediglich die Versicherungsbranche hat sie immer mal wieder lauthals aufgegriffen, allerdings nicht, um neue, intelligente Lösungen anzubieten, sondern um den Verkauf ihrer alten, wenig hilfreichen Produkte zu befördern. Die Versicherer profitieren mithin seit Jahren von der absehbaren Misere und sind Teil des Problems, als dessen Lösung sie sich ausgeben, mehr noch: Teil des Feuers, das zu löschen sie vorgeben. Ihre Unersättlichkeit und ihre mangelnde Veränderungsbereitschaft haben dazu geführt, dass nun auch noch das System der privaten Vorsorge kollabiert. Schon für die nächste und übernächste Rentnergeneration werden deshalb harte Zeiten anbrechen – während die Verursacher ihrer Misere sich längst die Taschen gefüllt haben und einigermaßen sorgenfrei in die Zukunft blicken dürften.

DIE VERURSACHER – EINE BRANCHE SIEHT ROT

In einer beeindruckenden Film-Dokumentation über die Finanzkrise – »Der Banker – Master of the Universe« von Marc Bauder – berichtet der Investmentbanker Rainer Voss ebenso nüchtern wie plastisch, wie das Bankengeschäft läuft und warum die Finanzkrise von 2008 erst der Anfang war. Dabei zeigen sich erstaunliche Parallelen zur Versicherungsbranche. Hier wie dort heißt das alles überragende Ziel: Wachstum, und das meint: Umsatzwachstum. Hier wie dort wirkt es, als handelten die Akteure in einer künstlichen Realität, einer virtuellen Welt, die mit unserer Lebenswirklichkeit gar nichts mehr zu tun hat. Armut und Reichtum, Hunger, Not, Krankheit oder Krieg sind keine Lebenslagen mehr, sondern erscheinen wie Spielstände an elektronischen Anzeigetafeln, deren Informationswert sich darin erschöpft, einen Kauf- oder Verkaufsimpuls zu wecken. Alle Zustände der Welt und des Lebens werden vor allem daraufhin betrachtet, ob und wie sie als Einnahmequellen dienen können, als »Spielmaterial«. Gerade dieser Game-Charakter dürfte einer der Hauptgründe dafür sein, dass die »Mitspieler« auch in der Krise keinerlei Problembewusstsein zu entwickeln scheinen. Man schüttelt sich kurz und macht weiter wie zuvor.

Organisierte Verantwortungslosigkeit: wie Versicherungsunternehmen ticken

Die entscheidende Spielregel dabei ist denkbar simpel. Der Insider im Film: »Jedes Jahr 10 Prozent mehr, ganz egal, wie du das machst.« In diesem »egal, wie du das machst« zeigt sich die Geschäftsmentalität. Erlaubt ist, was funktioniert, der Erfolg rechtfertigt fast jedes Mittel, es wird gepusht und getrickst, was das Zeug hält, und die solcherart organisierte Skrupellosigkeit anschließend mit schöner Verantwortlichkeitsrhetorik übertüncht. »Je größer die Scheiße ist, desto dicker sind die Corporate-Social-Responsibility-Broschüren« – sagt der Banker im erwähnten Film. Und er weiß auch, woran das System krankt: »Wenn von oben die Anweisung käme, ab morgen wird beispielsweise nicht mehr gegen Währungen spekuliert, oder ab morgen werden keine faulen Kredite mehr gehandelt« – oder: ab morgen wird dem Kunden kein sinnloses Produkt mehr verkauft –, »dann wäre der ganze Spuk von einem auf den anderen Tag zu Ende.« Eine solche Anweisung erfolgt aber nicht, trotz der bereits heute verheerenden Konsequenzen. Man muss daher sagen, dass die Verantwortlichen für den drohenden

Crash der Versicherungsbranche in den Chefetagen sitzen. Und wofür sind sie verantwortlich? Für die von ihnen organisierte Verantwortungslosigkeit. Sie sind nicht dafür angestellt, etwas zum Besseren zu verändern, ihr Auftrag besteht schlicht darin, dafür zu sorgen, dass sich das Karussell immer weiter und schneller dreht.

Ich selbst kann bestätigen, dass man mir in den 25 Jahren meiner Tätigkeit in der Versicherungswirtschaft – davon etliche Jahre in Führungspositionen – nicht ein einziges Mal ein vertraglich fixiertes Qualitätsziel gesetzt hat. Eine möglichst niedrige Stornoquote beispielsweise, ein Rückgang der Kundenbeschwerden, das Erreichen der Budgetziele oder die Entwicklung neuer Produkte – kurz, alles was das Handeln eines guten Kaufmanns ausmachen sollte – waren zwar nicht gänzlich unerheblich, aber zweitrangig. Der Karriere förderlich und vertraglich vorgegeben waren allein die eher kurzfristigen Quantitätsziele, Umsatzziele, Wachstumsziele. Und nur diese Ziele wurden auch mit den entsprechenden Bonus-Regelungen verknüpft. Es ist klar, dass die Meisten derer, die unter solchen Bedingungen in die Chefetagen vordringen, die Regeln des eigenen Aufstiegs verinnerlicht haben. Veränderungen sind da kaum zu erwarten, und sie werden auch nicht erwartet. Die üblichen Vertragslaufzeiten für Vorstände betragen ein Jahr (in englischen Firmen) oder fünf Jahre (in deutschen Unternehmen). In solchen Zeiträumen lassen sich weder neue Geschäftsmodelle noch eine neue Unternehmenskultur entwickeln und etablieren. Ausgeschlossen.

Denken unerwünscht

Das aber führt nahezu zwangsläufig zu einem innovationsfeindlichen Klima, in dem alle Inhalte, ja, das Denken selbst ausgeblendet werden. Ich erinnere mich an eine bizarre, aber bezeichnend typische Situation während einer weihnachtlichen Betriebsversammlung. Der Vertriebschef stand auf der Bühne und rief der Belegschaft angesichts guter Jahreszahlen aufgeräumt zu, dass sie stolz darauf sein könne, »erkenntnisfrei« zu sein und sich auf das Wesentliche, den Verkauf, konzentriert zu haben. Und wie reagierte die erkenntnisfreie Belegschaft? Mit frenetischem Jubel – wie eine Mannschaft, die gerade von ihrem ansonsten stets unzufriedenen Trainer aufs Höchste gelobt wird. Denn die Erkenntnisfreiheit, die der Vertriebschef meinte, ist tatsächlich das Ergebnis von zahllosen Verkaufstrainings und Schulungen, deren Ziel im Wesentlichen darin besteht, das Nicht-Nachdenken, das Nicht-Infragestellen einzuüben. Eine Gehirnwäsche könnte nicht besser funktionieren.

Ich selbst erinnere mich an eine Schulung, auf der uns Jürgen Hunke, Gründer der Versicherungsgesellschaft Zeus und von 1990 bis 1993 Präsident des Hamburger Sportvereins, eine Botschaft vermittelte, die sinngemäß lautete: Wer zu viel weiß, verkauft schlecht. Wer dem Kunden zu viel erkläre, verunsichere diesen nur. Verkaufen, so das Credo, erfordere keine fachliche Kompetenz, sondern psychologisches Geschick und eine schnelle Auffassungsgabe. »Zu viel« Wissen über ein Produkt sei eher Ballast, es könnte den Nährboden für Skrupel bereiten und zögerlich machen. Man brauche ein Produkt nicht zu verstehen, sondern solle es »nur« an die Frau oder den Mann bringen. Punkt. Und wo findet man diese Abnehmer? Überall, wo Licht brennt, wohnt ein Kunde, wie es so schön heißt. Ironischerweise klagte ebendieser Jürgen Hunke solche Geschäftspraktiken in seinem Buch *Die Stunde der Falschmünzer* an. Als »Falschmünzer« bezeichnete er »jene Versicherungsverkäufer, die ausschließlich ihre Provisionstabelle im Kopf haben und denen nichts gleichgültiger ist als der wahre Bedarf ihrer Kunden«.[1] Vielmehr sei ein guter Verkäufer »fachlich qualifiziert, verkauft bedarfsorientiert und ist an einer langfristigen Partnerschaft [mit seinen] Kunden interessiert«.[2] Manchmal unterscheiden sich eben die internen Ansagen von den öffentlich getätigten ...

Als Faustregel gilt für die Branche: Die Verkaufsfarbe ist Rot. Das mag zunächst kryptisch klingen, ist aber bei den Versicherern eine weit verbreitete »Weisheit«. Die Farbe Rot meint dabei nicht ein Erröten angesichts der Peinlichkeit selbst verordneter Kenntnisfreiheit. Nein, Selbstironie ist der Branche fremd. Das »Rot« ist vielmehr eine von drei Farben, mit denen die in Verkaufstrainings häufig angewandte »Biostruktur-Analyse« arbeitet, und kennzeichnet den Bereich unseres Zwischenhirns. Im Unterschied zur »grünen« Region unseres Stammhirns, wo Mitgefühl, Intuition und Phantasie beheimatet sein sollen, und zur »blauen« Region unseres Großhirns, wo unsere Ratio, das systematische und analytische Denken verortet werden, haben im »roten« Zwischenhirn alle Eigenschaften ihren Sitz, die einen guten Verkäufer ausmachen: Aktivität und Dynamik, praktisches Denken, Handlungsschnelligkeit, Dominanzstreben, die Orientierung an Statussymbolen sowie eine ausgeprägte Neigung zum Wettbewerb. So weit jedenfalls die Theorie des Anthropologen Rolf W. Schirm, die das Attribut »wissenschaftlich« aber wohl nicht wirklich verdient.

In der Praxis sind solche Biostruktur-Analysen aber oftmals erstaunlich treffsicher. Es ist wie mit den Charakteristika von Sternzeichen. Man denkt fast immer: »Ja, das trifft mich, so bin ich wohl« – und wertet die Übereinstimmung als Indiz dafür, dass an der Astrologie wohl doch was dran sein müsse. So ähnlich ist es auch mit der in den 1970er Jahren von dem amerikanischen Hirnforscher Paul D. MacLean beschriebenen Hirnstruktur – Stammhirn, Großhirn, Zwischenhirn und den darin jeweils angelegten Persönlichkeitsanteilen –, auf der die Biostruktur-Analyse beruht. Das als »Selbstanalyse« angelegte Verfahren besteht darin, auf zehn Fragen – vom Typus: »Wie fühlen Sie sich in einer Gruppe von fremden Menschen?« oder: »Was meinen Sie, wie Ihre Umwelt Sie wahrnimmt?« – aus insgesamt 39 Antwortvorgaben auszuwählen. Diese Antworten – vom Typus: »Unter fremden Menschen halte ich mich zunächst lieber im Hintergrund« oder: »Ich finde rasch Kontakt« – werden dann anhand von Tabellen den genannten drei Farben zugeordnet und auf eine flexible Farbscheibe, das so genannte Struktogramm, übertragen. Am Ende entsteht so eine Farbverteilung, die meine individuelle Biostruktur abbildet.

Krieger erwünscht

Ohne dieser eher grobschlächtigen Methode hier nun mehr Ehre angedeihen zu lassen, als sie verdient, möchte ich behaupten: Mindestens in den Vertriebsorganisationen der Versicherer ebenso wie in den Führungsetagen finden sich ausschließlich Leute, in deren »Persönlichkeitsprofil« die

Farbe Rot dominiert. Anders gesagt: In den Versicherungsunternehmen – wie in der Finanzindustrie insgesamt – regiert das Zwischenhirn, während die Groß- und Stammhirnanteile, also, kurz gesagt, Verantwortung und Vernunft, eher mäßig ausgeprägt sind.

Das ist keineswegs (nur) polemisch gemeint. Ich selbst will und kann mich da überhaupt nicht ausnehmen. Mindestens in meinen ersten Jahren in der Branche, als Trainee und Jungmanager beim Deutschen Ring oder als Vertriebschef bei Delta Lloyd, war auch ich überwiegend zwischenhirngesteuert, wettbewerbs- und aufstiegsorientiert. Ich könnte mich hier nun rechtfertigen und den berühmten Satz zitieren: »Ich war jung und brauchte das Geld.« Aber das trifft gar nicht den Kern meiner Motivation. Außerdem ist Erfolgsorientierung ja durchaus nichts Schlechtes. Es kommt, wie immer im Leben, auf die Gewichte an. Und die sind bei den »roten« Persönlichkeiten eben nicht gut ausbalanciert.

Ich war eindeutig ein »Roter« – in dem hier verstandenen Sinne. Vor und während meines Studiums hatte ich recht intensiv Handballsport betrieben, ich liebte den Wettkampf, das Sich-Messen, die Auseinandersetzung. Wie sehr mir solcher »Sportsgeist« auch beruflich helfen würde, wurde mir schon nach wenigen Tagen klar. Ich war als Berufseinsteiger zum ersten Mal in meinem Leben überhaupt in einer großen Firma, und dort herrschte die Stimmung vor, man sei eine große Familie, ein Team, das zusammenhält und das erfolgreich ist. Diesen Sprachgebrauch, den ich vom Sport gewohnt war, haben auch die Mitarbeiter in der Versicherung benutzt. Mir wurde dort das Geschäft erklärt und begründet, warum man wie vorgeht. Es kam aber gar nicht erst vor, dass irgendjemand die Gründe in Frage stellte. Auch ich habe mir das nach und nach abgewöhnt. »Das ist sinnvoll und gut für den Kunden« – das reichte. Zwar hing ich anfangs noch der naiven Illusion nach, den »Vorurteilen« gegenüber den abzockenden Versicherern, die es schon damals gab, keinen weiteren Vorschub zu leisten und mit meinen Kunden – wie es uns zunächst auch »theoretisch« beigebracht wurde – fair umgehen und sie ehrlich beraten zu können. Doch diese hehren Vorsätze blieben auf der Strecke. Auch die Fähigkeit, Dinge kritisch zu hinterfragen, ließ mehr und mehr nach.

Die Praxis war von vornherein eine andere. Frisch von der Uni kommend, war das Neukundengeschäft von Beginn an ein wichtiger – in Wahrheit wohl der wichtigste – Teil unserer praktischen Lehrzeit. Wir lernten, wie wir ein Verkaufsgespräch aufbauen, damit am Ende ein Vertragsabschluss zu Stande kommt. Der Gesprächsleitfaden folgt einem einfachen psychologischen Kommunikationsmodell: Zunächst geht es darum, eine positive Atmosphäre zu schaffen, sprich: Der Kunde wird in Hochstimmung gebracht. Fühlt er sich gut, werden alle möglichen Risiken beschworen, um ihn in ein emotionales Loch fallen zu lassen. Es ist ganz einfach, je besser die Stimmung am Anfang, desto größer die Fallhöhe. Besonders wirkungsvoll ist es, vermeintliche Risiken für Kinder, Tiere oder Partner aufzuzeigen. Der Kunde ist nun besorgt um seine »Liebsten« und möchte sie absichern. Als Verkäufer hatten wir nun die Aufgabe, möglichst viele undurchsichtige Vergleichsprogramme vor dem Kunden auszubreiten. Er sollte gar nicht verstehen, wie eine Lebensversicherungsprämie zu Stande kommt. Irgendwann ist der Kunde froh, aus dem Informationsdickicht ausbrechen zu können – indem er den Vertrag unterschreibt. Damit hat der Verkäufer sein Ziel erreicht. Die Interessen des Kunden, ein auf seine Bedürfnisse hin maßgeschneiderter Vertrag, eine faire Beratung – das alles spielte keine Rolle, war sogar hinderlich.

Jeden Montagmorgen saßen wir Trainees mit unserem Ausbilder zusammen und mussten über unsere Verkaufsergebnisse berichten. Was als Erfahrungsaustausch deklariert war, entpuppte sich schnell als reine Erfolgsshow – beziehungsweise als Pranger. Wer vorne stand und zugeben musste, nichts verkauft zu haben, geriet unter immensen Gruppendruck und musste unter den Augen aller ein »Telefontermintraining« absolvieren – die Höchststrafe für den »Erfolglosen«. Im Grunde war vom ersten Tag an klar: Das Verkaufen, nicht das Beraten stand im Vordergrund; es wurden öffentliche Verkaufsranglisten geführt, es gab aber keinerlei Dokumentation über gute Beratung. Und selbstverständlich musste der »Erfolg« auch sichtbar gemacht werden, wofür ein ganzes Arsenal von Auszeichnungen, Rankings, Urkunden, Sternen, bronzenen, silbernen und goldenen Ehrennadeln zur Verfügung stand, nicht zuletzt Belohnungsreisen und Beförderungen. Der Kunde war nicht wichtig. Am Montagmorgen als Gewinner auf dem Treppchen zu stehen, das war der Kick. Es war ein Rennen um Anerkennung mit Suchtpotential und sektenähnlichen Zügen. Niemand wagte aufzustehen und das Spiel zu beenden.

Diese ersten, scheinbar noch harmlosen Schritte sind die entscheidenden – und die gefährlichsten. Wenn man sie mitgeht, wird es immer schwerer, wieder auszusteigen. Der schnell einsetzende Rausch des Erfolges, weitere Aufstiegs-

und Wohlstandsversprechungen sowie ein vermeintlicher Team-Spirit entfalten einen Sog, der einen immer tiefer in eine Binnenlogik hineinzieht, aus der heraus das Außen, die Außenwelt, nur mehr als Gegner, bestenfalls als Geschäftsmasse erscheint. Handlungsleitend sind nur noch die inneren Regeln und die innere Rangordnung, in der aufzusteigen die höchste Motivation wird.

Wie wichtig es war, noch wichtiger zu werden, demonstrierte uns regelmäßig unser Filialdirektor. Seine Besuche waren stets große Inszenierungen, in denen die Berichte über seine teuren Hobbys und die aufwändigen Partys, die er veranstaltete, die Hauptrollen spielten. Natürlich fanden wir seine Protzerei und also auch ihn ziemlich abgeschmackt, wollten aber gleichzeitig so sein wie er – mindestens wollten wir seinen Job. Denn abgesehen von den albernen Ehrennadeln – die wir tatsächlich sehr ernst nahmen – wurde uns Tag für Tag vermittelt, dass es nur einen echten Gradmesser für den Erfolg gebe: das Geld. Sowohl die eigenen Einkünfte wie auch die Höhe des Budgets, das man verwaltet, sind maßgebend für den eigenen Wert, die Wichtigkeit der eigenen Person. Und beides wiederum ist direkt abhängig vom Umsatz, den man erzielt. Ganz nebenbei konnte auch ich mir nach meinem Einstieg in die Versicherungsbranche auf einmal Dinge leisten, an die ich als Student noch nicht denken konnte. Das half natürlich, kritische Gedanken zu verdrängen. Und so hat auch mich der Sog des Erfolgs erfasst und mich in diese »rote Welt« hineingezogen.

Falsche Anreize

Auch die Bonifikationsregelungen in der Versicherungsbranche folgen der »roten« Zwischenhirnlogik. Ich möchte das an einem Beispiel illustrieren – das übrigens nicht meiner Phantasie entspringt, sondern die gängige Praxis abbildet: Angenommen, ich stelle als Vertriebsvorstand eines größeren Versicherers in der zweiten Jahreshälfte fest, dass ich bis zum Ende des Jahres die mir vertraglich gesetzten Neugeschäftsvorgaben voraussichtlich um eine Million verfehlen werde. Nun könnte ich kühl sagen: Dann waren die Vorgaben eben zu ehrgeizig. Unterm Strich wird das Jahresergebnis gut sein, ich habe meine Budgetziele eingehalten, die Zufriedenheit der Bestandskunden ist hoch, die Stornoquote gering, das Neukundengeschäft verzeichnet einen Zuwachs, wenn auch nicht in dem zu Jahresbeginn – willkürlich – vorgegebenen Umfang. Ich kann behaupten: Mein Gehalt ist buchstäblich verdient. Kurzum, eigentlich alles bestens.

Das sage ich aber nicht, sondern ich mache etwas ganz anderes. Ich wende mich an eine größere Vertriebsorganisation und »kaufe« mir dort Neugeschäft im Umfang der fehlenden Million. Das ist durchaus wortwörtlich zu verstehen. Und wie läuft das ab? Für den Abschluss von Verträgen, die bis zum Ende ihrer Laufzeit eine Million Umsatz einspielen, zahle ich der Vertriebsorganisation sofort, gewissermaßen als Vorschuss, 250 000 Euro. Darin ist die übliche Provision in Höhe von etwa 3,5 Prozent der Versicherungssumme enthalten sowie ein so genannter Marketing- oder Bürokostenzuschuss als Pauschale, weil der kurzfristige Verkauf von Policen im genannten Umfang eine durchaus aufwändige

Aktion erfordert. Der Strukturvertrieb streicht die Viertelmillion ein und liefert mir dafür bis Jahresende die fehlenden Verträge.

In kaufmännischer Hinsicht ist die Maßnahme natürlich der reine Wahnsinn. Der Deal kann sich zum Ende hin gar nicht »rechnen«, weder für den Versicherer noch für die Versicherten. Einen 25-prozentigen Abschlusskostenanteil, zu dem sich ja noch andere Kosten – Betriebs-, Personal-, Verwaltungskosten – hinzugesellen, kann kein Versicherungsunternehmen dieser Welt wieder einspielen. Und die Zeche zahlt in erster Linie die Gemeinschaft der Versicherten. Doch obwohl mir das als Kaufmann bewusst ist, wäre es für mich persönlich absolut unvernünftig, einen solchen Deal nicht einzugehen. In Vorstandverträgen gibt es neben der Gehalts- auch immer eine Bonusregelung. Und in meinen Verträgen war die stets so gehalten, dass 80 Prozent der mir in Aussicht gestellten Boni direkt daran gekoppelt waren, ob ich die Neugeschäftszielvorgaben erreiche. Wenn ich also neben meinem regulären Gehalt eine Bonussumme von 100 000 Euro erzielen konnte, würden davon 20 000 Euro fällig werden, wenn ich mich wie ein Kaufmann verhielte und die Rentabilität des Unternehmens förderte – 5 Prozent der Bonifikation waren beispielsweise für die Einhaltung des Budgets ausgelobt. 80 000 zusätzliche Euro hingegen winkten mir allein durch das Neugeschäft. Da sind die Prioritäten klar verteilt. Sehr wahrscheinlich werde ich mit zusätzlichen Ausgaben von 250 000 Euro – »Honorar« für die Vertriebseinheit – die Budgetziele reißen und auf die 5000 Euro Bonifikation verzichten müssen. Man würde mich dafür aber mit 75 000 Euro – 80 000 minus 5000 – »belohnen«.

Welcher »Heilige« könnte sich dieser Logik entziehen?

Und dabei geht es gar nicht einmal in erster Linie um den persönlichen Vorteil. Die übliche Jahresgrundvergütung von Vorständen in mittleren und größeren Versicherungsunternehmen liegt im hohen sechsstelligen oder niedrigen siebenstelligen Bereich, dürfte also durchaus auskömmlich sein. Nein, hier ist, das kann ich aus eigener Erfahrung sagen, nicht etwa persönliche »Gier« die treibende Kraft – wenngleich der Zusatzverdienst natürlich ein zusätzlicher Ansporn ist; das soll ja auch so sein. Es ist die schon erwähnte Binnenlogik, gewissermaßen eine systemische Gier, die den geschilderten Unsinn als »richtig« definiert und belohnt. Und wen das System nach oben spült, der wird diese Binnenlogik stützen und stärken.

Es ist wie ein sich selbst antreibendes und verstärkendes System, gewissermaßen ein betriebswirtschaftliches Perpetuum mobile: Ein Mehr an Umsatzvolumen ist gleichbedeutend mit einem Mehr an Wichtigkeit, an Macht – und an Einkommen. Dass eine Steigerung des Umsatzes in der geschilderten Art und Weise mit einer Senkung der Rentabilität einhergeht, wird von den Beteiligten billigend in Kauf genommen – und wahlweise entweder geleugnet oder verdrängt. In Wahrheit ist ein solches Verhalten aber nichts anderes als fahrlässig, weil dadurch, und zwar sehenden Auges, die finanzielle Zukunft aller Versicherten in Gefahr gerät.

Linke Tasche, rechte Tasche: ein kannibalistisches Geschäftsmodell

Eigentlich weiß jeder, der über Vorstandswissen verfügt und das Geschäftsfeld auch nur halbwegs überblickt, dass hier eine Maschinerie in Gang gehalten wird, deren Betrieb keinem sinnvollen Zweck mehr dient – außer dem, die eigenen Taschen zu füllen. Wenn ich Neu-Policen in erheblichem Umfang mit den Beiträgen der anderen Versicherer finanziere, errichte ich ein Kartenhaus, das irgendwann zusammenbrechen muss. Im Grunde simuliere ich eine Geschäftstätigkeit, die nur noch um ihrer selbst willen aufrechterhalten wird. Wenn aber die Kosten für den Abschluss und die Verwaltung eines Lebensversicherungsvertrags so hoch werden, dass ich sie durch die verzinsliche Anlage der Kundengelder über die Vertragslaufzeit gar nicht mehr einspielen kann, verlieren am Ende alle. Faktisch wird dadurch das System der kapitalgedeckten Vorsorge in ein falsches, gewissermaßen kannibalistisches Umlagesystem pervertiert: Um die Ansprüche aus den aktuell auslaufenden Verträgen zu bedienen, müssen die Versicherer zunehmend auf die aktuellen Beitragszahlungen zurückgreifen – linke Tasche, rechte Tasche. Das kann nicht lange gutgehen – es sei denn, man ginge davon aus, über viele weitere Jahre exponentielle Zuwachsraten im Neukundengeschäft verzeichnen zu können. Aber dass sich diese Hoffnung realisiert, dürfte angesichts der Marktsättigung sowie mangelnder Attraktivität auf Grund der Zinssituation unwahrscheinlich sein. Dadurch schmilzt nicht nur das Geld der Sparer, sondern auch der Kapitalpuffer der Unternehmen wie das Eis der Polkappen.

Ponzi-Schema

Das System der Lebensversicherungen erinnert fatal an die Masche des legendären Charles Ponzi, der als einer der größten Betrüger der US-Geschichte gilt. Nachdem sich der italienische Immigrant jahrelang mit Aushilfsjobs und kleinen Betrügereien über Wasser gehalten hatte, kam er Anfang der 1920er Jahre durch Zufall in den Besitz eines so genannten Internationalen Antwortscheins. Solche Scheine hatten einen Geldwert, der an die jeweilige Währung gekoppelt war, und Ponzi stellte fest, dass man in Spanien für umgerechnet einen US-Cent einen Antwortschein kaufen konnte, der sich in den USA für sechs Cent weiterverkaufen ließ. Was für eine Chance! Zunächst probierte er die ehrliche Tour und warb Mitarbeiter an, um diese Scheine in Europa zu kaufen. Der hohe Aufwand – Reise- und Portokosten, die langen Postlaufzeiten – machte das Geschäft aber wenig profitabel. Schließlich gründete er eine Firma, die »Securities Exchange Company«, und machte seinen Kunden die Antwortschein-Geschäftsidee schmackhaft, die nun allerdings tatsächlich eine Idee bleiben sollte. Ponzi versprach seinen Anlegern 50 Prozent Rendite in 45 Tagen oder gar die Verdoppelung ihres Geldes in 90 Tagen. Die Leute rannten ihm die Tür ein und brachten ihm in Glanzzeiten bis zu eine Million Dollar täglich, das Geld stapelte sich förmlich in seiner Wohnung. Das »Geschäft« lief so gut, dass es für Ponzi kein Problem war, Kunden, die ihren Gewinn einforderten, auszubezahlen. Viele andere Anleger, manche von ihnen hatten Haus und Hof verpfändet, um nach der Ponzi-Methode reich zu werden, reinvestierten ihre Gewinne gleich wieder, sodass das System über Monate erstaunlich stabil blieb, auch weil immer weitere Teilnehmer hinzukamen, mit deren Einzahlungen die anstehenden Auszahlungen finanziert werden konnten. Dann aber passierte, was bei solchen Schneeballsystemen irgendwann zwangsläufig eintritt: Ponzi konnte einen Kundenanspruch nicht mehr bedienen. Die Medien wurden aufmerksam, die anderen Investoren wurden unruhig, das Finanzamt nahm Ermittlungen auf – und stellte fest: Für das eingenommene Geld hätten 160 Millionen Antwortscheine vorliegen müssen, es waren aber nur 27 000 in Umlauf, und von den 16 Millionen Dollar, die Ponzi von rund 40 000 Kunden anvertraut worden waren – nach heutigem Geldwert das Zehnfache –, waren gerade einmal 1,5 Millionen übriggeblieben. Ponzis Kunden, so könnte man zynisch sagen, verloren »nur« ihr Geld, er selbst dagegen seine Freiheit. Das droht den Managern der Versicherungsbranche natürlich nicht, allerdings könnte die Versicherten das Schicksal der Ponzi-Kunden ereilen.

Auf mich macht das Ganze den Eindruck, als tanzten die Verantwortlichen in den Versicherungen auf einem Vulkan – wie die Investmentbanker in den Jahren vor der Finanzkrise. Als auf dem Höhepunkt des US-amerikanischen Immobilienbooms immer neue Hypothekendarlehen gewährt wurden – auch an Kreditnehmer mit schlechter Bonität (»Subprime«) –, finanzierten die Banken die neuen Kredite mit den Gewinnen aus den alten Krediten, die sie zum Teil zu Paketen schnürten und an Investmentbanken weiterverkauften. Jede kaufmännische Vernunft wurde fahren gelassen. Alle setzten auf kontinuierlich weiter steigende Immobilienpreise, die wenigen Warnungen über die sich aufbauende Blase wurden in den Wind geschlagen. Als dann immer mehr Kreditnehmer ihre Darlehen nicht mehr bedienen konnten und ihre Häuser und Wohnungen zum Kauf anbieten beziehungsweise ihren Kreditgebern überschreiben mussten, die sie dann zur Zwangsversteigerung ausschrieben, war das Angebot an Immobilien schnell größer als die Nachfrage. Die Preise verfielen, die Blase platzte, der Markt fiel in sich zusammen.

Die dadurch ausgelöste Finanzkrise hat nach Schätzungen des Internationalen Währungsfonds (IWF) weltweit Kapital in Höhe von rund vier Billionen US-Dollar vernichtet. Zahlreiche Banken und auch einer der größten Versicherungskonzerne der Welt, die American International Group (AIG), die Kreditrisiken in Milliardenhöhe versichert hatte (Credit Default Swaps, CDS), standen vor dem Abgrund und mussten mit Milliarden-Hilfen aus Steuermitteln gestützt werden.

Zwischenhirn-Steuerung

Und was ist die Moral der Geschichte? Ich fürchte, es gibt keine. Nach Aussage des zu Beginn des Kapitels zitierten Investmentbankers aus der Film-Dokumentation hat die Bankenbranche keine Lehren aus dem Desaster gezogen. Manche Produkte wurden schlicht umbenannt, neue Produkte wurden erfunden, ein Wortvorhang gespannt und dickleibige Corporate-Social-Responsibility-Broschüren vorgelegt. Ansonsten wird der Tanz auf dem Vulkan längst fortgesetzt.

Und darin sehe ich die bedrückende Parallele zur Versicherungsbranche. Die von ihr heraufbeschworene Situation ist mit der Subprime-Krise nicht unmittelbar vergleichbar, weil die Geschäftsmodelle von Banken und Versicherern manche Unterschiede aufweisen und weil den Assekuranz-Unternehmen im spekulativen Anlagegeschäft wegen ihrer sozialpolitischen Bedeutung enge Grenzen gesetzt sind. Hier wie dort lässt sich aber eindeutig von einer Zwischenhirn-Steuerung sprechen. Weder Verantwortung noch Vorausschau, sondern die Farbe Rot und das persönliche Erfolgsstreben dominieren. Geschäftsmentalität und Führungskultur sind auf den Erhalt des Status quo und die bisher gültigen »Werte« fixiert: Wachstum, Wachstum, Wachstum. Nicht das »Was« ist entscheidend, das »Wie« schon gar nicht, sondern nur das »Wie viel«, Umsatz geht vor Rentabilität. Denn Wachstum bedeutet »Wichtigkeit«, es bedeutet auch eine Zunahme an politischer Macht, und es hat – last but not least – einen entscheidenden Einfluss auf die Boni der Führungselite.

Für strategisches, gar verantwortliches Handeln sind solche Werte die denkbar schlechteste Voraussetzung. Dabei hatten die Versicherer in Zeiten prächtig laufender Geschäfte so viele Chancen, einen nachhaltigen Wandel einzuleiten, um auch in Zukunft gut aufgestellt zu bleiben. Sie haben es versäumt. Sie verweigern die Digitalisierung ihres Geschäftsmodells, durch die sie ihre horrenden Kosten senken und ihren finanziellen Spielraum erhöhen könnten. Noch immer halten viele Unternehmen an der Kapitallebensversicherung, dem erfolgreichsten Produkt ihrer Geschichte, fest und lassen Marketing-Luftballons steigen, um Attraktivität und Solidität vorzugaukeln. Viel Energie wird aufgewendet, um die Lebensversicherung trotz aller Nachteile den Kunden wieder schmackhaft zu machen. Ich selbst wohnte einmal einer Tagung bei, die sich allein darum drehte, wie das Produkt wieder »sexy« gemacht werden könnte. Die Frage war: Wie kann die »Story« des Produkts aufgehübscht werden? Welches »Wording« macht das Produkt, von dem alle wissen, dass es am Ende ist, wieder flott? Unbedingt wollte man die Lebensversicherung retten, und zwar allein aus dem Grund, weil sie die höchsten Provisionen verspricht. Nicht ohne Grund halten die Versicherer Kosten und Provisionen gegenüber Kunden, trotz aller gesetzlichen Neuregelungen, weiterhin intransparent und setzen mehr auf die Gier des Vertriebs als auf seriöse, nachhaltige Beratung.

Das ist ein gefährlicher Weg, der mich letztlich dazu veranlasst hat, aus der Branche auszusteigen, weil es mir nicht gelungen ist, die Weichen umzulegen. Als ich einmal in führender Position im Deutschlandgeschäft eines ausländischen Versicherers die Neugeschäfts-Vorgaben und damit die Vertriebskosten senken und den Mitarbeitern mehr Entscheidungsspielraum gewähren wollte, um die Beratungsqualität zu erhöhen – und die aus meiner Sicht notwendige Voraussetzung zu schaffen, um in der Digitalisierung erfolgreich zu bestehen –, holte ich mir bei der Konzernmutter eine blutige Nase. »Es mag ja ganz schön und kuschelig sein«, hieß es, »wenn deine Mitarbeiter frei denken und agieren dürfen. Unsere 7000 Leute hier können und werden wir so nicht führen. No, we can't.« Also, zurück ins Glied, marsch, marsch. »Ohne Kontrolle und strenge Vorgaben geht es nicht. Das haben wir bis heute so gehalten, und was bis heute gut war, kann doch morgen nicht plötzlich schlecht sein.« Dass ein Kurswechsel angeraten ist, wenn ein Eisberg meinen Weg kreuzt, erscheint dem Zwischenhirn offenbar als hasenfüßig.

Ich jedenfalls mochte diese Titanic-Reise nicht länger fortsetzen, denn der Eisberg war auf dem Radar schon klar zu erkennen. Die Musik spielte weiter. Hinzu kam, das will ich hier nicht verschweigen, dass ich mir durch den

Versuch, die Neugeschäftsorientierung durch eine stärker am Kunden und an Rentabilitätskriterien ausgerichtete Geschäftspolitik zurückzufahren, keine Freunde gemacht hatte. Sowohl die Konzernzentrale als auch der eigene Vertrieb hatten – nicht zu Unrecht – Einkommenseinbußen befürchtet. Meine Karten waren intern nicht mehr die besten gewesen, weil ich angefangen hatte, an der Ideologie der reinen Profitmaximierung ohne Rücksicht auf Kunden- und Unternehmensinteressen zu zweifeln. Schließlich war es Zeit für mich, von Bord zu gehen.

Am Ende wird es die gesamte Branche hart treffen. Hunderttausende Mitarbeiter werden sich nicht nur einen neuen Arbeitsplatz, sondern auch einen neuen Beruf suchen müssen. Und worauf die Kunden jahrelang, jahrzehntelang glaubten hoffen zu dürfen, wird sich – ich weiß, ich wiederhole mich – als trügerisch erweisen.

DAS GROSSE SCHWEIGEN – BLOSS KEINE PANIK

Der drohende Crash der Lebensversicherung und damit der privaten Altersvorsorge für viele Millionen Menschen in Deutschland ist eine »Kollision«, die sich seit längerem ankündigt, über die aber ein seltsames Schweigekartell aus Vorständen, Politikern und Medien die Öffentlichkeit weithin im Unklaren lässt – aus Angst vor der Wahrheit, als bewusste Vertuschung zur Sicherung eigener Interessen oder als weiteres Indiz für die angestrebte Erkenntnisfreiheit. Das hat auch einen sehr nachvollziehbaren Grund. Wer die Krise der Lebensversicherer öffentlich ins Bewusstsein rückt, droht sie zunächst einmal zu verstärken und wird somit das Eintreten des vorhergesagten Crashs vermutlich beschleunigen. Ein klassischer Fall von Selffulfilling Prophecy. Denn wenn die Leute beginnen, nicht nur an den einmal gegebenen Zusagen zu zweifeln – das ist bereits der Fall –, sondern ihre geleisteten »Spar«-Beiträge in Gefahr zu sehen, steht gewissermaßen eine Massenflucht bevor. Kunden werden ihre alten Verträge kündigen und Neuverträge keine Abnehmer mehr finden. Das würde für viele Unternehmen ein rasches Ende bedeuten – woran wirklich niemand, auch ich nicht, ein Interesse haben kann.

Andererseits, es nützt ja nichts. Die Krise kann in Wahrheit gar nicht herbeigeredet oder -geschrieben werden, sie ist längst ausgebrochen – und mit ihr das große Schweigen. Neben der befürchteten Panik spielt hierbei die schon erwähnte Gefahr, der Verlust zigtausender Arbeitsplätze, eine ebenso wichtige Rolle wie der bereits skizzierte sozialstaatliche Verfassungsauftrag, der sich ohne private Vorsorge von Millionen Menschen unmöglich erfüllen ließe. Wenn Assekuranz-Unternehmen in die Knie gehen, so viel dürfte allen Beteiligten klar sein, »brennt die Hütte«. Dann droht nicht »nur« – wie schon auf dem Höhepunkt der Bankenkrise – der gesamte Geld- und Wirtschaftskreislauf zusammenzubrechen, dann stehen auch der gesellschaftliche Zusammenhalt und der so genannte Generationenvertrag auf dem Spiel. Ein Kollaps der Lebensversicherer wird Konsequenzen haben, gegen die die Folgen der Bankenkrise im Rückblick nachgerade harmlos erscheinen werden.

Heißt es nicht zu Recht, man solle keine schlafenden Hunde wecken? Ist es also nicht doch besser, Augen und Mund zu verschließen? Auf keinen Fall! Denn auch wenn ein Wert wie »sozialer Frieden« gar nicht hoch genug veranschlagt werden kann: Eine sich klar abzeichnende Gefahr schlicht zu beschweigen – oder wie die Kinder vor einem drohenden Unheil die Hand vor die Augen zu halten –, ist alles andere als hilfreich. Es macht die Probleme nur immer größer, statt sie in Angriff zu nehmen. Für mich ist es jedenfalls nicht nachzuvollziehen, dass eine Situation, die derart gefährlich ist, nicht offen thematisiert und diskutiert wird. Kann es ohne Anamnese und Diagnose eine Therapie geben? Auf eine Wunderheilung zu hoffen, ist jedenfalls kindisch, und die stets aufs Neue unternommenen Versuche, das eine oder andere Symptom zu lindern, werden das Siechtum allenfalls verlängern. Der Staat sieht sich ständig genötigt, an allen möglichen Stellschrauben zu drehen – zuletzt wieder mit einer weiteren Absenkung des Garantiezinses –, und muss sich am Ende womöglich vorwerfen lassen, die Katastrophe nicht nur nicht verhindert, sondern verschlimmert zu haben, weil er den Menschen, anstatt sie über die Risiken aufzuklären, eine kapitalgedeckte Vorsorge erst so richtig schmackhaft gemacht hat, die am Ende jedoch so »sicher« ist wie eine griechische Staatsanleihe oder eine Commerzbank-Aktie.

Vertrackte Interessenlage

Wie und warum das Vorsorgesystem in die Schieflage geriet, werde ich in den folgenden Kapiteln näher beleuchten. Weil jeder kurzfristig orientierte Eingriff in das Versicherungsgeschehen mittel- und langfristig nicht präzise vorhersehbare Folgewirkungen hat, die oftmals ihrerseits wieder Nachjustierungen erfordern, sind die Gründe für das unausgesprochene Schweigegebot nicht leicht zu entwirren. Lediglich der dem Schweigen zu Grunde liegende Wunsch tritt deutlich zu Tage: Alles möge doch, bitteschön, so weitergehen wie bisher. Die Politiker wollen keine Unruhe und nicht schon wieder eine Krise, für die sie mitverantwortlich gemacht und deren Konsequenzen dem Sozialstaat aufgebürdet werden.

Die Versicherer wollen ihren Status quo und ihr Einkommen erhalten, brauchen hierfür aber einen ständigen Neukunden-Zufluss, der bei einer Verschärfung der Krise vollständig versiegen würde. Und die Journalisten haben – statistisch gesehen – auch alle eine Kapitallebensversicherung, auf deren möglichst ungeschmälerte Ablaufleistung sie natürlich nicht verzichten wollen; und dazu ist die Materie ach so kompliziert. Kurz, es darf nicht sein, was nicht sein soll.

Neben diesem verständlichen gemeinsamen Begehren gibt es aber bei den verschiedenen Akteuren ganz unterschiedliche Ausgangslagen, und diese Unterschiede sind es, die eine Aufklärung nahezu unmöglich machen. Zunächst verfolgen die Versicherungsunternehmen, der Staat, die staatliche Finanzaufsicht und die Zentralbank sehr unterschiedliche Interessen, die sie auch vertreten müssen. Nur stehen sich diese zum Teil diametral entgegen. Um die vertrackte Gemengelage hier nur anzudeuten: Neben den niedrigen Zinsen, die die Zentralbank offenbar für geldpolitisch und wirtschaftlich notwendig erachtet, die aber das Geschäftsmodell der Versicherer untergraben, machen den Assekuranz-Unternehmen ihre hohen Abschluss- und Verwaltungskosten ebenso zu schaffen wie die seit 2016 geltenden strengeren Solvabilitätsregeln.

Die Zinssituation ist von ihnen aber nur sehr bedingt zu beeinflussen, etwa durch eine forcierte Umschichtung auf fondsgebundene Produkte. Durch eine solche Umschichtung ließen sich zugleich das Risiko und der zur Risikoabsicherung geforderte Eigenmittelbedarf reduzieren – nicht aber die Kosten. Ich halte es deshalb für unwahrscheinlich, dass die Kundschaft den Versicherern in ausreichend großer Zahl folgen wird. Noch einmal: Fondssparen bei einem im

Vergleich zu Banken oder Fondsgesellschaften teuren Lebensversicherer kommt für mich einer freiwilligen Geldvernichtung gleich.

Die Kosten wiederum lassen sich in nennenswertem Umfang nur durch Personalabbau reduzieren. Daran haben aber zunächst einmal – bislang – weder die Unternehmen noch der Staat ein gesteigertes Interesse. Beim Staat ist die Sache vordergründig einfach: Steuerausfälle und steigende Sozialausgaben wären die unmittelbare Folge, weil kaum zu erwarten ist, dass tausende Beschäftigte der Versicherungsbranche neue Jobs finden – schon gar nicht nahtlos. Bei den Unternehmen stellt sich die Situation etwas anders dar: Bei der Assekuranz gilt seit jeher das Gesetz der großen Zahl. Das gilt sowohl für das Geschäftsmodell Versicherungen wie auch – Stichwort: Farbe Rot – als verinnerlichter Wert. Je größer, desto wichtiger, desto mächtiger. Die Zahl meiner Mitarbeiter und die Größe meines Umsatzes sind maßgebend für meinen Rang und Einfluss. Und für mein Einkommen.

Das entspricht einem überkommenen Management-Denken des 19. und 20. Jahrhunderts, das in Zeiten der Digitalisierung kontraproduktiv wird, das aber weiterhin prägend ist und für einen klassischen Zielkonflikt sorgt. Zwar ist der Kostenfaktor eine der Hauptursachen für den bevorstehenden Kollaps, diese Ursache in Angriff zu nehmen, erforderte jedoch einen kompletten »Kulturwandel«: den Abschied von den bisherigen Geschäftszielen – nämlich Neukunden- und Umsatzorientierung – und die Etablierung eines auf Beratung und Rentabilität setzenden Geschäftsmodells. Für einen solchen Kulturwandel sind allerdings, außer vielleicht bei einigen kleineren Direktversicherungen oder Start-ups, nirgendwo Anzeichen auszumachen. Das real existierende, zwischenhirngesteuerte Führungspersonal ist dafür auch ungeeignet.

Nein, ich muss mich punktuell revidieren. Der Druck auf die Branche nimmt mittlerweile derart zu, dass die Probleme der Lebensversicherer ein Einlenken erzwingen und – um im Schema zu bleiben – die Farbe Blau stärker hervortreten lassen. Nachdem der Ergo-Konzern bereits ein zweites Jahr in die roten Zahlen gesackt war – allein 2015 war das Konzernergebnis um rund 200 Millionen Euro ins Minus gerutscht, 2016 kamen minus 40 Millionen dazu –, hat Vorstandschef Markus Rieß im Juni 2016 das allgemeine Schweigen gebrochen und einen radikalen Umbau angekündigt. Das Neugeschäft mit der klassischen Lebensversicherung wurde, wie oben schon einmal erwähnt, eingestellt, vom geplanten Abbau von 1800 Arbeitsplätzen wurden bis Mitte 2017 bereits über die Hälfte gestrichen, und allein im Jahr 2017 sollten 100 Millionen Euro eingespart werden.

Dass allein diese Ankündigung im Jahr 2016 an der Börse nicht gut ankam – der Aktienkurs des Mutterkonzerns sackte nach Bekanntgabe steil in die Verlustzone – zeigte wieder einmal auf erschreckende Weise, wie gleichgültig dem »Finanzmarkt« die reale Welt ist. Die veranschlagten Umbaukosten von gut einer Milliarde Euro würden die Dividende der Anleger drücken, und diese Rendite ist den Shareholdern allemal wichtiger als ein gesundes Unternehmen. Das war dem Vorstandschef vermutlich bewusst, weshalb er seine Sparpläne mit einigen üblichen Wachstumszielen flankierte. So solle Ergo vor allem im Ausland aktiver werden, man plane Übernahmen etwa in den Wachstumsmärkten Asiens. Ein Jahr später kündigte Rieß dann vollmundig an, bis 2021 einen Gewinnbeitrag von 600 Millionen Euro für den Mutterkonzern Münchener Rück zu erwirtschaften.[1] Auch solle das Geschäft nun »digitaler« aufgestellt werden. Angesichts der desaströsen Ergebnisse der Ergo in den letzten Jahren ein wirklich ambitioniertes Ziel ... Da sind sie, die altbekannten und von den Aktionären begehrten Töne: größer, mächtiger, wichtiger. Für die »rot« dominierten Vorstände – und ihre Anteilseigner – gab und gibt es in Wahrheit bislang nur eine echte Option, um ein Unternehmen durch schwierige Zeiten zu steuern: sich durch Angriff zu verteidigen, nicht abspecken, sondern draufsatteln, den Größenwahn nicht etwa abzulegen, sondern ihn erst recht zu befeuern. Tatsächlich gibt es eine schon vielfach bewährte Möglichkeit, die Kostenquote in den Unternehmen geringfügig zu drücken: durch sprunghaftes Wachstum, etwa indem ich mir den Policen-Bestand eines Mitbewerbers einverleibe. Diese Strategie wird bereits seit einigen Jahren verfolgt, und sie wird weiterhin dafür sorgen, dass der Konzentrationsprozess innerhalb der Branche in den nächsten Jahren zügig voranschreiten wird.

Die Versicherungsbranche: too big to fail?

Iduna kauft die Nova und wird zur Iduna Nova, Signal kauft Iduna Nova und wird zur Signal-Gruppe – so sind beispielsweise schon die Konzerne Ergo oder Talanx entstanden, und auch die Allianz-Gruppe ist durch zahlreiche Zukäufe zu einem imposanten Finanzmischkonzern gewachsen. Die durch die Fusion der Victoria Holding AG mit der Hamburg-

Mannheimer AG entstandene Ergo-Gruppe beschäftigt knapp 30 000 angestellte Mitarbeiter, dazu rund 16 000 hauptberufliche Vertreter, und nimmt – über alle Sparten hinweg – pro Jahr rund 20 Milliarden Euro an Versicherungsbeiträgen ein. Da kann man auch mal, wie 2010 geschehen, für eine breit angelegte Werbekampagne »Versichern heißt Verstehen« schlappe 50 Millionen Euro locker machen.

Noch größer als Ergo ist die etwa durch die Übernahme des Gerling Konzerns und des Postbank-Versicherungsgeschäfts entstandene Talanx-Gruppe mit rund 30 Milliarden Euro Prämienumsatz im Jahr. Unangefochtener Branchenprimus schließlich ist die Allianz-Gruppe, die sich seit ihrer Gründung im Jahr 1889 durch zahlreiche in- und ausländische Zukäufe sowie durch die Übernahme der Staatlichen Versicherung der DDR zu einem der weltgrößten Versicherungskonzerne entwickelt hat. Mit über 140 000 Mitarbeitern verzeichnet die Holding mit den Bruttobeiträgen aus ihren verschiedenen Versicherungsgesellschaften einen Jahresumsatz von mehr als 100 Milliarden Euro.[2]

Der Konzentrationsprozess schreitet auch in der Versicherungsbranche unaufhaltsam voran, so ist nun einmal das Gesetz des Kapitalismus. Und wie bei der Entwicklung der Industrialisierung im 19. Jahrhundert ist auch heute Großbritannien der Vorreiter bei solchen Entwicklungen. Dort hat sich die Marktkonzentration in der Assekuranz-Branche schneller und heftiger vollzogen als in Deutschland. Man könnte sagen, die Entwicklung auf der Insel ist der hiesigen einige Jahre voraus.

Zum einen ist Großbritannien traditionell ein finanzgetriebener Staat mit hoher Transparenz in der Finanzwirtschaft. Auch deswegen haben die Briten die Richtlinien der

Europäischen Union immer sehr schnell umgesetzt und in Gesetzesform gebracht. So wurde dort bereits, anders als in Deutschland, ein Gesetz eingeführt, das die Lebensversicherer dazu verpflichtet, offenzulegen, für welche Leistung sie wie viel Geld bekommen. Auch gab es relativ früh Stresstests für Versicherer, die zudem noch deutlich strenger waren als die hiesigen von der Aufsichtsbehörde BaFin durchgeführten. Das Prüfverfahren für neue Finanzprodukte ist in Großbritannien inzwischen so streng, dass viele Versicherer gar keine neuen Produkte mehr auf den Markt bringen. Diese Markttransparenz hat dazu geführt, dass der Konzentrationsprozess sich sehr dynamisch entwickelte, zahlreiche Unternehmen sind miteinander verschmolzen, viele vom Markt verschwunden. Binnen kurzer Zeit sind dort 200 Lebensversicherer auf nur noch rund 80 zusammengeschmolzen, heute spielen vielleicht noch acht oder zehn Unternehmen ernsthaft auf dem Markt mit.

Die Kunden in Großbritannien konnten sehen, welche Versicherungsprodukte wie viel kosteten. Ein Unternehmen, das zum Beispiel doppelt so viel für eine Verwaltungsdienstleistung berechnete wie ein Konkurrent, konnte mit dem günstigeren Anbieter nicht mehr konkurrieren. Die Kunden konnten und können in Großbritannien vergleichen und sehr leicht erkennen, wo ihre Rendite höher ist. In der Konsequenz waren teure Anbieter nicht mehr marktfähig. Das betraf vor allem die kleineren Versicherer. Deren Verwaltung muss die gleichen Arbeitsprozesse bewältigen wie die großen Wettbewerber, die fahren aber im Schnitt günstiger, weil sie eine viel größere Menge an Verträgen verwalten. Die Verwaltungskosten pro Police sind also geringer – und diesen Vorteil können sie an die Kunden weitergeben.

Natürlich hätten gerade die kleinen Versicherer auch auf die Idee kommen können, eine branchenweite gemeinsame Verwaltungsgesellschaft zu gründen. Alle Unternehmen hätten dann ähnliche Verwaltungskosten pro Vertrag – und somit vergleichbare Kosten und Preise für die Kunden. Diese Idee wurde diskutiert, hat sich aber bis heute nicht durchgesetzt. Die großen Unternehmen hatten daran natürlich kein Interesse, denn ihr Preisvorteil ermöglichte es ihnen, Kunden zu sich und von den kleineren Versicherern wegzulocken. So wurden die kleineren Konkurrenten geschluckt oder vom Markt verdrängt – und die Großen wuchsen selbst weiter. Rutschte ein kleiner Versicherer in die Pleite, wurden die Verträge von größeren Anbietern übernommen.

Im Gegensatz zu Großbritannien zählte Deutschland immer zu den Ländern, die durch EU-Richtlinien notwendig gewordene Gesetze als letztes Mitgliedsland eingeführt haben, dazu gehören zum Beispiel die EU-Vermittlerrichtlinie, die Transparenzoffensive, das Alterseinkünftegesetz. Das liegt zum einen an der in Deutschland stark ausgeprägten Lobbyarbeit der Branche. Um die Verabschiedung von Gesetzen zu verschleppen oder gar zu blockieren, wird immer wieder behauptet, es seien viele Arbeitsplätze in der Branche in Gefahr. Wie ich bereits angedeutet habe: Als einige auf EU-Richtlinien basierende Gesetze dann beschlossen worden waren, stellten sich die Konsequenzen für die Zahl der Arbeitsplätze als gar nicht so gravierend heraus. In der Regel hat der Vertrieb darunter gelitten, doch auch der konnte sich mit Hilfe neuer Modelle neu justieren.

Zudem existierte in Deutschland zwischen der Versicherungsbranche und dem Staat schon immer eine besondere Abhängigkeit. Denn die Lebensversicherer sind ja gesetzlich dazu gezwungen, zu einem großen Teil in staatliche Wertpapiere anzulegen. Wurde eine Regelung diskutiert, die die Gewinne der Versicherer zu schmälern drohte, läuteten schnell die Alarmglocken. Die Argumentationskette der Lobbyisten sah dann etwa so aus: Wenn die Unternehmen zukünftig weniger erwirtschaften, können sie auch weniger in staatliche Papiere investieren. Und das hat für den Staat zur Konsequenz, dass er weniger Schulden machen kann.

Die Drohkulisse wurde weiter aufgebaut: Wie will die öffentliche Hand – vor allem in Zeiten, wenn Konjunktur und Steuereinnahmen nicht so positiv sind wie etwa in den vergangenen Jahren – ihr Investitionsniveau halten, wenn die Finanzbranche nicht auch in Zukunft ihre Einnahmen in staatlichen Anlagen deponiert? Die wechselseitigen Abhängigkeiten zwischen Lebensversicherern und Staat sind so extrem stark ausgeprägt, dass Rufe nach mehr Transparenz auf beiden Seiten Ängste schüren.

Ich prophezeie, dass der Konzentrationsprozess, wie er in Großbritannien stattgefunden hat, eine Blaupause für Deutschland ist. Wir haben zwar bis heute schon viele Versicherer in anderen Unternehmen aufgehen sehen, das Ende der Fahnenstange ist aber noch lange nicht erreicht. Und der Trend zu immer weniger Anbietern wird sich angesichts der dramatischen Situation, in der sich gerade die kleinen Versicherer befinden, noch weiter beschleunigen.

Welche Auswirkungen hat das auf die Kunden? Bleiben am Ende vielleicht nur noch zehn relevante Versicherer übrig wie in Großbritannien, kann von einem gesunden Wettbewerb keine Rede mehr sein. Es ist gar nicht einmal die wachsende Gefahr von Kartellen und Preisabsprachen – die Versicherer können auch ohne Kungelei höhere Preise verlangen. Sie können Bedingungen fixieren, die sich vorher nicht haben durchsetzen lassen – zu Lasten der Kunden.

Die größten Lebensversicherungsunternehmen in Deutschland

Im Jahr 2016, gemessen an den Beitragseinnahmen. Quelle: *Zeitschrift für Versicherungswesen, 7/2017*[3]

Rang	Gesellschaft	Beitragseinnahmen 2016 in Mio. Euro, ohne Pensionskassen und -fonds
1	Allianz	17.649,4
2	R + V AG	5.071,8
3	AachenMünchener	4.892,4
4	Zurich Deutscher Herold	3.495,6
5	Debeka	3.405,7
6	Generali	3.146,1
7	Axa	2.706,8
8	Bayern-Versicherung	2.693,1
9	Ergo	2.435,2
10	Alte Leipziger	2.362,0
11	Nürnberger	2.318,0
12	Provinzial NW	1.964,6
13	HDI	1.962,3
14	Württembergische	1.952,9
15	SV Leben	1.909,7

In dieser Welt der großen Unternehmen und der noch größeren Zahlen herrscht gemeinhin eine selbstgefällige Ruhe. In den meisten Vorständen ist man jedenfalls entschlossen, weiterzumachen wie bisher, als gäbe es keinerlei Bedrohung. Und tatsächlich sind die genannten, eigentlich unvorstellbaren Größenordnungen nicht nur imposant, sie bieten natürlich auch einen gewissen Schutz. Zwar ist im Versicherungsaufsichtsgesetz eine so genannte Spartentrennung zwingend vorgeschrieben: Lebensversicherungen, Schaden- und Unfallversicherungen sowie Krankenversicherungen müssen in jeweils eigenständigen Gesellschaften, die sich selbst tragen sollen, betrieben werden. Eine Quersubventionierung, also der Ausgleich von Verlusten in einem Geschäftsfeld durch Gewinne in anderen Geschäftsfeldern, ist aber gesetzlich keineswegs untersagt. Ein solcher Ausgleich wird nicht gern gesehen, entsprechend wird noch weniger gern darüber gesprochen, er findet aber statt. Das funktioniert zum Beispiel so: Ein Versicherungskonzern betreibt eine Lebensversicherungs-AG und eine Sachversicherungs-AG. Während das Geschäft mit den Lebensversicherungen Verluste schreibt, erzielt man mit der Sachversicherungssparte Gewinne. Auf der einen Seite braucht man also Geld, auf der anderen will man welches aus Gründen der Steueroptimierung verschwinden lassen. Mit Hilfe von bilanziellen Tricks finden solche Verschiebungen häufig auch auf Umwegen über Ländergrenzen hinweg statt, weil es dabei keine einheitliche Regulierung gibt. Gerade große Konzerne eröffnen den Buchhaltern und Finanzvorständen vielfältige Gestaltungsmöglichkeiten, diese Quersubventionierungen unsichtbar zu machen – und damit eine ganze Weile zu verschleiern, wenn etwa der Lebensversicherungsbereich in die Schieflage gerät.

So lässt sich zweifellos etwas Zeit gewinnen. Und dieser Zeitgewinn wird noch verlängert, weil mit zunehmender Größe auch ein Machtzuwachs verbunden ist. Die großen Versicherungskonzerne, die sich selbst übrigens viel lieber als Finanzdienstleister bezeichnen und sich damit überraschend einsichtig zeigen, sind mindestens so »systemrelevant« wie größere Banken. Staat und Finanzaufsicht werden sie deshalb unter nahezu allen Umständen zu schützen versuchen – und sei es vorerst mit Schweigen. Da kann man sich auf Seiten der Versicherer schon in – falscher – Sicherheit wiegen und darauf vertrauen, dass einem der Staat im Zweifel unter die Arme greift, sei es mit Gesetzesänderungen, mit gelockerten Vorschriften oder gar mit Geld, sollte man einmal ins Straucheln geraten.

Aber auch hier gilt: Es wird nichts nützen. Der allgemeine Zustand der Verleugnung wird sich nicht lange aufrechterhalten lassen. Zeitgewinn und Größenzuwachs lassen vor allem die Fallhöhe steigen, sie werden den Absturz nicht verhindern, aber dessen Folgen verschlimmern. Da die durch Wachstum gewonnene Zeit nicht genutzt wurde, um das Versicherungsgeschäft zeitgemäß zu reformieren, sondern alle Energien weiterhin nur in den Vertrieb und die Organisation zusätzlichen Wachstums fließen, werden auch die großen Konzerne ins Rutschen geraten. Die Allianz beispielsweise, und das gilt in ähnlicher Weise auch für die Mitbewerber, macht etwa die Hälfte ihres Umsatzes mit dem Lebens- und Krankenversicherungsgeschäft. Einen Großteil dieses Umsatzes halte ich für akut gefährdet. Wenn aber neben den Zinsen auch die Beiträge einbrechen, ist die gesamte schöne Konzern-Konstruktion vom Einsturz bedroht. Und in diesem Fall auf den Sicherungsfonds der Versicherer, die Protektor AG, zu hoffen, dürfte aus den oben schon geschilderten Gründen ebenso trügerisch sein wie die Hoffnung auf einen staatlichen Schutzschirm.

Das Geflecht der Abhängigkeiten: eine unheilige Allianz?

Das wirklich Erstaunliche an der sprichwörtlichen Ruhe vor dem Sturm sind für mich die Medien. Auch deren Vertreter, etwa die Wirtschaftsjournalisten, sollten sich auskennen, sagen aber beinahe so wenig wie die Versicherungsvertreter. Zwar liest und hört man in jüngerer Vergangenheit immer öfter mehr oder weniger leise Warnungen, dass die Niedrigzinspolitik der Zentralbank die Lebensversicherer, die privaten Rentenversicherungen und die Betriebsrenten gefährde, aber einen echten Alarmruf habe ich noch nicht vernommen. Wenn etwa davon die Rede ist, dass die neuerliche Absenkung des Garantiezinses auf nunmehr 0,9 Prozent das Aus für die klassische Lebensversicherung bedeute, dass die Riester-Reform gescheitert sei, dass die Betriebsrenten-Verpflichtungen von vielen Unternehmen nicht mehr lange eingehalten werden könnten und dass uns deshalb, alles in allem, eine Altersarmut ungeahnten Ausmaßes drohe, dann werden als Gründe hierfür in erster Linie die niedrigen Zinsen angeführt, in zweiter Linie eine verfehlte Sozial- und Rentenpolitik. Und wenn Verbraucherschutz-Verbände, wie etwa der Bund der Versicherten, durchaus lautstark von Kapitallebensversicherungen und Riester-Verträgen abraten, dann tun sie dies im Wesentlichen mit dem

Hinweis auf die faktisch erbärmliche Rendite, die deutlich hinter dem zurückbleiben werde, was die Versicherer versprechen.

Kritik und Ursachenerkennung sind in beiden Fällen zwar nicht falsch, bleiben aber im Grunde der Logik der Versicherer verhaftet, anstatt diese Logik selbst einmal in Frage zu stellen. Es geht immer nur um Rendite, um Geldvermehrung. Gerät dieser Kreislauf ins Stottern, wird nach Schuldigen gesucht und werden Schuldige gefunden: der EZB-Präsident, die Rentenformel, die Agenda 2010, das Steuerrecht, die Staatsquote, der internationale Terrorismus etc. pp. Der Kreislauf selbst hingegen scheint sakrosankt. All die genannten »Schuldigen« und viele hier nicht genannte Beteiligte haben zweifellos ihren Anteil an der Misere, ursächlich an der Krise der Versicherer ist aber der Kreislauf selbst. Es ist das im 19. Jahrhundert entworfene und bis heute nie wirklich reformierte Geschäftsmodell der Versicherungsgesellschaften, das uns vor eine Zerreißprobe stellt. Die erste Bankenkrise war da nur eine Art kleines Vorbeben.

In der gegenwärtigen Diskussion und im öffentlichen Denken insgesamt herrscht meines Erachtens in ganz vielen Politikbereichen die Tendenz vor, die Symptome von Fehlentwicklungen zu ihren Ursachen zu erklären: die Nullzinspolitik, die Flüchtlinge, der Erfolg der AfD. Das geschieht nicht selten, davon bin ich überzeugt, wider besseres Wissen. Wir neigen dazu, uns im Sturm der Veränderung Schutz suchend unter die warme Decke überkommener Denkschulen zu verkriechen und uns an Konstanten zu klammern – zum Beispiel an Managementmethoden oder an den Nationalstaat –, die zum Teil jahrhundertealt sind, aber heute eine falsche Richtung vorgeben. Wir sollten nicht rückwärts denken, sondern vorwärts gehen. Zwar kann ich solche Beharrungskräfte psychologisch durchaus nachempfinden, aber, gerade mit Blick auf die Wirtschaft, nicht nachvollziehen. Wir sehen die Schlange, aber verharren, wie das Kaninchen, regungslos. Solches Verhalten wird an der Gegenwart der Schlange wie an unserer Erstarrung rein gar nichts ändern, sondern dazu führen, dass die Versicherungswirtschaft das Schicksal etwa der alten Plattenmultis, der Schreibmaschinenhersteller oder des einstigen Marktführers für Mobiltelefone, Nokia, ereilt.

Noch rätselhafter für mich ist die seltsame mediale Erstarrung. Denn anders als beispielsweise in der Türkei steht der Presse hierzulande doch gar keine Schlange gegenüber. Abgesehen von den Anzeigenkunden, die natürlich schon gewisse Beißhemmungen auslösen können, darf und soll hier geschrieben und gesendet werden, was die Autorinnen und Autoren für richtig und wichtig halten. Und was könnte wichtiger sein, als eine massenhafte Verarmung der Bürgerinnen und Bürger im Alter zu verhindern? Was könnte wichtiger sein als die Zukunft, die ganz gewiss anders aussehen wird als die Gegenwart? Aber wenn wir wollen, dass sie in etwa so aussieht, wie wir uns das wünschen, dann dürfen wir eben nicht erstarren, sondern müssen aktiv werden. Verbrauchertipps zu geben, leise Warnungen auszusprechen, weil einbrechende Renditen die eine oder andere Lebensplanung über den Haufen werfen könnten, das mag ja ehrbar sein. Es wird aber immer nur systemimmanente Lösungen hervorbringen, die ihrerseits zum Problem werden.

Wir müssen das Koordinatensystem selbst in den Blick

nehmen und einer Bestandsaufnahme unterziehen. Und eine wie immer geartete Angst vor Veränderung ist hierbei ganz gewiss kein guter Ratgeber. Denn Veränderung ist gefordert, sie ist notwendig, um eine soziale Implosion unserer Gesellschaft abzuwenden. Und solche Veränderung ist gewiss keine Frage des Geldes, der Rendite oder der Zinspolitik. Die weltweit absehbare Entwicklung, dass immer mehr Staaten von den Kosten der Versorgung ihrer alternden Bevölkerung in den Bankrott getrieben werden, bedeutet, dass wir keine finanziellen, sondern strukturelle Lösungen brauchen.

Die wesentliche Ursache der 2008 ausgebrochenen Finanzkrise war eine künstlich aufgeblähte Geldmenge, also viel zu viel billiges Geld, das dann in alle möglichen windigen Kredite floss und die Schulden weltweit auf 100 Billionen US-Dollar anschwellen ließ. Und wie wurde die Krise bekämpft? Mit noch mehr billigem Geld und historisch niedrigen Zinsen, sodass sich der Schuldenstand weltweit seit 2008 noch einmal verdoppelt hat. Damit sind aber letztlich die Probleme im Finanzsystem nicht gelöst worden. Im Gegenteil, durch die Rettungspakete der Notenbanken wurde es erneut gigantisch aufgebläht. Begrenzung durch Entgrenzung? Noch nie gab es mehr Schulden, noch nie war mehr Geld unreguliert im System als heute, sodass ein neuerlicher Banken-Crash – der diesmal durchaus durch den Kollaps eines oder mehrerer Lebensversicherer ausgelöst werden könnte – nur eine Frage der Zeit ist.

Noch aber tragen die Kunden weiterhin ihr Geld zu den Versicherern, im unbegründeten Vertrauen darauf, dass diese verantwortungsvoll damit umgehen. Die vom Marketing nach außen signalisierte Verantwortlichkeit wird aber im Innern weder empfunden noch wahrgenommen. Mehr noch: Die Versicherungskonzerne verbitten sich geradezu jedes Misstrauen und fordern sogar noch Verständnis für die schweren Zeiten, in denen sie sich auf Grund der prekären Finanzmarktsituation befinden. Dabei sind sie ganz wesentliche, das heißt prägende Akteure dieses Marktes, nicht dessen Opfer. Ebenso wenig waren die 2008 zu rettenden Banken die Leidtragenden einer Krise, sondern ihre Verursacher. Dennoch denkt kaum jemand, schon gar nicht in den Unternehmen, öffentlich darüber nach, ob es richtig sein kann, dass wir für die Rettung einzelner Geschäftsbanken – und der Einlagen ihrer Aktionäre – über Nacht deutlich mehr Geld zur Verfügung gestellt haben als für das Jahresbudget im gesamten deutschen Bildungssektor.

An nennenswerte und vor allem nachhaltig greifende Bedingungen war die Rettungsaktion nicht geknüpft. Und auch alle Versprechungen der Regierungen, die Banken und den gesamten Finanzmarkt künftig enger an die Leine und stärker in Haftung zu nehmen, sie engmaschiger zu kontrollieren, sind im Großen und Ganzen uneingelöst geblieben. Warum das so ist und warum die damit verbundenen enormen Risiken unter der Decke gehalten werden, ist nicht schwer zu erklären. Mittlerweile sind alle Staaten dieser Welt bis über beide Ohren verschuldet. Und wem schulden die Staaten Geld? Wer kauft ihre Staatsanleihen? Banken und Versicherungen.

Wie heißt es so schön: Wer zahlt, bestimmt die Musik. Manchmal ist die Wahrheit ganz schlicht, und diese Wahrheit benennt zugleich den Hauptgrund für das große Schweigen. Es wird so lange anhalten, solange die Abhängigkeit der Politik von der Finanzwelt nicht durchbrochen wird. Leider sieht es derzeit nicht danach aus. Im Gegenteil. Gerade die Versicherungsbranche – »Versichern heißt verstehen« – hat verstanden, dass sie in wirtschaftlicher, sozialstaatlicher und finanzieller Hinsicht ein wichtiger, ja, unverzichtbarer »Player« ist, der sich, falls nötig, jeder erdenklichen Hilfe sicher sein kann.

Solche Selbstgewissheit, die in über hundert erfolgreichen Jahren entstanden ist, hat aber nicht nur Übermut produziert und zu einigen falschen Weichenstellungen verleitet, sie hat auch träge gemacht. Ich hege deshalb Zweifel, ob den klassischen Lebensversicherungsgesellschaften überhaupt noch zu helfen sein wird.

DER ABSEHBARE KOLLAPS

Der Sündenfall: vom Solidaritätsprinzip zum Sparprodukt

Während meiner Zeit bei einem großen Versicherungsunternehmen warf ich in einer Vorstandsitzung einmal die Frage auf, wer in der Runde mit der Geschichte des Versicherungswesens vertraut sei. Betretenes Schweigen. Als ich dann selbst einige Stationen der Entstehungsgeschichte unserer Branche erwähnte sowie vor allem von der Ursprungsidee des Solidarprinzips erzählte, wurde es launig. Man meinte, ich scherze. Wie wolle man denn mit Solidarität Geld verdienen? Nun ja – viele altehrwürdige Versicherer haben es vorgemacht. Im Kreis meiner modernen Vorstandskollegen allerdings traf ich damit auf Heiterkeit und Unverständnis. Ein wenig Nostalgie sei ja gut und schön, hätte aber im aktuellen Tagesgeschäft keinen Platz. Selbstverständlich sei man für seine Kunden da, aber doch nicht aus innerer

Verbundenheit oder Hilfsbereitschaft, sondern als Dienstleister, der zuerst und zuletzt die Interessen der eigenen Firma zu vertreten habe.

Ich sah und sehe es ein wenig anders. Tatsächlich haben die Versicherungsunternehmen den »Kunden« und mit ihm seine Sorgen, seine Bedürfnisse und seinen Bedarf aus dem Zentrum an den Rand gedrängt und ihn zu einer Art Melkkuh degradiert. Damit folgen sie der inneren Logik des Strukturvertriebs. Neukunden werden bis zur Vertragsunterzeichnung hofiert und danach, wenn sie gewissermaßen ihre Schuldigkeit getan haben, im Verwaltungssystem abgelegt. Eine Änderung ihrer Lebensumstände – und mithin ihres Risikoprofils – wird gar nicht erst zur Kenntnis genommen. Schlimmer noch, jeder Schadensfall als Betrugsversuch gedeutet, der Kunde steht unter Generalverdacht. Das sorgt für zunehmenden Verdruss und hat das Image der Branche bereits arg ramponiert. So ist es kein Wunder, dass die Berufe Versicherungsmakler und Versicherungsvertreter mittlerweile zu den unbeliebtesten in Deutschland zählen. Im Übrigen gehört der Beruf des Vertreters inzwischen, in Zeiten fortschreitender Digitalisierung, auch zu den überflüssigsten. Intelligente Assistenzsysteme sind schon heute in der Lage, die sich im Zeitverlauf ändernden individuellen Risiken eines Menschen sehr viel besser einzuschätzen als ein provisionsgetriebener Makler.

Wechselseitige Geringschätzung ist für Versicherer wie für Versicherte fatal, weil sie die Geschäftsbeziehung, die doch für beide Seiten von Nutzen sein soll, mit dem Virus des Misstrauens infiziert. Am Ende geht es nur noch darum, wer wen über den Tisch zieht. Das aber widerspricht geradezu dem Grundgedanken der Absicherung von Lebensrisiken, an den zu erinnern ich deshalb für existentiell wichtig halte. Nur eine Rückbesinnung auf die Anfänge des Versicherungswesens kann uns bei der Bewältigung der gegenwärtigen Krise die nötige Orientierung geben. Nur wer das Woher kennt, wird die Frage nach dem Wohin beantworten und verlorenes Vertrauen zurückgewinnen können. Und das ist dringend geboten. Denn das »Geschäft« der Versicherungen ist nichts weniger als die Existenz der Menschen, ihr Wohlergehen, ihre Daseinsvorsorge.

Schutzgemeinschaften

Angst vor dem Verlust des Lebens, vor Krankheit und Schwäche, vor dem Verlust seiner Habe, Sorge um die eigene Zukunft, aber auch um das Wohlergehen der eigenen Nachkommen, Freunde, Gefährten – diese Gefühle sind so alt wie die Menschheit. Ebenso alt dürften deshalb die Versuche sein, solche Ängste, solche Sorgen zu bannen, Vorsicht walten zu lassen, sich gegen Risiken abzusichern. Und je mehr Menschen sich dabei in gegenseitiger Hilfe zusammentaten, desto besser war der Risikoschutz. Schon aus dem alten Babylonien, rund 2000 Jahre vor unserer Zeitrechnung, sind solche Solidargemeinschaften bekannt, etwa indem sich reisende Händler verpflichteten, im Falle eines Raubüberfalls auf ihre Karawane für den individuellen Verlust gemeinschaftlich aufzukommen. Das war noch keine »Versicherung« im uns bekannten Sinne. Man vereinbarte verbindlich, Schäden, die einem Teilnehmer der Reisegruppe entstanden, gemeinsam zu kompensieren, für gewöhnlich in Naturalien. Solche Schutzgemeinschaften wurden mit der Zunahme und Ausweitung des Handels und erst recht mit dem Aufkommen des Geld- und Kreditwesens immer wichtiger. Dadurch veränderte schließlich auch die Form der gegenseitigen Absicherung ihren Charakter, blieb aber dem Solidarprinzip noch lange verhaftet.

Über viele Jahrhunderte bildeten sich überall Gruppen von Menschen, die ein gemeinsames Risiko teilten und sich in ähnlichen Lebenslagen befanden, um sich in wechselseitiger Hilfe vor einem Schaden zu schützen. Waren es anfangs vor allem Gefahrengemeinschaften beim See- oder Überlandtransport, so entstanden bald auch erste »Sterbekassen« – als ältestes erhaltenes Dokument gilt eine römische Satzung aus dem Jahr 130 n. Chr. –, deren Mitglieder mit einem Einmalbetrag in eine »Kasse« oder Lade finanzielle Vorsorge für ihre Hinterbliebenen trafen. Gemeinschaftlicher Schutz und nachbarschaftliche Hilfe waren in unsicheren Zeiten von unschätzbarem Wert. Bauern gründeten Brandgilden, Handwerker und andere Berufe bildeten Zünfte und Bruderschaften, deren Mitglieder sich in Notfällen wie Krankheit, Invalidität und Alter unterstützten und sich im Todesfall auch um Witwen und Waisen kümmerten.

Aus solchen Vorbildern entwickelten Schiffseigner und Kaufleute dann schließlich ein »Geschäftsmodell«. So entstand im 14. Jahrhundert die kaufmännische Versicherung als Instrument der finanziellen Risikoabsicherung gegen Beitragszahlung. Der älteste echte Seeversicherungsvertrag ist aus Pisa überliefert und markiert den Anfang der modernen Versicherung, weil er erstmals die Vorauszahlung des Entgeltes für den Versicherungsschutz in bestimmter Höhe (Prämie) regelte. Mit Versicherungsmathematik hatte all das zwar noch nichts zu tun, der Vertrag beruhte aber, anders als die Zusammenschlüsse Gleichgesinnter, auf einer plausiblen Kalkulation. Sollte das Schiff überfallen oder in Seenot die Ware über Bord geworfen werden, würde der Eigentümer den Gegenwert erstattet bekommen. Und da nicht alle Schiffe von Piraten überfallen werden konnten oder in Seenot gerieten, ließ sich eine Wahrscheinlichkeit ausrechnen und eine entsprechende Prämie kalkulieren.

Äquivalenzprinzip

Natürlich waren das anfangs durchaus windige Kontrakte, die eher einer Wette glichen. Das Erfolgsgeheimnis an den vor allem in Hafenstädten entstehenden Versicherungsbörsen war von Beginn an das Gesetz der großen Zahl. Je mehr Versicherungsnehmer ein gleiches Risiko absicherten, desto geringer konnten die Prämien ausfallen und desto größer waren die Gewinnaussichten des Versicherers. In diesem »Versicherungs-« oder »Äquivalenzprinzip« ist zwar eine Profitabsicht enthalten, es bewahrt aber gleichwohl den ursprünglichen Solidargedanken, der darauf beruht, dass ein im Einzelnen ungewisser, insgesamt aber schätzbarer Geldbedarf auf der Grundlage eines Risikoausgleichs im Kollektiv gedeckt wird. Und je größer ein Kollektiv ist, desto günstiger können die Risiken für alle Beteiligten abgesichert werden, und desto kleiner wird die Gefahr, dass nicht genügend Geld vorhanden ist, um auftretende Schäden zu ersetzen.

Obwohl solche Gesetzmäßigkeiten intuitiv erkannt wurden, war es um die Berechenbarkeit von Risiken und Beiträgen und damit um die Nachhaltigkeit der Unternehmungen in der Anfangsphase der Versicherungswirtschaft nicht gut bestellt. Die Statistik war noch nicht erfunden, die Versicherer sammelten Geld ein ohne jede mathematische Grundlage. So waren viele »Verträge« nichts anderes als Wetten auf das Eintreten oder Nicht-Eintreten von bestimmten Ereignissen. Das führte zum Teil, wie das Beispiel im folgenden Abschnitt zeigt, zu unschönen Ergebnissen.

Wette auf Leben und Tod

Ein Vorläufer der Lebensversicherung, die staatliche »Leibrente«, war ein Finanzprodukt, das nicht unerheblich zur französischen Revolution von 1789 beigetragen hat. Oder, um der Sache eine ebenso interessante wie rätselhafte zusätzliche Würze zu geben: Es waren 30 Genfer Jungfrauen, die das Ancien Régime zu Fall brachten.

Wie das? Einer der Gründe für die damals aufbrechenden Unruhen war die auf Grund desaströser Staatsfinanzen verzweifelte Lage der französischen Bevölkerung. Die Leute hatten schlicht kein Brot mehr, und an den ihnen daraufhin angeblich von Marie Antoinette empfohlenen Kuchen war gleich gar nicht zu denken. Das Land war hoffnungslos überschuldet, wozu vor allem die Kriegslust des Königshauses, aber auch ein von Genfer Bankiers entwickeltes, außerordentlich erfolgreiches Finanzprodukt beigetragen hatte: vom Staat bezahlte Leibrenten, deren Dauer an die Lebenserwartung von 30 jungen Mädchen aus dem Genfer Bürgertum geknüpft war.

Das klingt seltsamer, als es ist. Die Ausgabe von Leibrenten war damals ein wichtiges Finanzierungsinstrument für den Staat – so wie es heute die Staatsanleihen sind. Die Bürger überließen dem Fiskus einen bestimmten Geldbetrag und erhielten dafür im Gegenzug regelmäßige

Zahlungen, die bis zum Tode einer im Leibrentenvertrag genannten Person geleistet wurden. Das Prinzip solchen Austauschs geht zurück auf einen italienischen Finanzier namens Tonti, weshalb solche Leibrenten auch »Tontines« genannt wurden. In einer Tontine bündelten mehrere Anleger ihr Kapital, das sie dem Staat gegen Zahlung einer Leibrente anboten. Der Trick bestand darin, dass die Leibrente eines verstorbenen Anlegers an die Überlebenden überging. Wer also alle anderen Partner überlebte, bekam am Ende alles (»The winner takes it all«). Eine Tontine war mithin Kapitalanlage und Lotterie zugleich.

Daraus erwuchsen allerdings auch gewisse Nachteile, die »Tontines« waren der Tugend nicht eben förderlich. Weil es für einen Anleger lohnend war, seine Partner zu überleben, kam es zu auffällig vielen »unnatürlichen« Todesfällen, weshalb solche Verträge bald in einigen Ländern verboten und anderswo gemieden wurden. Dies änderte sich allerdings flugs wieder, als die erwähnten Genfer Bankiers auf die zündende Idee kamen, die Rentenzahlungen an das Leben von 30 ausgewählten gesunden, jungen Genfer Mädchen zu knüpfen. Die Leibrente sollte so lange bezahlt werden, bis das letzte der jungen Mädchen als alte Frau sterben würde. Das machte die Papiere bei Anlegern sehr beliebt, weil sie wegen der erwartet langen Lebensdauer der Mädchen eine hohe Rendite versprachen.

Es kam zu einem Run auf die Papiere, und eben diese Popularität des Leibrentenprodukts hat dann im Laufe der Jahre zu jener Überschuldung beigetragen, die das Ancien Régime wenig später in den Abgrund trieb – so wie die Popularität der Kapitallebensversicherungen in den letzten Jahrzehnten schon bald einige Versicherungsgesellschaften in den Kollaps treiben wird. Rechnerisch ist das ganz einfach, wie sofort jeder erkennen kann, der ein Haushaltsbuch zu führen im Stande ist: Wenn die Zahlung einer versprochenen Rendite und/oder ein langer Leistungsbezug im Verbund mit den im laufenden Betrieb entstehenden Kosten in der Summe als Ausgaben die Einzahlungen der Versicherungsnehmer (oder die Einnahmen der Familienmitglieder) übersteigen, gerät ein Betrieb oder Haushalt in die Schuldenfalle. Kurz, ihm droht der Bankrott.

Die Geburt der Lebensversicherung

Auch in England sah man sich mit den moralisch zweifelhaften Konsequenzen der »Leibrenten« konfrontiert: Wenn zwei Personen eine Wette auf das Leben eines Dritten abschlossen, der dazu nicht einmal seine Zustimmung geben musste, war das wirtschaftliche Interesse am Sterben dieses Dritten für einen der beiden Wettpartner größer als das Interesse an seinem Überleben. Das konnte für den »Gegenstand« der Wette einen unguten Ausgang nehmen wie bei den »Tontines« in Frankreich. Daher wurden solche im 17. und 18. Jahrhundert sehr beliebten »Versicherungen« in England bereits 1774 verboten. Das traf sich insofern gut, als den Wettversicherungen inzwischen eine ernsthafte und ernstzunehmende Konkurrenz entgegengetreten war. Zwölf Jahre vor dem Verbot der Wette in England, 1762, hatte sich in London die erste »modern« zu nennende Lebensversicherungsgesellschaft der Welt, die »Society of Equitable Assurances on Lifes and Survivorships«, kurz: Equitable Life, gegründet. Und das »Equitable« im Namen sollte zum Ausdruck bringen, dass die Gesellschaft erstmals

Lebensversicherungen anbot, deren Kosten und Leistungen mathematisch begründet waren.

Versicherungen waren über viele Jahrhunderte zwar als Solidargemeinschaften äußerst sinnvoll und segensreich, wegen des Fehlens verlässlicher Daten und zuverlässiger Berechnungsmethoden aber als Geschäftsmodell denkbar ungeeignet gewesen. Solange sich der Zeitpunkt des Todes nicht halbwegs zutreffend bestimmen ließ, blieben etwa alle Lebens- und Rentenversicherungsansätze eine Art Glücksspiel. Dies änderte sich erst gegen Mitte des 17. Jahrhunderts durch die vom französischen Mathematiker Blaise Pascal – tatsächlich auch bei Glücksspiel-Berechnungen – entdeckte Wahrscheinlichkeitsrechnung sowie durch einen Zufall am Ende desselben Jahrhunderts.

Die Einzigen, die zu jener Zeit systematisch Statistiken erstellten und Daten wie Geburts- und Sterbedaten dokumentierten, waren die Kirchengemeinden. Um Gottes Wirken festzuhalten, hatte etwa auch der Breslauer Pfarrer Caspar Neumann akribisch Buch über seine Gemeinde geführt, ohne zu wissen, welchen Schatz er da ansammelte. Auf allerlei Umwegen, letztlich aber zufällig, gelangte dieses Material schließlich zu dem berühmten Mathematiker und Astronomen Edmond Halley nach London, der die Zahlen zu deuten verstand und daraus erstmals so etwas wie eine belastbare »Sterbetafel« erstellte, aus der sich die Sterbewahrscheinlichkeit, also die durchschnittliche Restlebensdauer von potentiellen Versicherungsnehmern ermitteln ließ. Das war zwar zunächst eher primitiver Natur – vom Typus: Von 100 000 Dreißigjährigen werden 300 das nächste Lebensjahr nicht erreichen –, es war den Gründern der »Equitable Life« aber Grundlage genug, um mit kontrollierten Sicherheitsmargen ein langfristig angelegtes Geschäft zu betreiben. Denn mit Hilfe solcher Sterbetafeln lassen sich bei vergleichsweise geringem Rechenaufwand sowohl die Versicherungsprämien als auch die für die wahrscheinliche Schadenshäufigkeit erforderlichen Reserven ermitteln. Nun musste der Neuversicherer nur noch die eigenen Kosten und den so genannten Rechnungszins taxieren, also den in Zukunft mindestens zu erzielenden Kapitalanlageerfolg einschätzen – und fertig war ein auch für Außenstehende jederzeit nachvollziehbarer Wirtschaftsplan. Das Prinzip ist im Grunde bis heute gültig und wurde in der Folge lediglich ausdifferenziert und verfeinert.

Sterbetafeln

Sterbetafeln werden heute von der amtlichen Statistik geführt. Sie zeigen, üblicherweise nach Geschlechtern getrennt, an, wie viele Personen eines jeden Jahrgangs auf Grund von Sterbewahrscheinlichkeiten in den einzelnen Altersjahren überleben und sterben werden. Die Daten geben damit zugleich Auskunft über die geschlechtsspezifische durchschnittliche Lebenserwartung – sie liegt bei heute geborenen Mädchen bei knapp über 83 Jahren, bei heute geborenen Jungen bei knapp über 78 Jahren.[1] Diese Sterbetafeln liefern wichtige Kennzahlen zur Einschätzung der demographischen Entwicklung und sind daher für jede staatliche Planung von ebenso eminenter Bedeutung wie für die Lebens- und Rentenversicherer. Zwar kann eine derartige Statistik keine Voraussage über einen konkreten Einzelfall treffen, sie mag dennoch manchmal ein wenig Trost oder misanthropische Genugtuung spenden. So berichtet etwa Reinhold Bernhard Jachmann, Schüler und Biograph Immanuel Kants, dass sich der große Philosoph in seinen letzten Lebensjahren – er wurde immerhin knapp 80 – von der Königsberger Polizei die monatlichen Sterbelisten habe kommen lassen, um Berechnungen über seinen wahrscheinlichen Todeszeitpunkt anzustellen. Dabei habe er mit einem gewissen Wohlwollen registriert, wie weit er nun schon in der Königsberger Gerontokratie aufgestiegen sei, anders gesagt, wie sehr sich die Reihen um ihn herum schon gelichtet hatten.

Wichtiger als Kants Marotte war die Arbeit eines anderen Philosophen und Mathematikers, der heute weitgehend in Vergessenheit geraten ist – zu Unrecht, weil er zugleich einer der wichtigsten Pioniere des Computerzeitalters war: Charles Babbage. Nachdem Edmond Halley knapp 70 Jahre zuvor die inhaltliche Basis gelegt hatte, entwickelte sein Landsmann Babbage mit der Berechnung umfangreicher Sterblichkeitstabellen die statistischen Grundlagen für Lebensversicherungen. Seine Schrift *Vergleichende Darstellung der verschiedenen Lebens-Assekuranz-Gesellschaften*[2], in der er seine Analysen und Berechnungen veröffentlichte, wurde geradezu zum Fundament für die Geschäftstätigkeit der »Großen Lebensversicherungs-Gesellschaft zu Gotha«. Babbages Hauptinteresse hatte sich schon seit längerem auf die fehlerarme Berechnung mathematischer Tafeln gerichtet. Solche Tafelwerke (Logarithmentafeln, Funktionstafeln, astronomische Tafeln, Sterbetafeln) hatten damals – und noch bis in die Sechzigerjahre des vergangenen Jahrhunderts – eine elementare Bedeutung für die Bewältigung praktischer Berechnungsaufgaben etwa in der Mechanik, im Bauingenieurwesen, in der Navigation, in der Artellerie – und eben im Versicherungswesen. Sie bildeten den Wissenskern praktischer Mathematik, ohne den die physikalisch-technischen Fortschritte der Industriegesellschaft nicht zu denken sind, waren aber, sehr zum Ärger von Babbage, häufig fehlerhaft. »Ich wünschte bei Gott«, soll er beim Anblick einer schlampig berechneten astronomischen Tafel ausgerufen haben, »dass diese Berechnungen mit Hilfe einer Maschine ausgeführt worden wären!« Tatsächlich entwickelte Charles Babbage mit seiner »analytical engine« eine solche Rechenmaschine, die nicht nur als Vorläufer des Computers gilt, sondern in allen Einzelheiten (Programmierung, Algorithmisierung, Automatisierung) vorwegnahm, was erst ein Jahrhundert später Gestalt annehmen sollte und längst begonnen hat, unsere Alltags- und Berufswelt sehr viel radikaler zu verändern als die Dampfmaschine das Leben seiner Zeitgenossen. Auch das hatte Babbage vorausgesehen – und ist damit auch ein wichtiger Vordenker der Maschinenfabrik und der Digitalisierung.

Die neue Versicherungsgesellschaft »Equitable Life« findet für ihr nun auf halbwegs solider Basis ruhendes Modell rasch Kunden. Zunächst sind es nur Wohlhabende, da sich einfache Leute die anfangs hohen Prämien nicht leisten können, auch in Deutschland, wo es noch nichts Vergleichbares gibt. Aber natürlich trifft die neue Geschäftsidee auf Bewunderer, die dem englischen Vorbild bald nacheifern. 1823 schreibt Ernst-Wilhelm Arnoldi, der spätere Gründer der »Lebensversicherungs-Gesellschaft zu Gotha«, deren Gründung mit dem Jahr der Veröffentlichung der deutschen Ausgabe des erwähnten Buches von Charles Babbage, 1827, zusammenfällt, in einer Denkschrift: »Das Bedürfnis ist groß, die ihres Hauptes beraubte Familie gegen Mangel zu sichern, das eigene Gemüt aber von der Qual zu befreien, welche der Gedanke an einen frühzeitigen Tod bei unerzogenen Kindern und der Vermögensunzulänglichkeiten der Witwe mit sich führt.«[3] Vier Jahre später nimmt der erste moderne Versicherungsverein auf Gegenseitigkeit in Deutschland – auf der Grundlage von Babbages Berechnungen – seine Geschäftstätigkeit auf und wird seinerseits zum Vorbild für ähnliche Einrichtungen in anderen Ländern.

Kapitallebensversicherung: die Eier legende Wollmilchsau

Dieser Vorbild-Charakter wiederum verdankt sich dem langjährigen Leiter der von Arnoldi gegründeten Gothaer Lebensversicherung, Gustav Hopf, der das Versicherungsgeschäft mit einer genialen neuen »Produktidee« nachhaltig ankurbelte: der Kapitallebensversicherung. Hopf gilt als Erfinder der traditionellen Form der deutschen Lebensversicherung auf den Todes- und Erlebensfall, deren Erfolgsgeschichte – nach dem Gesetz der großen Zahl – diese »gemischte Versicherung« schon bald für jedermann attraktiv und bezahlbar machte. Aus dem Versicherungsmarkt wurde ein Massenmarkt.

Ich sehe diese Zäsur heute mit sehr gemischten Gefühlen. Da ist zum einen die aus Vertriebssicht zweifellos geniale Idee, das natürliche Bedürfnis nach Risikoabsicherung mit dem vermutlich ebenso natürlichen Geiz der Menschen zu verknüpfen. Im Falle meines Todes sind meine Angehörigen ein Stück weit finanziell geschützt, im Erlebensfall bekomme ich meine Beiträge zurückerstattet – eine Versicherung also, die in jedem Fall, nicht nur im Schadensfall, eine Leistung erbringt, gewissermaßen die Eier legende Wollmilchsau. Das ist aus der Verkäufer-Perspektive ganz wunderbar. Und wunderbar ist auch, dass der Ansturm auf dieses »Rundum-sorglos-Paket« dazu geführt hat, dass buchstäblich jeder Mensch solche Angehörigen-Fürsorge und Altersvorsorge betreiben kann.

Auf der anderen Seite entsteht dadurch aber eine Art Kettenbrief- oder eben Kartenhaus-Charakter. Kapitalbildende Versicherungen erfordern einen enormen Sparprozess beim Versicherer, da für jeden einzelnen Vertrag die mindestens zu erbringende Leistung angespart werden muss. Streng genommen tritt dadurch das Versicherungs- oder Äquivalenzprinzip in den Hintergrund, der Solidargedanke wird finanzialisiert. Das Geschäftsmodell ist nun nicht mehr in erster Linie die bezahlte »Dienstleistung« eines kollektiven Versicherungsschutzes, sondern die Vermehrung des Kundenkapitals. Die Versicherung wird praktisch zu einer Bank. Natürlich bleibt das Moment der Gegenseitigkeit gültig. Stirbt ein Versicherter früh, muss die Leistungspflicht aus den Beiträgen der nicht Betroffenen finanziert werden. In Wahrheit ist aber dieses Schadensrisiko durch immer besser berechnete Sterbetafeln sehr präzise kalkulierbar. Wenig bis gar nicht kalkulierbar ist hingegen, wie wir schon gesehen haben, das langfristige Anlagerisiko. Wenn mit den Prämien der Versicherten keine Rendite mehr erwirtschaftet werden kann – und die muss zwingend erzielt werden, mindestens in Höhe der laufenden Kosten und der möglicherweise eingegangenen Garantien –, ist es nur eine Frage der Zeit, wann das Kartenhaus in sich zusammenfällt.

Dieses Schicksal hat übrigens auch den Versicherungs-Pionier »Equitable Life« inzwischen ereilt. Nachdem die altehrwürdige Gesellschaft die Wertentwicklung der Anlagen, die sie mit dem Geld ihrer Kunden tätigte, zu optimistisch veranschlagt, die stetig steigende Lebenserwartung jedoch nur unzureichend berücksichtigt hatte, tat sich eine immer größer werden Lücke zwischen ihrem Deckungskapital und den Ansprüchen der Versicherten auf. So musste dieses erste Versicherungsunternehmen der Welt, 240 Jahre nach seiner Gründung, im Jahr 2002 vor einem britischen Gericht einen Vergleich anmelden. Mehr als eine Million Briten und auch zahlreiche deutsche Kunden, die zuvor mit Überschussbeteiligungen gelockt worden waren, die deutlich über denen der deutschen Mitbewerber lagen, zahlten dafür die Zeche und verloren einen beträchtlichen Teil ihrer Altersvorsorge.

Finanz-Alchemie

Selbstverständlich kann man sagen und zeigen, dass bei der »Equitable Life« handwerkliche Fehler gemacht wurden, Fehler im Management, Fehler im Controlling, Fehler im überschwänglichen Marketing und im entfesselten Vertrieb, möglicherweise auch versicherungsmathematische Fehler. Solche Fehlleistungen sind in anschließenden Untersuchungsausschüssen auch benannt und gerügt worden. Als Ursachenerklärung für den Fall der »Equitable Life« greifen solche Schuldzuweisungen jedoch zu kurz. Der Fehler liegt vielmehr im System der Kapitallebensversicherung begründet. Den Niedergang des britischen Versicherers sollte man daher als Lehrstück lesen, als warnenden Hinweis, wohin die Reise mit der »gemischten Versicherung« führen wird. Die »geniale« Idee, die kollektive, ursprünglich solidarische Risikoabsicherung zu einem Sparprodukt aufzuhübschen, war der Sündenfall – der zugleich eine Falle ist. Das Modell funktioniert nur unter sehr eingeschränkten und schön längst als unrealistisch erwiesenen Voraussetzungen:

entweder ein permanent, möglichst exponentiell wachsendes Neukundengeschäft – Typus: Ponzi-Schema – oder anhaltend gute, möglichst steigende Renditen auf Kapitalanlagen. Diese Voraussetzungen aber als sicher anzusehen und sie zur Grundlage des Geschäftsmodells zu machen, ist nachgerade fahrlässig und hat mit solidem Wirtschaften nichts zu tun. Es ist Alchemie, mittelalterliche Goldmacherkunst, keine Ökonomie.

Seine Angehörigen für den Todesfall oder sich selbst und die Familie gegen Feuer, Diebstahl, Krankheit oder Invalidität abzusichern, war und ist natürlich in Ordnung, ja, geboten. Das Bedürfnis, Lebensrisiken einzuhegen, ist so alt wie die Menschheit. Das gilt sicher auch für das Streben nach einem guten Leben, für das Streben nach Wohlstand. Aber Sparen, Kapitalbildung, Vermögensaufbau sind etwas völlig anderes als eine Risikoabsicherung – die natürlich ihren, zumeist versteckten, Preis hat und also dem Sparen geradezu zuwiderläuft. Wenn ich heiß und kalt vermische, erhalte ich etwas Lauwarmes, so lauwarm wie die kapitalbildende Lebensversicherung. Bei Kälte wird sie nicht genug wärmen, bei Hitze kann sie keine Abkühlung mehr verschaffen. Wir sollten hier, wie beim Müll, zu trennen lernen.

Es geht darum, beim Versichern wie im Leben insgesamt, ein Maß zu finden oder, um es pessimistischer zu formulieren, das verlorene Maß wiederzufinden. Ein Zuviel ist genauso schädlich wie ein Zuwenig, und wir leiden ganz eindeutig an einem Zuviel – nicht nur mit Blick auf unser Bedürfnis, möglichst jedes Lebensrisiko abzusichern. Wir laufen dabei Gefahr, das Leben selbst zu vergessen.

Exkurs: das gute Leben?

Mit der kapitalbildenden Lebensversicherung wurde ein Produkt entwickelt, das nur unter bestimmten Umständen funktionieren kann: Wachstum bei Neuabschlüssen oder hohe Renditen durch Kapitalanlagen. Heute sind wir an einem Punkt angelangt, da hat keiner der beiden Faktoren noch Gültigkeit. Warum aber hat sich all die Jahrzehnte dieses Produkt so großer Beliebtheit erfreut? Und warum schließen gerade die Deutschen heute noch solche gemischten Lebensversicherungen ab? Die Antwort ist eigentlich ganz einfach: Weil sie es wollen. Weil viele Menschen nicht damit zufrieden sind, dass eine Lebensversicherung eben Risikoabsicherung für Partner oder Verwandte ist, die im Unglücksfall greift. Sie akzeptieren nur zu gerne, dass die Anbieter sie gleichzeitig noch als Kapitalanlage für den Ruhestand anpreisen. Diesen »Mehrwert« nimmt man gerne mit. Warum sollte man nur von einem Effekt profitieren, wenn man auch zwei Vorteile genießen könnte?

Welche Fehler im System liegen, blendet man dabei gerne aus. Das ist nur menschlich und verständlich. Doch manchmal lohnt es sich auch darüber nachzudenken, was man im Leben wirklich will und wirklich braucht. Brauchen wir etwa für jede Lebenssituation eine Versicherung? Sich versichern ist wie eine Wette. Ich wette darauf, dass mir etwas passiert oder nicht passiert – auf Versicherungsdeutsch: »Das Risiko tritt ein oder tritt nicht ein.« Wir Deutschen sind der Meinung, uns passiert alles, und das jederzeit. Deshalb glauben wir, Versicherungen für alles Mögliche abschließen zu müssen. Und deshalb haben wir auch die Versicherer, die wir verdienen. Sie erfüllen ein

Stück weit auch unsere Bedürfnisse, optimal abgesichert zu sein, optimale Renditen zu erzielen und ein optimiertes Leben zu führen.

Aber tun wir das wirklich in einer Zeit, in der sich das Rad immer schneller dreht? In einer Welt, in der heutige Gewissheiten sich schon morgen als wert- und nutzlos erweisen? Produkte, Anforderungen, Kenntnisse werden in immer schnellerer Abfolge erneuert, sodass das Erfahrungswissen, auf das sich vergangene Generationen verlässlich stützen konnten, kaum noch zählt. Das Leben hat sich derart beschleunigt, dass wir, um mithalten zu können, immer mehr Bindungen lösen und alles abzuwerfen geneigt sind, was uns bremsen könnte. Derart windschnittig surfen wir nun durch die Zeiten, ohne überhaupt noch angeben zu können, was uns eigentlich antreibt, wohin wir unterwegs sind und wodurch unsere Hast zu rechtfertigen wäre.

Das heißt, nein, was uns antreibt, wissen wir schon – oder glauben es zu wissen. Es ist nach wie vor die Aussicht auf Wohlstand und Wohlbefinden, die uns zu immer neuen Superlativen motiviert. Viele Propheten des Fortschritts treiben uns zu immer größerer Höchstleistung an. Aber wozu? Wir sind schlank und schnell geworden und haben bereits etliche Stoppschilder überfahren, sodass an eine Umkehr nicht mehr zu denken ist. Aber jeder kleinste Ruck könnte uns nun aus der Hochgeschwindigkeitsbahn werfen, weshalb eine Ruck-Rede nachgerade fahrlässig wäre. Vielleicht ist schlicht das Gegenteil gefordert: Einfach mal durchatmen, den Fuß vom Gas nehmen, den Blick und die Gedanken schweifen lassen. Schließlich kommt »Fortschritt« von schreiten, gehen, nicht von rennen und rasen.

Es ist kein Zufall, dass seit einiger Zeit Wellness, Esoterik, fernöstliche Weisheitslehren, »Simplify your life«-Ratschläge, Work-life-Balance-Strategien einen Boom erleben. Die Menschen suchen nach Sinn und nach »Entschleunigung«, ihre Seele erweist sich scheinbar als »marktwidrig« – mit Brot allein ist sie nicht zufrieden zu stellen. Sie möchte gern Erfahrungen und Erlebnisse haben, die mit Geld nicht zu kaufen und auch nicht per Mausklick zu beschaffen sind, die zum Teil weder reproduzierbar noch überhaupt herstellbar sind.

Aber das Wissen darum, was es heute heißen könnte, ein »gutes Leben« zu führen, ist unter all dem fleißig erzeugten Plunder verschüttet worden – und muss nun mühsam wieder freigelegt werden.

Woran bemisst sich die Qualität des Lebens? An Effizienzkriterien? An wirtschaftlichen Wachstumsraten? Am Bruttosozialprodukt? An der Umsatzentwicklung der Unternehmen? An den Aktienkursen? An der Taktung meines Computers oder der Pixelanzahl meiner Digitalkamera? An der Watt-Leistung meines beutellosen Staubsaugers? An der Garantieverzinsung meiner Lebensversicherung? Jeder wird vermutlich spontan bestreiten, dass die genannten Kriterien einen unmittelbaren oder gar entscheidenden Einfluss auf seine Lebenszufriedenheit haben. Und dennoch sind es eben diese Kriterien, die unseren Alltag diktieren, die wir für »maßgeblich« halten – die aber gar keine Mäßigung mehr zulassen, weil sie der ökonomischen Logik verhaftet sind und stets auf Vermehrung, Wachstum, Beschleunigung abzielen. Das ist alles.

Das ist aber bei weitem zu wenig. Die Ökonomisierung der Lebensverhältnisse mündet in einer Maßlosigkeit, die unser individuelles Selbstverständnis wie unser soziales

Miteinander bereits schwer beschädigt hat. Denn Maßlosigkeit ist die Abwesenheit von Werten. Und wo nicht mehr der Mensch das Maß aller Dinge ist, sondern die Maßgabe erhält, sich unter allen Umständen den jeweils vorherrschenden wirtschaftlichen Bedingungen anzupassen, da setzt gewissermaßen eine gesellschaftliche Hyperventilation ein, die über kurz oder lang zum Kollaps führen wird, zum Systemversagen, zum Stickstofftod.

Wolkenschieber

Ein solches Versagen droht nun auch den Lebensversicherern. Ihr Versprechen lässt sich nicht halten. Sie sitzen in ihren Glaspalästen, beschäftigen hunderttausende Mitarbeiter, betreiben eine überbordende, provisionsgesteuerte Vertriebsmaschinerie – und machen ihre Kunden glauben, deren Geld sei bei ihnen in guten Händen. Dabei rinnt es ihnen nur so durch die Finger. Allein die Abschluss- und Verwaltungskosten von Lebensversicherungspolicen betragen bei manchen Unternehmen zwischen 20 und 33 Prozent der Beitragseinnahmen.[4] Das ist gut für die professionell Beteiligten, aus dieser Marge entnehmen sie ihren Verdienst. Auf Seiten der Kunden entspricht dieselbe Marge aber zunächst einmal einem Verlust, ihr Kapital wird mithin nicht auf-, sondern abgebaut. Das lässt sich in manchen zinsstarken Phasen durch Zinseszins-Effekte vielleicht kompensieren. Auf Dauer kann es nicht funktionieren – sondern nur kaschiert werden, und zwar durch Neugeschäft, durch die Verlustzuteilung auf möglichst viele Schultern, durch immer mehr frisches Geld, mit dem die Versicherer ihr wackeliges Geschäftsmodell möglichst lange durch die Zeit zu retten hoffen. Das ist nun über 50 Jahre recht erfolgreich gelungen, wird aber keine weiteren fünf mehr funktionieren. Das Ende der Fahnenstange ist erreicht.

Dieser zweifelhafte Erfolg verdankt sich in erster Linie einem entfesselten Vertrieb. Denn um die Traumfabrik, die Schimäre am Leben zu erhalten, durfte der Geldfluss nicht versiegen – nährte damit aber über Jahre eine Blase, die unweigerlich platzen muss. Und mal ehrlich: Glaubt jemand ernsthaft, die knapp 90 Millionen Lebensversicherungsverträge in Deutschland lassen sich noch nennenswert vermehren?

Die Entfremdung: der entfesselte Vertrieb

Der geplatzte Traum ist in Wahrheit ein wiederkehrendes Schauspiel – wie etwa die Beispiele der japanischen Pleitewelle und der »Equitable Life« gezeigt haben. Auch sonst geben die vergangenen Jahrzehnte trotz allen Erfolges kein gutes Bild ab, sie sind gespickt mit Skandalen und Skandälchen, aus denen Kunden und Versicherungswirtschaft, Aufsichtsbehörden und Politik hätten Lehren ziehen können. Tatsächlich ist aber nicht zu erkennen, dass irgendjemand, weder Opfer noch Täter, aus dem Schaden klug geworden wäre. Immer wurde anschließend an der einen oder anderen Schraube gedreht, das eine oder andere Gesetz verschärft, das eine oder andere Label verändert, nur um dann möglichst schnell wieder weiterzumachen wie bisher – um keine Unruhe aufkommen zu lassen, um keine Ängste zu schüren, um Stabilität und Handlungswillen zu simulieren. Die Systemfrage wurde nie gestellt – allenfalls von einigen »Spinnern«. Im Gegenteil, das windige Geschäftsmodell, das so viele Jahre für so schöne Umsätze gesorgt hat, gilt geradezu als sakrosankt, als systemrelevant, nicht zuletzt weil es, wir erinnern uns, eine »staatsersetzende« Funktion erfüllt, erfüllen soll.

In seinem lesenswerten Buch *Versichert, verraten, verkauft. Wie Versicherungen mit unserem Geld umgehen*[5] hat der Wirtschaftsjournalist Leo Müller 2015 eine recht umfassende Bilanz der Verfehlungen und Fehlentwicklungen in der Versicherungsbranche vorgelegt. Der auch hier schon erwähnte Carsten Maschmeyer spielt darin ebenso eine Rolle wie der Fall des schillernden Mehmet Göker, dessen Verkaufsbüro MEG AG mit 1400 Verkäufern und einem angeblichen Firmenwert von 240 Millionen Euro 2009 eine spektakuläre Pleite hinlegte, nachdem Göker zuvor mit nahezu allen namhaften Versicherungsgesellschaften Geschäfte gemacht hatte und als Starverkäufer lange hofiert worden war. Die Millionen-Provisionen, die er vor allem mit dem Abschluss von privaten Krankenversicherungen einstrich, legte er gern schon mal in flotte Sportwagen für seine besten Verkäufer an, in feucht-fröhliche Partys sowieso. Als die Staatsanwaltschaft Ermittlungen wegen Untreue und Insolvenzverschleppung gegen ihn einleitete, setzte sich der Beschuldigte in die Türkei ab und ließ sich dort, währenddessen er in Abwesenheit verurteilt wurde, im Luxus-Cabrio an der Ägäis filmen. Am Pool seiner türkischen Villa, ebenfalls als Filmdokument festgehalten, richtete er den Staatsanwälten freundlich grüßend aus: »Ich wünsche weiterhin viel Spaß bei den Ermittlungen.«

Mehmet Göker ist letztlich ein kleiner, zweifellos cleverer Fisch – oder wahlweise ein schwarzes Schaf, wie seine »seriösen« Makler-Kollegen gern behaupten. Ob er betrogen hat oder nicht, ist dabei für mich gar nicht die entscheidende Frage, sondern wie es angehen kann, dass sich gestandene Vorstände namhafter Versicherungen immer wieder mit solchen schillernden und in ihren Absichten durchschaubaren Abzockern ins Bett legen. Aus seinem Lebensstil und seinem Lebensmotto – »Lass es knallen« – hatte Göker nie einen Hehl gemacht. Er war damit offenbar auch bei den Unternehmensführern auf zahlreiche Bewunderer, auf Gleichgesinnte gestoßen, die es ja ebenfalls – auch davon berichtet Leo Müller in seinem Buch ausführlich – gern knallen lassen. Aber dass sich Geld und Macht in dieser »roten« Zwischenhirn-Welt gern mit Protz und Promis schmücken, ihren Erfolg auf Partys und Lustreisen feiern – Koks und Koitus inklusive –, mag zwar das Publikum immer wieder berauschen, ist jedoch letztlich nur ein peinliches Nebensymptom. Die Ursachen der Misere liegen tiefer.

Eine »Geldmaschine«

Diese Ursachen hat kaum jemand so brutal offengelegt wie Reinhard Schmidt-Tobler und Dieter Zantop, Urheber des vielleicht verrücktesten Finanz-Skandals der jüngeren Vergangenheit. Schmidt-Tobler und Zantop, erfahrener Versicherungsprofi der eine, Mathematiker der andere, waren nicht etwa einfache Provisionsbetrüger oder Bauernfänger vom Schlage eines Göker. Nein, sie haben das Geschäftsmodell der Versicherungen, deren Gier nach Umsatz bei mangelnder Ertragsorientierung, gewissermaßen zu ihren

Gunsten perfektioniert – und damit in aller Kenntlichkeit bloßgestellt.

Schmidt-Tobler und Zantop ersannen eine »Geldmaschine«, die – hier vereinfacht dargestellt – wie folgt funktionierte: Nachdem die beiden in den 1980er Jahren viele Firmen in der Ausgestaltung ihrer betrieblichen Altersversorgung beraten hatten, waren sie im Besitz von Listen von mehr als 25 000 Beschäftigten und schlossen nun für jeden dieser Angestellten – ohne deren Wissen und auf eigenes Risiko im Namen einer eigens gegründeten Unterstützungskasse – mit rund 20 verschiedenen Versicherungsgesellschaften eine Rentenversicherung über 360 000 Mark ab. Der Gesamtwert dieser Policen summierte sich auf neun Milliarden Mark, wovon knapp die Hälfte allein auf die Hamburg-Mannheimer entfiel. Die Versicherer zahlten so üppige Provisionen – von der Hamburg-Mannheimer flossen 190 Millionen Mark –, dass die ersten zwei bis drei Jahresprämien daraus beglichen werden konnten. Wenn nach drei Jahren die Provision voll verdient war – bei vorheriger Kündigung wäre die Maklerprovision gekürzt worden –, wurden die Verträge gekündigt. Da bereits nach Ablauf des zweiten Jahres, so die gesetzliche Regelung, mindestens 65 Prozent der entrichteten Beiträge zurückerstattet werden müssen, machten Schmidt-Tobler und Zantop in etwa dieser Größenordnung Gewinn. Dieses an sich legale Riesengeschäft flog am Ende nur durch Zufall auf, weil die Iduna darauf gestoßen war, dass einige ihrer »Versicherten« gar nicht existierten.

Ein klarer Fall von Betrug, für den die Täter schließlich zu Gefängnisstrafen verurteilt wurden. Aber der Witz an der Sache war, dass im Grunde nur das ganz normale Geschäft der Versicherer simuliert wurde. Wenn ich hier einmal die von Versicherung zu Versicherung unterschiedlichen Regelungen – Provisionshöhe, Zeitraum der Provisionszahlung, Vertragsmindestlaufzeiten etc. – außer Acht lasse, bedeutet dies: Auch jeder regulär und rechtmäßig geschlossene Vertrag ist eine potentielle Kostenfalle und im Zweifel – man müsste eigentlich sagen: in der Regel – ein Minusgeschäft, und zwar für Versicherte und Versicherer. Nur unter optimalen Bedingungen und sehr langfristig kann ein Unternehmen mit einer Lebens- oder Rentenversicherungspolice Geld verdienen. Das heißt, hier ist etwas grundlegend faul am Geschäftsmodell.

Ein erbärmliches Profitmodell

Die »Finanzialisierung« der Risikoabsicherung, ihre Erweiterung zum »Sparprodukt« hat die Versicherer zu Finanzdienstleistern gemacht, die eigentlich – das habe ich selbst erst spät erkannt – gar nicht konkurrenzfähig sind. Einmal abgesehen von den fondsgebundenen Policen, auf die die Versicherer jetzt vermehrt setzen und die sie noch bankenähnlicher machen, tragen die Versicherungsunternehmen im Vergleich zu den Banken ein deutlich höheres Risiko. Während Letztere ihren Kunden lediglich versprechen, das Eingezahlte zurückzuzahlen – eine Vermehrung, sprich: Verzinsung erfolgt nur dann, wenn der Markt es hergibt –, garantieren die Lebensversicherer in der Regel nicht nur dasselbe, sondern gewähren darüber hinaus Versicherungsschutz für den Todesfall und versprechen ihren Kunden zusätzlich – millionenfach sogar garantiert –, dass sie am Ende der Vertragslaufzeit, im Erlebensfall, mehr herausbekommen, als sie eingezahlt haben.

Das ist ein gegenüber den Banken geradezu erbärmliches Profitmodell. Die Banken machen aus Geld mehr Geld, schöpfen es quasi aus dem Nichts. Sie machen aus den Ersparnissen des einen Kunden die Schulden des anderen, geben Kredite gegen Zinsen aus und lassen sich alle Extra-Leistungen (Kontoführung, Überweisungen, Depots) gut bezahlen. Rendite und Gebühren sind ihr Gewinn, an dem sie die Kunden nur marginal beteiligen. Ein Verlustrisiko besteht »nur« bei riskanten Anlagen oder bei Kreditausfällen. Allerdings gerät, je mehr Geld geschaffen wird, dem auf Seiten der Güter und Dienstleistungen kein Gegenwert mehr entspricht, das System zunehmend unter Druck. Immer größere, »ungenutzte« Geldmengen werden wiederum in Schulden verwandelt – als Kredite ausgegeben –, sodass der Prozess der Gelderzeugung, der Finanzialisierung, zwar unendlich weiterlaufen kann, aber praktisch unbeherrschbare Dimensionen annimmt. Solange die Teilnehmer am Finanzmarkt die Beziehungen zwischen Gläubigern und Schuldnern für vertrauenswürdig halten, scheint alles in Ordnung. Wenn aber der Eindruck entsteht, wie beim Platzen der Immobilienblase, dass alle Versprechen trügerisch sind und man den Schuldnern nicht mehr trauen kann, tut sich ein Abgrund auf, in dem all die auf dem Papier erzeugten »Überschüsse« wieder verschwinden werden.

Auf demselben System ruht inzwischen längst auch das Geschäftsmodell der Lebensversicherer. Im Unterschied zu den Banken starten sie aber gewissermaßen mit einem Riesenverlust – Abschlussprovisionen, Versicherungsschutz von der ersten Minute an, Garantiezins, Ablaufversprechen. Sie sind also dazu verdammt, eine extrem hohe Rendite zu erzielen, unterliegen dabei aber strengen Beschränkungen und sind gesetzlich dazu angehalten, ihre Kunden mindestens zur Hälfte an den Gewinnen zu beteiligen. Kann das überhaupt funktionieren?

Wenn ich auf meine Zeit in der Branche zurückblicke, muss ich kleinlaut einräumen, dass diese entscheidende Frage, die Systemfrage, nie gestellt wurde, auch von mir nicht. Und wie es aussieht, wird sie auch weiterhin nicht gestellt. Abgesehen von einem Fall, von dem ich schon berichtet habe, als mir unser Aktuar angesichts der Neuvertragsflut auf Grund des 2004 geänderten Alterseinkünftegesetzes hinter vorgehaltener Hand prophezeite, dass wir ab 2016 vor einer Pleite stehen würden, kann ich mich an keine Äußerung erinnern, die das grundlegende Geschäftsmodell auch nur mit einem leichten Zweifel belegt hätte. Geblendet von den jährlichen Umsatzvolumina und den wunderbar aufbereiteten Finanzdaten war es schlicht nicht vorstellbar, dass hier vielleicht prinzipiell etwas schieflaufen würde. Auf den monatlichen Vorstandssitzungen haben wir zwar stundenlang Controlling-Daten gewälzt, aber dabei immer nur auf den Moment geschaut: wie viele Neuverträge, wie viel Versicherungssumme, wie viel Provisionen? Zwar wurden auch die kurzfristigen Risiken – Kündigungen, Kundenbeschwerden, Rückstellungen – erörtert, aber nie das Gesamte in den Blick genommen oder ein Worst-Case-Szenario entworfen: Was passiert, wenn morgen alle Verträge gekündigt werden? Das dürfte zwar so gut wie unwahrscheinlich sein, würde aber die Solidität des Unternehmens, das Verhältnis von Anlagevermögen und Gesamtverbindlichkeiten, gegenüber den Kunden kenntlich machen.

Fake oder Selbstbetrug?

Für den Bereich der betrieblichen Altersversorgung beispielsweise liegen solche Berechnungen vor. Immer mal wieder poppen Meldungen auf, dass und wie sehr die Betriebsrenten viele Unternehmen zunehmend belasten. Im August 2015 musste etwa der Modelleisenbahnhersteller Fleischmann wegen zu hoher Ausgaben für Betriebsrenten Insolvenz anmelden, das gleiche Schicksal hatte zwei Jahre zuvor schon den einstigen europäischen Branchenführer für Strumpfhosen, Kunert, ereilt. Große Unternehmen müssen aus ihren laufenden Erträgen mittlerweile Milliarden für Rückstellungen in ihre Pensionskassen entnehmen. Natürlich spielt hierbei die derzeitige Zinssituation eine ähnlich fatale Rolle wie für die Lebensversicherer, zusätzlich macht die steigende Lebenserwartung den Unternehmen zu schaffen. Letztlich muss man aber auch hier die Frage stellen, ob das System überhaupt funktionsfähig ist. Den Pensionsverpflichtungen der im Dax gelisteten Unternehmen von 396 Milliarden Euro stand Ende 2016 ein Pensionsvermögen in Höhe von 251 Milliarden Euro gegenüber.[6] Noch einmal gefragt: Wie soll das funktionieren? Wie soll diese Lücke, zumal bei anhaltend niedrigem Zinsniveau, jemals geschlossen werden? Da tickt eine weitere Zeitbombe, die kaum noch zu entschärfen sein wird.

Ich vermute, dass die echte Gesamtbilanz bei den Lebensversicherern ähnlich desaströs ist. Allerdings liegen mir hierzu keine belastbaren Zahlen vor, sie waren mir auch als Vorstand nicht bekannt. Das ist mir heute peinlich – und letztlich schwer zu erklären. Offenbar ist niemand an der vollen Wahrheit interessiert. Inwieweit hier insgesamt ein aktiver Verdrängungsmechanismus am Werk ist, kann ich nicht abschließend beurteilen, sondern mich dabei letztlich nur auf die eigene Erfahrung berufen. Wenn ich mir als Vertriebsvorstand in der oben geschilderten Weise Neugeschäft »einkaufe« und die dadurch erworbene Versicherungssumme mit 25 Prozent Abschlusskosten belaste, dann wusste ich auch damals schon, dass das in kaufmännischer Hinsicht Unsinn ist. Dennoch war es innerhalb des Systems rational und zutiefst erwünscht.

Heute weiß ich, dass diese Rationalität ein großer Fake ist, eine Art Selbstbetrug, der wohl nur psychologisch und gruppendynamisch erklärt werden kann. Wenn alle im eigenen und in den anderen Unternehmen alles auf die gleiche Art und Weise machen, dann kann diese Methode doch nicht falsch sein, denkt man. Jeder, der über Berufserfahrung in Organisationen verfügt, wird schon erlebt haben, wie sehr der Geist eines Unternehmens, seine Regeln und die Rollen, die es zuteilt, seine Mitarbeiter prägt. Solcher Gruppendynamik kann sich kaum jemand entziehen – wie schon ein schlichtes, lustiges Experiment belegen kann, das Sozialpsychologen mal in New York durchgeführt haben. Sie stellten einen Mann auf die Straße, wiesen ihn an, mindestens eine Minute lang in den Himmel zu blicken, und schauten, was passiert. Die meisten Passanten gingen unbeeindruckt um den Mann herum. Immerhin fünf Prozent von ihnen jedoch taten es ihm gleich und schauten ebenfalls nach oben. Als die Forscher den Versuch mit fünf Himmels-Guckern wiederholten, blieben schon 20 Prozent der Vorbeigehenden stehen und blickten ebenfalls nach oben, als 15 Personen auf der Straße nach oben schauten, ließen sich bereits 40 Prozent der Passanten davon anstecken. Kurz, Menschen tun Dinge, schlicht und ergreifend, weil andere es tun.

Das gilt ganz besonders für das Arbeitsumfeld. Je etablierter die Strukturen sind, in die man eintritt, umso mehr sind wir bemüht, uns an sie anzupassen, zumal solche Anpassung auch die Voraussetzung dafür ist, auf der Karriereleiter nach oben zu kommen. Und je höher wir steigen, desto besser werden wir für unsere Anpassungsleistung entlohnt. Was gibt es da in Frage zu stellen, erst recht, solange Sie die Zielvorgaben erfüllen?

Es geht um Macht

Jede Branche, jedes Unternehmen hat dabei ein eigenes System. Ob Handel, Automobil- oder Finanzbranche: Überall wird eine Kultur geschaffen, in der alle mitlaufen und das System nicht wirklich in Frage stellen. Es braucht junge Menschen, die nichts in Frage stellen, die mit Enthusiasmus ihren »Auftrag« umsetzen, anpreisen, verkaufen, erklären – welche Rolle auch immer sie auszufüllen haben. Leute, die anhalten und nachdenken, sind in den seltensten Fällen gewünscht. Fragen wie: »Ist das, was wir tun, für die Gesellschaft gut?« oder »Ist es für die Kunden gut?« interessieren dabei nicht.

So läuft es auch in der Versicherungsbranche. Dort geht es vor allem um Macht. Und Macht wirkt wie eine Droge. Ich habe es selbst erlebt. Es ist schon ein irres Gefühl. Sie kommen morgens in die Firma, und jeder kennt Sie. Tausende Menschen grüßen Sie. Wenn Sie in die Kantine gehen, kommen Menschen an Ihren Tisch, um Ihnen zu erzählen, wie großartig Sie sind. Jeden Tag bekommen Sie

500 E-Mails, die ein eigener Stab von Mitarbeitern liest und beantwortet. Jede E-Mail, jeder Kontaktversuch sagt Ihnen: Sie sind wichtig. Sie selbst denken dann lange Zeit, Sie seien auf dem Boden geblieben. Doch man verklärt die Realität, kann sie gar nicht mehr einschätzen. Die eigene Psyche kann sich da schwerlich entziehen. Sachliche Gespräche mit Mitarbeitern sind kaum noch möglich, alle reden einem nach dem Mund. Was schlecht läuft, wird verschwiegen.

In der Finanzbranche und auch bei Versicherungsunternehmen wird Macht auf eine sehr konservative Weise demonstriert. Es gibt noch die großen, holzverkleideten Büros – hinter der Verkleidung verbirgt sich ein geschmackvoll eingerichteter Schlafraum mit Bar und Dusche. Das Auto ist groß, der Fahrer trägt eine Mütze. In Deutschland hat sich dieser konservative Habitus bis heute gehalten. In England denkt man inzwischen moderner – alle fahren SUV. Hier ist das undenkbar, zumindest im Moment. Egal ob modern oder traditionell: Besitzt man solche Prestigeobjekte nicht, gehört man nicht dazu. Man gehört nicht zu den Mächtigen.

Ein Geschichte rund um Statussymbole und Macht-Codes ist mir besonders in Erinnerung geblieben, weil ich sie zuerst selbst nicht verstanden habe: Einmal erzählte mir ein Kollege: »Es ist ganz einfach. Je höher du in der Hierarchie aufsteigst, desto mehr Statussymbole bekommst du – auch wenn sie sinnfrei sind.« Was »sinnfrei« meint, wurde mir dann klar. Denn irgendwann hatte man nicht mehr nur einen Schreibtisch, sondern einen Schreibtisch mit einem Telefon mit einem angehängten Beigerät, das Nummern speichern konnte. Dabei befanden wir uns damals schon in der zweiten Mobilfunk-Phase. Wozu brauchte man also dieses Extra-Gerät – alle Nummern waren doch im Handy oder in der Datenbank der EDV gespeichert.

Wer eine Position höher bekleidete, hatte am Schreibtisch noch einen runden Besprechungstisch angebaut, dazu zwei Stühle für Gäste. Und wer in der Hierarchie noch eine Stufe höher stand, hatte vier Stühle im Büro stehen. Nach diesen Regeln lief das Spiel. Jeder kannte die geheimen Macht-Codes. Die vier Stühle zeigten jedem anderen im Unternehmen, wie wichtig man war. Irgendwann haben die Mitarbeiter im Mittelmanagement angefangen, aus den Besprechungsräumen Stühle mitzunehmen und an den eigenen Schreibtisch zu stellen. So sind die Menschen. Steckt man einmal drin, gehört man dazu und hält viele Dinge für normal, die auf Außenstehende lächerlich wirken.

Ist man im Berufsleben in einem solchen System sozialisiert, ist es unglaublich schwer, über den Tellerrand zu blicken. Wenn Sie als Verantwortlicher bei einem Versicherungsunternehmen 50 Millionen Euro Prämienumsatz im Jahr machen und der »Gesamtwert« des Unternehmens entsprechend kontinuierlich steigt, dann ist der Gedanke, etwas könnte nicht in Ordnung sein, so weit weg wie das Vertragsende der Neuabschlüsse. Ist es akut wirklich relevant, ob die Vertragszusagen in 20 oder 30 Jahren einlösbar sind? Selbstverständlich werden sie das sein, davon sind Sie überzeugt, denn mit wachsender Größe und den atemberaubenden Summen, die in den Bilanzen stehen, wächst auch so etwas wie der Glaube an die eigene Unverwundbarkeit. Wir sind groß, wir sind stark, wir haben alles im Griff. Tatsächlich sind solche Allmachts-Anflüge vor allem auf Vertriebsveranstaltungen immer wieder mit Händen zu greifen. Ich selbst habe eine Vertriebsmannschaft erlebt, der man als Gratifikation eine Kreuzfahrt spendiert hatte und die mit der dezidierten Absicht den Luxusliner bestieg, sämtliche Champagnervorräte an Bord leerzutrinken. Ziele setzen, Ziele erreichen!

Simulation

Dass die Milliarden, die solche »Incentive«-Exzesse ermöglichen und die einen darüber hinaus so gut nähren und vermeintlich schützen, Kundengelder sind, die irgendwann einer Zahlungsverpflichtung entsprechen, wird ausgeblendet. Vordergründig ist man ja erfolgreich, und der Erfolg bemisst sich allein am Neugeschäft. Ich selbst hing jahrelang diesem Irrglauben an, und zwar mitnichten in betrügerischer Absicht, sondern weil er von starker Evidenz ist. Es funktioniert. Solange Neukundschaft genügend Kapital nachschießt und ich damit die Ansprüche der ausscheidenden Kunden bedienen kann, scheint alles in guter Ordnung. Vom Ende her gedacht, im Sinne einer Gesamtbilanz – verfügbares Vermögen versus Summe aller Verpflichtungen – kann die Rechnung nicht aufgehen. Ich fürchte, das wissen alle verantwortlich Beteiligten, weshalb sie diese Rechnung »ums Verrecken« nicht aufmachen mögen, sondern am »Funktionieren in guter Ordnung« festhalten, damit aber in Wahrheit das Geschäft, das zu betreiben sie vorgeben, nur mehr simulieren. Sie tun so, als ob sie die Kundengelder vermehren, verbrauchen aber in Wahrheit einen nicht unerheblichen Teil dieses Geldes für den eigenen Betrieb – und hoffen darauf, diese Lücke durch Anlagegewinne wieder schließen zu können. Das ist aber zurzeit ein Problem.

Solange genügend Geld für die in Jahresfrist anstehenden Auszahlungen – auslaufende oder gekündigte Verträge und Schadensfälle – und die gesetzlich geforderten Rückstellungen in den Topf kommt, lassen sich die Finanzdaten so aufbereiten, dass das Unternehmen gesund erscheint. Diesen trügerischen Schein aufrechtzuerhalten, ist zum eigentlichen Geschäftsmotor geworden.

Dadurch haben die Assekuranz-Unternehmen, bezogen auf ihre Gründungsidee, einen entschiedenen Identitätswandel durchlaufen. Aus den Versicherungsvereinen auf Gegenseitigkeit sind reine Vertriebsmaschinerien geworden. Aber das Versprechen, das sie vermeintlich antreibt – Wohlstand für alle und Vorsorge für das Alter –, ist uneinlösbar.

Strukturvertrieb

Der so genannte Strukturvertrieb – als unabhängige Organisation – hatte von Beginn an immer nur den Wohlstand der Verkäufer im Auge, die unternehmenseigenen Vertriebsabteilungen den für die Aufrechterhaltung des Betriebs – und des eigenen guten Einkommens – notwendigen Geldfluss.

Strukturvertrieb

Die marktbeherrschende Praxis, mit einer Heerschar von Verkäufern, ausgerüstet mit vollmundigen Versprechen und wohlklingenden Parolen, »Finanzprodukte« mittels Telefon- und »Haustürverkauf« unter die Leute – vor allem erstmals die so genannten kleinen Leute – zu bringen, geht auf den bis heute in Versicherungskreisen legendären US-Amerikaner Bernie Cornfeld zurück. Cornfeld, der zunächst einen Stand für »Alters- und Gewichtsschätzung« in einem Vergnügungspark auf Coney Island betrieben hatte, gründete in der Nachkriegszeit des vergangenen Jahrhunderts eine Fondsgesellschaft, die »Investors Overseas Services« (IOS), mit der er einen »Volkskapitalismus« zu begründen versprach. Jeder sollte reich werden können.

Um dieses Ziel zu erreichen, rekrutierte er eine streng hierarchisch organisierte Verkaufsmannschaft mit bis zu 25 000 Mitarbeitern, die zunächst vor allem die in Europa stationierten US-Soldaten mit Cornfelds Anlagefonds beglückten. Je mehr ein Vertreter verkaufte und je mehr Verkäufer er dazugewann, desto höher stieg er in der Hierarchie und desto üppiger sprudelte sein Einkommen. Das Schneeballsystem wuchs in atemberaubender Geschwindigkeit und bescherte am Ende nicht etwa jedermann, sondern – man ahnt es schon – seinem Gründer und dessen Spitzenverkäufern einen unerhörten Reichtum, den diese nun auch genüsslich auslebten und vorzeigten. Das Problem dabei: Das Geld tausender Kunden, immerhin die damals mehr als stattliche Summe von zweieinhalb Milliarden Dollar, wollte nicht – wie versprochen – wachsen, sondern schmolz dahin. Provisionen, Gehälter, die laufenden Betriebskosten und ein »angemessener« Lebensstil waren durch keine Anlagestrategie dieser Welt zu erwirtschaften, sondern wurden entnommen. Als die IOS Mitte der 1970er Jahre pleiteging, war nur noch ein Bruchteil der eingezahlten Beträge übrig. Am Ende beschuldigte jeder jeden, Staatsanwälte ermittelten, Mitarbeiter tauchten unter oder wurden zu Haftstrafen verurteilt – und die »Kleinanleger« standen mit leeren Händen da. Dumm gelaufen!

Aber trotz dieses grandiosen Scheiterns – »Letzter Tango«[7] schrieb *Der Spiegel* damals – setzte nicht etwa Ernüchterung ein. Jetzt ging es erst richtig los. Cornfelds Ansatz einer aggressiven Verkaufsförderung für die Massen, das Selbstverständnis, nicht bloß eine Dienstleistung, sondern ein »Produkt« zu verkaufen, machte nun in der Versicherungsbranche Schule, wo viele ehemaligen IOS-Verkäufer in der Folge unterkamen und die Vertriebsorganisationen nach Cornfelds Vorbild umbauten. Andere strebten seinem Beispiel nach und gründeten eigene Vertriebsfirmen, die wiederum von den Versicherern gern in Anspruch genommen wurden (und werden). IOS-Veteranen gründeten etwa die »Bonnfinanz«, bis heute eine Größe auf dem Markt für Finanzprodukte, oder die ursprünglich als »Organisation zur Vermittlung von Bausparverträgen« angetretene OVB Vermögensberatung, für die in Spitzenzeiten bis zu 15 000 Mitarbeiter aktiv waren. Hier, bei der OVB, fand übrigens auch ein Medizinstudent namens Carsten Maschmeyer seinen Einstieg in die Finanzbranche, bevor er 1987 in Hannover seinen Allgemeinen Wirtschaftsdienst (AWD) aufbaute.

Dass all diese Organisationen, wie mittlerweile auch alle versicherungsinternen Vertriebsstrukturen, dezidiert an Cornfelds Konzept der Massenansprache anknüpfen, bedeutet selbstredend nicht, dass sie seine betrügerischen Absichten teilen. Allenfalls ließe sich sagen, dass das System »Strukturvertrieb« wie auch die Kapitallebensversicherungen an sich einem »legalen Betrug« gleichkommen; das ist übrigens eine Aussage des Bundes der Versicherten und der Verbraucherzentrale Hamburg, die man nach Ansicht des Hamburger Landgerichts auch öffentlich vertreten darf.[8] Denn eines sollte gewiss sein: Den »Volkskapitalismus« eines Bernie Cornfeld hat weder seine Organisation herbeigeführt, noch werden ihn die heutigen Vertriebsstrukturen herbeiführen. Das Wohlstandsversprechen ist nichts als ein Verkaufsargument, das sich am Ende als Nebelgranate erweisen wird.

Inzwischen scheint die Zeit der großen, unabhängigen Strukturvertriebe zwar vorbei zu sein; die meisten dieser Organisationen – wie beispielsweise der AWD – sind inzwischen als Ausschließlichkeitsvertriebe an einzelne Versicherungsgesellschaften gebunden, bei anderen, wie bei der OVB Vermögensberatung, die weiter »unabhängig« arbeitet, haben sich große Assekuranz-Unternehmen die Aktienmehrheit verschafft. Es wäre aber ein Irrtum anzunehmen, dass dadurch das »rote« Geschäftsgebaren zunehmend durch grüne oder blaue Anteile, durch Verantwortung und Vernunft, übermalt würde. Nein, das Zwischenhirn regiert weiter.

Ich hatte oben schon an einem Beispiel erläutert, wie die Strukturvertriebe für den Policen-Kauf eingesetzt wurden und werden, um die Neugeschäftsvorgaben zu erreichen und die entsprechenden Boni zu realisieren. Ein analoges, nicht minder bizarres Anreizsystem existiert auch bei den so genannten Ausschließlichkeitsvertrieben. Als Führungskraft war ich dazu angehalten und wurde dafür belohnt – sei es mit »Kopfgeld«, sei es mit Reise- oder Sachgutscheinen –, möglichst viele Verkäufer anzuwerben, ganz im Sinne Cornfelds. Und diese Rekrutierung wurde mir zudem ganz einfach gemacht. Ich konnte mir meine Gratifikation auch hier wieder sehr leicht »einkaufen«, indem ich schlicht Geld verschenkte, Kundengeld, versteht sich.

Methode Cornfeld

Das Modell sah folgendermaßen aus: Ich gewinne einen Verkäufer, der sich als selbständiger Handelsvertreter an unsere Versicherung bindet. Dieser Verkäufer erhält eine garantierte »Anschubfinanzierung« von 24 000 Euro im ersten Jahr; die für jeden Vertragsabschluss fällige Provision ist sein Zusatzverdienst. Im zweiten Jahr halbiert sich der Zuschuss auf 12 000 Euro und wird ab dem dritten Jahr auf null gestellt. Das heißt, von nun an müsste der Selbständige seinen Lebensunterhalt selbständig verdienen. Die einzige Pflicht für den Neuen ist die Teilnahme an einer bestimmten, sehr überschaubaren Anzahl an Schulungen, Verkaufsvorgaben gibt es keine. Dieses pfiffige Rekrutierungskonzept hat natürlich sehr gut funktioniert, aber auf wundersame Weise dazu geführt, dass die meisten Verkäufer nach spätestens eineinhalb Jahren wieder verschwanden. Eine nennenswerte Anzahl von Neuverträgen ist fast nie dabei herausgekommen.

Und noch ein Beispiel, wie sehr die »Methode Cornfeld« den Versicherungsvertrieb bis heute dominiert. Als einer der weltweit größten Anbieter fondsgebundener Versicherungs- und Vorsorgeprodukte, für dessen Deutschland-Geschäft ich damals als Vertriebsvorstand tätig war, 2006 an einen südafrikanischen Versicherungskonzern verkauft wurde, machte die neue Mutter, wie fast immer im Falle solcher Übernahmen, sofort Druck. Das Vertriebsneugeschäft, so die Vorgabe, sollte innerhalb Jahresfrist verdoppelt werden. Was tun? Und wie? Einer meiner Kollegen nahm sich daraufhin der Aufgabe an, indem er sich die schlichte Cornfeld-Logik zu eigen machte. Er setzte den vorhandenen Umsatz ins Verhältnis zur Anzahl der Vertriebsmitarbeiter und präsentierte uns stolz seine Schlussfolgerungen auf einem Flipchart. Ergebnis: Wenn auf 15 Leute im Schnitt zwei Millionen Neugeschäft entfallen, brauchen wir nur 15 weitere Leute anzustellen, um die geforderte Verdoppelung zu erreichen. Voilà, Vorgabe erfüllt! Dass es hier eventuell im Detail Probleme geben könnte, weil die Neuen eingearbeitet werden müssen, über keinen Kundenstamm verfügen, die hauseigenen Produkte nicht kennen – egal. Stellen wir eben 30 ein! In der Folge stand dann nicht etwa die Umsatzentwicklung im Blickpunkt, sondern ausschließlich die Zahl der Neueinstellungen – als gäbe es hier einen mysteriösen Automatismus, der die Flipchart-Logik quasi von selbst bestätigt.

Mit Betriebswirtschaft hat das so wenig zu tun wie das Horoskop in meiner Sonntagszeitung mit Astronomie. Dennoch nahm ich zunächst einmal den Vorteil in Kauf, dass sich »mein« Personal und »mein« Budgets damit, nolens volens, mehr als verdoppelten. Denn die Höhe des Budgets und die Anzahl des Personals bestimmen die Wichtigkeit im Vorstand. Das heißt, die Vorgabe der neuen Mutter hatte mich entschieden wichtiger gemacht, mich deutlich aufgewertet. Ich habe noch nie erlebt, dass ein Vorstandsmitglied einen solchen Zugewinn freiwillig ausschlägt.

Nun möchte ich solche »Sekundär«-Überlegungen hier durchaus nicht verteidigen, sondern versuchen, verständlich zu machen, dass sie in Wahrheit das Primäre sind. Das sollte man als Kunde wissen. Die Mitarbeiter in der Versicherungsbranche betreten jeden Morgen den Bürokomplex, und während ihrer Arbeitszeit geht es nicht ein einziges Mal um die Verantwortung, die sie ihren Kunden gegenüber haben. Der Kunde interessiert dort keinen Menschen. Es geht nicht um den Kunden. Es geht beim Vertragsabschluss nicht um den Kunden und auch nicht bei einer Vertragsverlängerung. In 23 Jahren, die ich in der Branche tätig war, hat mich nie ein Mensch nach dem Wohlergehen des Kunden gefragt.

Es geht auch nicht um Altersvorsorge und Risikoabsicherung, es geht nicht um Verlässlichkeit, Solidität, Vertrauen oder gar Nachhaltigkeit, es geht nicht einmal um Ökonomie. Die Versicherer heute sind reine - Vertriebsmaschinen, die praktisch keinen anderen Zweck verfolgen als Selbsterhaltung, die um ihrer selbst willen betrieben werden. Sie haben in den letzten Jahrzehnten eine enorme Geldmenge angesammelt und ihre Macht dadurch stetig vermehrt, von der sie nun – natürlich – nicht mehr lassen mögen. Aber diese Macht ist von den Kunden bloß geborgt, sie fußt auf unserem, auf Ihrem Geld – und Sie, als Kunde, sollten besser davon ausgehen, dass damit kein besonders sorgsamer Umgang gepflegt wird.

Die Gier:
Der Markt frisst seine Kunden

»Die Lebhaftigkeit des Handels, das Durchrauschen des Papiergeldes, das Anschwellen der Schulden, um Schulden zu bezahlen, das alles sind die ungeheuren Elemente, auf die gegenwärtig ein junger Mann gesetzt ist«, notierte Goethe 1829 in den *Wanderjahren*[9]. Schon den Weimarer Dichterfürsten beschlich dabei die unheilvolle Ahnung, dass diese »fortschrittliche« Dynamik nicht mehr zu bremsen sein und sich unweigerlich auf das Verhältnis der Menschen untereinander, ja auf das »Sittliche« insgesamt niederschlagen werde.

Und so geschah es dann auch. Nur wenig später, 1848, war aus der Goethe'schen Befürchtung bereits eine unumstößliche Gewissheit geworden; jedenfalls für zwei junge Männer, die jene »ungeheuren Elemente«, auf die sie sich gesetzt sahen, einmal gründlich bedachten. Im *Manifest der kommunistischen Partei* bekräftigten Karl Marx und Friedrich Engels apodiktisch: »Die Bourgeoisie, wo sie zur Herrschaft gekommen, hat alle feudalen, patriarchalischen, idyllischen Verhältnisse zerstört (...) und kein anderes Band zwischen Mensch und Mensch übriggelassen als das nackte Interesse, als die gefühllose ›bare Zahlung‹ (...). Sie hat die persönliche Würde in den Tauschwert aufgelöst und an die Stelle der zahllosen verbrieften und wohlerworbenen Freiheiten die eine gewissenlose Handelsfreiheit gesetzt.«[10]

Starke Worte. Zwar hat sich der Kommunismus, mit dessen Hilfe Marx, Engels und viele andere die zerstörerische Macht des menschenverachtenden Kapitals zu brechen hofften, inzwischen selbst gründlich diskreditiert. Die im zitierten Manifest erhobene Klage hingegen – und mit ihr nahezu alle Topoi einer fast zweihundertjährigen Tradition der Kapitalismuskritik – scheint so aktuell wie ehedem. Nachdem die Marktwirtschaft sich nach dem Zusammenbruch des Kommunismus 1989 einige Jahre im Glanz des historischen Sieges sonnen konnte, ist längst wieder lautstark vom nunmehr globalisierten und sich zunehmend digitalisierenden »Raubtier-Kapitalismus« die Rede, von der »Diktatur des Geldes« und der Allmacht der Finanzmärkte.

Solches »Gerede« finden die Leute in den Vorstandsetagen natürlich degoutant und altbacken, schlicht nicht nachvollziehbar. Tatsächlich bekommt man in der luxurierten und abgekapselten Führungsriegen-Welt kaum etwas davon mit, was in der Gesellschaft vor sich geht und wie die meisten Menschen »da draußen« leben. Man ist permanent operativ unterwegs und fokussiert auf den Shareholdervalue. Kunden und Mitarbeiter drohen dabei aus dem Blick zu geraten, Menschlichkeit und Mitgefühl auf der Strecke zu bleiben. Stattdessen ärgert man sich, dass man von seinem guten Einkommen so viel an Steuern abgeben muss, um damit die »Nichtleister« zu alimentieren. Was es hingegen für einen Kunden heißt, am Ende der Vertragslaufzeit nicht die einmal in Aussicht gestellte und erwartete Geldsumme zu bekommen, liegt außerhalb der Vorstellungskraft. Unter welchem Druck Menschen stehen können, weil sie trotz regulärer Arbeit zum Monatsende hin regelmäßig ihr Konto überziehen müssen, habe auch ich erst nach meinem Ausstieg aus der Managerwelt voll realisiert.

Moloch Markt?

Die sich immer weiter öffnende Schere zwischen Armen und Reichen, wachsende Kinder- und Altersarmut sowie ein gar nicht nostalgischer Blick auf den ehemals planwirtschaftlichen Ostblock lassen eine generelle Kapitalismus-Kritik daher berechtigt erscheinen. Bei allen nationalen Unterschiedlichkeiten kam etwa in den einst kommunistisch dominierten Ländern der wirtschaftliche Kurswechsel insgesamt einem sozialen Einbruch gleich. Auch die dezidiert nicht kapitalismuskritische Weltbank sah sich schon im Jahr 2002 veranlasst, kleinlaut einzuräumen, dass in allen Transformationsländern (Ostmitteleuropas) die soziale Ungleichheit deutlich, in manchen sogar drastisch zugenommen habe, obwohl diese Staaten vor Beginn des wirtschaftlichen Wandels die weltweit geringsten sozialen Unterschiede aufwiesen.[11]

Ist der Markt also tatsächlich jener Moloch, als den ihn einst der wissenschaftliche Sozialismus »demaskierte«? Oder handelt es sich bei den zu beklagenden Entwicklungen lediglich um Anpassungsprobleme, die dem Erbe des Staatssozialismus anzulasten sind und die nun die nationalen Volkswirtschaften insgesamt im Zuge einer fortschreitenden Globalisierung durchleiden? Beide Fragen sind aus meiner Sicht zu verneinen. Weder ist der Markt eine alles verschlingende Macht, noch handelt es sich bei der zunehmenden Verteilungsungerechtigkeit um ein Übergangsphänomen. Aber auch dafür ist nicht der Markt verantwortlich zu machen.

Was wir erleben, ist nicht die Durchsetzung des Ökonomischen, sondern seine Pervertierung. Markt und Wirtschaft sind keine Zwecke, sondern Mittel, über deren Ausgestaltung und Verwendung die handelnden Akteure entscheiden. Von allein machen Markt und Wirtschaft gar nichts. Sie verströmen allerdings ihren »Geist«, das heißt, sie entfalten, vermittelt über das Verhalten der Marktteilnehmer, eine Logik, die sich auf unsere Gewohnheiten und auf das Soziale insgesamt niederschlägt. Also genau das, wovor schon Goethe gewarnt hatte. Jede Ökonomie bedarf deshalb notwendig einer Einbettung in die sozialen und kulturellen Verhältnisse. Nicht etwa umgekehrt. Und da liegt der Hase im Pfeffer, weil diejenigen, die das Marktgeschehen dominieren, die Wirtschaft aus solchem wertgebenden Kontext immer stärker herauslösen und sie zu einem Leitprinzip erheben, das sie gar nicht sein kann.

Als Rechtfertigung für alle möglichen Deregulierungs-Schübe, für Lohndumping, befristete Arbeitsverträge, Minijobs dienen regelmäßig vermeintliche Globalisierungszwänge: Die Kosten müssten runter, um beispielsweise international wettbewerbsfähig zu bleiben. In Wahrheit geht es jedoch in erster Linie stets um die Interessen der Shareholder. Aber indem der Staat deren mächtiger Lobby nachgibt, wird er zunehmend zum Nachtwächter und zum Armenhaus-Verwalter, tonangebend und richtungweisend werden die Börsendaten, ominöse »Reaktionen der Finanzmärkte« oder die Bewertungen interessengeleiteter Rating-Agenturen.

Schaut man genauer hin, ist es mit der vielbeschworenen Globalisierung aber gar nicht weit her. Handel und Wettbewerb sind nicht erst seit vierzig Jahren international, die Versicherungsbranche etwa war, wie oben skizziert, von Anfang an grenzüberschreitend aufgestellt. Hinter dem Wortgespenst »Globalisierung« verbirgt sich deshalb zumeist nichts weiter als eine ungezügelte Profitgier. Und wo nur noch der Profit zählt, entsteht am Ende – die verschiedenen Finanzkrisen haben dies dramatisch vor Augen geführt – eine Art Selbstmord-Kapitalismus.

In neutraler Definition bezeichnet das Wort »Kapitalismus« eine Wirtschaftsform, in der die Produktionsmittel – also Maschinen, Anlagen, Fabriken, Geld – Privateigentum sind und das Wirtschaftsgeschehen durch Marktmechanismen – und nicht etwa durch staatliche Lenkung – gesteuert wird. Hier gibt es zwar, insbesondere was die staatliche Einflussnahme betrifft, in allen Volkswirtschaften eine ganze Reihe von Besonderheiten, aber alles in allem dürfte die sachliche Beschreibung weitgehend zutreffen. Die Schwierigkeit besteht darin, die genannten Marktmechanismen zu identifizieren. Bestimmen Angebot und Nachfrage den Preis von Lebensversicherungen? Werden Kosten und Erträge tatsächlich rational und verantwortlich ins Verhältnis gesetzt – man denke an meinen Neugeschäfts-Einkauf? Ist die Knappheit eines Guts entscheidend für seinen Wert? Und die Schwierigkeiten, solche Fragen zu beantworten, nehmen im Zuge der Digitalisierung noch dramatisch zu. Man nehme nur die letzte Frage: Ein digitalisiertes Gut, zum Beispiel ein Song oder ein digitaler Text, ist faktisch unendlich reproduzierbar, also im Überfluss vorhanden. Woran bemisst sich nun sein Wert? Als einziger Maßstab bliebe hier der Arbeits- und Materialeinsatz, der für sein Entstehen aufgebracht werden musste. Aber wer bewertet diesen Einsatz nach welchen Kriterien?

Und wie verhält es sich mit den Finanzmärkten? Welche »Mechanismen« wirken hier? Dass beispielsweise auf Lebensmittelpreise spekuliert oder auf die Rückzahlung von Krediten gewettet werden darf, halte ich für einen Skandal. Wie die ersten Leibrenten-Wetten, die Tontines, bergen solche »ökonomischen« Aktivitäten Risiken für Menschen, die daran gar nicht beteiligt sind. Sobald aber etwas als in diesem Sinne gefährlich eingeschätzt werden kann – gesellschaftlich, politisch, ökologisch oder ganz persönlich –, muss das Vorsichtsprinzip gelten. Das ist alles andere als Hasenfüßigkeit, es ist ein Gebot des gesunden Menschenverstandes, eine Überlebensregel, die keineswegs den Köpfen naiver Weltverbesserer entspringt. Schon der bloße Verdacht mahnt auch Buchhalter und »böse« Kapitalisten zur Vorsicht. Wie sie damit umzugehen haben, ist etwa im deutschen Bilanzrecht förmlich geregelt: Danach dürfen Gewinne erst ausgewiesen werden, wenn sie realisiert worden sind, während Verluste bereits bilanziert werden müssen, wenn deren Eintritt wahrscheinlich ist. In anderen

Worten: Mit dem Schlimmsten ist stets zu rechnen, damit es möglichst nicht eintritt. Zwar bleiben alle Versuche, die Zukunft vorherzusagen, läppisch. Glücklicherweise. Doch auch wenn die Ursachen und Folgen eines Geschehens noch nicht abschließend durchschaut sind – sobald ein Risiko existiert, sobald Schäden möglich sind, muss ich mein Handeln an diesen Risiken ausrichten. Alles andere ist fahrlässig. Gerade Versicherer, die sich den Umgang mit allen erdenklichen Risiken zur Profession gemacht haben, sollten sich dies als eherne Regel zu eigen machen, beteiligen sich aber stattdessen mit ihren riesigen Kapitalbeständen nicht selten an zweifelhaften Rattenrennen. Es ist schon erstaunlich, wie wenig, mindestens wie langsam wir in dieser Hinsicht aus schlechten Erfahrungen zu lernen im Stande sind.

Das Handeln von Unternehmensführungen, Börsenhändlern und Fondsmanagern hat unmittelbar Einfluss auf das gesellschaftliche und politische Umfeld. Und dieses Umfeld, unser Verständnis von Wirtschaft und Gesellschaft, hat sich in den letzten Jahren drastisch gewandelt. Um es konkret zu benennen: Mein Verständnis von Wirtschaft war und ist ein anderes als dasjenige, das die heutigen Meinungs- und Wirtschaftsführer an den Tag legen. Und hierbei geht es keineswegs um Nuancen, sondern um eine grundlegende Bedeutungsverschiebung.

Egonomie statt Ökonomie

Die Wirtschaft – so oder ähnlich kann man es im Lexikon nachlesen – ist alles, was »der planvollen Deckung des menschlichen Bedarfs dient«.[12] Mit diesem knappen Satz ist das Wesentliche gesagt. Eine »planvolle Deckung« ist deshalb erforderlich, weil nicht jeder alles, was er braucht, selbst herstellen kann, weshalb wir auf Austauschprozesse angewiesen sind, um unsere Bedürfnisse zu befriedigen. Und was einstmals buchstäblich getauscht wurde, wird heute – mit Hilfe des Vergleichsmediums »Geld« – auf dem freien Markt gehandelt, wo sich Anbieter und Kunden, in wechselnden Rollen, gleichberechtigt gegenüberstehen.

Das ist das Wesen, das sind Sinn und Zweck des Wirtschaftens. Aber wie so oft im Leben verlieren wir das Wesentliche leicht aus dem Blick und halten dann die Oberfläche, die eine oder andere Begleiterscheinung oder gar eine Fehlfunktion für den eigentlichen Kern der Sache. Die Wirtschaft – so oder ähnlich würden es heute wohl die meisten formulieren – ist alles, was »der planvollen Erzielung des größtmöglichen Profits dient«.

Der Unterschied zwischen der ersten und der zweiten Definition ist offenkundig. Während im ersten Fall das »Wir« im Zentrum steht – und gerade das Geschäftsmodell der Versicherungen gründete ja auf diesem Solidaritätsgedanken –, wird in der zweiten Version das »Ich« zur Zentralfigur. Nun ist das »Ich« mit seinen Wünschen, Ängsten und Absichten bei all unseren Handlungen immer mit im Spiel und der Eigennutz jedes Einzelnen nicht nur verständlich, sondern als Antrieb auch vom »Wir« durchaus erwünscht. Sobald sich solch Profitstreben jedoch verselbständigt und zum Hauptzweck der ganzen Veranstaltung wird, lässt sich strenggenommen gar nicht mehr von »Ökonomie« sprechen. Die »planvolle Erzielung des größtmöglichen Profits« müsste »Egonomie«, Ich-Haltung, genannt werden.

Ökonomie heißt wörtlich übertragen »Haushaltung« –

von griechisch »oîkos« = »Haus« – und meint die verantwortliche Verwaltung einer »Hausgemeinschaft« beziehungsweise eines gesellschaftlichen Zusammenschlusses. Ein Ökonom oder ein ökonomisch handelnder Mensch wäre demnach jemand, der gern auch nach Profit streben darf, der aber in erster Linie das »ganze Haus« im Blick hat, sowohl das Gebäude selbst wie auch alle seine Bewohner.

Schaut man sich im heutigen Wirtschaftsleben um, muss man – zumindest bei den großen, politisch einflussreichen Konzernen, im Mittelstand und bei Familienbetrieben ergibt sich ein anderes Bild – lange suchen, um auf einen Unternehmer oder Manager zu treffen, der in diesem Sinne als Ökonom auf sich aufmerksam macht. Egonomen, wohin man blickt, von Ökonomie kaum noch eine Spur. Das heißt, was heute vielmundig und überwiegend zu Recht beklagt wird – die Kälte und Ungerechtigkeit des Marktes, die Rücksichtslosigkeit und Raffsucht der Unternehmensführungen –, ist gar kein Ausfluss eines knallharten ökonomischen Handelns. Es ist der blanke Terror einer die Ökonomie ablösenden Egonomie. Ichsucht und Habgier sind zum Treibstoff des einstmals wirtschaftlichen Handelns geworden. Aber Ichsucht und Habgier produzieren, quasi als Emission, Ungleichheit – und vergiften damit die gesellschaftliche Atmosphäre. Hier gibt sich etwas als Ökonomie aus, was gar keine Ökonomie mehr ist.

Was wir in den letzten Jahrzehnten mit dem so genannten Neoliberalismus erleben, bezeichnet etwa der Direktor des renommierten Weltethos-Instituts an der Universität Tübingen, Claus Dierksmeier, als historischen Irrtum.[13] Über Jahrtausende sei ökonomisches Denken und Handeln immer in metaphysische, theologische und moralische Betrachtungen eingebettet gewesen, also in einen Kontext, den Goethe »das Sittliche« nannte. »Rücksichtslose Profitmacherei«, so Dierksmeier, sei deshalb die Ausnahme, nicht der Normalfall. Um aber wieder zur »Norm« zurückzukehren, muss die Ausrichtung des Managements neu justiert, müssen, anders als es in meinen Verträgen der Fall war, vor allem qualitative Impulse gesetzt werden. Statt die bestehenden Prozesse immer effizienter zu machen und auf eine permanente Optimierung der Quartalszahlen zu setzen, sollte die Nachhaltigkeit des Geschäftsmodells – also etwa Kundenbindung und Produktqualität – im Vordergrund stehen. Es wäre zum Beispiel sinnvoll, an Stelle von Verkaufszielen (»Jedes Jahr 10 Prozent mehr«) die Kundenzufriedenheit zu messen oder die Transparenz der jeweiligen Anlagestrategie zu bewerten und zur Grundlage für Erfolgsregelungen zu machen. Im Sinne der Bedürfnisse des Kunden. Auch die Übernahme gesellschaftlicher Verantwortung durch soziales oder ökologisches Engagement könnte die Kunden von heute überzeugen. Aber sowohl der Kunde wie auch das Produkt haben in der heutigen Management-Praxis eine randständige Bedeutung. Das kann auf Dauer, insbesondere in Zeiten digitaler Transparenz, nicht erfolgreich sein.

Wenn große Banken Milliarden-Gewinne erzielen – nicht zuletzt auf »Märkten«, die eigentlich verboten gehören –, nachdem sie zwischendurch mal mit Milliarden an Steuergeldern gerettet werden mussten, wenn der versammelte Vorstand eines Automobilkonzerns nach Milliarden-Verlusten auf Grund einer selbstverschuldeten Abgasaffäre auf der Auszahlung seiner vertraglich vereinbarten Millionen-Boni besteht, wenn mächtige Energiekonzerne untereinander Preisabsprachen treffen und die Entwicklung und Verbreitung alternativer Energien behindern, dann ist das alles »ökonomisch« nicht zu rechtfertigen. Es dient lediglich dem eigenen Vorteil, dem eigenen Machterhalt, dem eigenen Profit.

Das Fatale daran ist, dass solcher Geist kontaminierende Wirkung hat. Denn von dieser Gier, seien wir ehrlich, sind wir inzwischen alle befallen. Da gibt es nichts zu beschönigen. Wer für sein Erspartes den größtmöglichen Ertrag sucht, wer im Discounter (oder im Internet) auf Schnäppchenjagd geht, wer sich privat kranken- und rentenversichert, mit der Billig-Airline in den Urlaub fliegt, das häusliche »Arbeitszimmer« steuersenkend geltend macht und auch sonst jedes sich bietende Steuer-Schlupfloch zu nutzen versucht, wer den Staat eher lästig und die Politik bestenfalls spießig findet, der ist deshalb sicher noch kein schlechter Mensch. Er (oder sie) macht sich aber ganz gewiss nicht für eine verantwortliche Ökonomie, für eine gerechtere Welt, für fairen Handel, den Erhalt der Natur oder einen existenzsichernden Mindestlohn verdient. Und wer wollte ernsthaft bestreiten, dass er sich in der obigen, sehr unvollständigen Auflistung nicht hier oder dort zuordnen kann?

Eine kleine Laudatio

Die geschilderten Neigungen entspringen sicher einem kapitalistischen Geist, im Verbund mit der Digitalisierung werden sie den Kapitalismus aber in Wahrheit zu Grabe tragen – so wie die Lebensversicherer an ihrem Geschäftsmodell zu Grunde gehen. Die uns so vertraute, von den einen gehasste, von anderen geliebte Wirtschaftsform hatte einen Anfang, und sie wird in absehbarer Zeit ein Ende haben, das ich im nächsten Abschnitt in Umrissen zu skizzieren versuchen werde. Und dieses Ende gibt durchaus auch Anlass zur Trauer. Denn obwohl ich Marx mit einigem Wohlgefallen zitiert habe, muss man den Kapitalismus in mancher Hinsicht auch einmal über den grünen Klee loben. Es ist für mich unzweifelhaft, dass die weltweite Verbreitung des Kapitalismus sehr viel mehr Menschen genützt als geschadet hat. Durch seine Eigenschaft, kontinuierlich die Produktivität zu erhöhen, hat der Kapitalismus die Armut in der Welt tatsächlich dramatisch verringert: Lebten 1820 noch 85 Prozent der Weltbevölkerung von weniger als einem Dollar pro Tag – nach heutiger Kaufkraft –, so ist deren Anteil bis 1950 auf 50 Prozent zurückgegangen und beträgt heute rund 20 Prozent. Dabei ist zu berücksichtigen, dass sich die Weltbevölkerung in den letzten zweihundert Jahren mehr als versiebenfacht hat, von etwa einer Milliarde um 1800 über drei Milliarden im Jahr 1960 auf heute 7,3 Milliarden Menschen[14]. Selbstverständlich ergeben 20 Prozent von 7,3 Milliarden immer noch eine erschreckend große Zahl. Aber dennoch sollte unstrittig sein, dass erfolgreiches Wirtschaften menschliches Elend massiv verringert und in vielen Regionen der Erde darüber hinaus einen ungeheuren Wohlstand geschaffen hat. Der Durchschnittseuropäer etwa verbringt heute einen weitaus größeren Teil seines Lebens mit arbeitsfreier Zeit als die Angehörigen aller Generationen vor ihm.

Dass viele Menschen mit dieser Freizeit nichts mehr anzufangen wissen und sich im Wohlstand gleichzeitig irgendwie sinnentleert fühlen, auch daran ist der »Geist« des Kapitalismus, seine Forderung und Förderung des Konsumierens, gewiss nicht unschuldig. Andererseits ist ein sozioökonomisches System aber auch gar nicht »zuständig« dafür, uns glücklich zu machen. Es kann allenfalls die Voraussetzungen schaffen – Einkommen, Nahrung, Unterkunft, Gesundheit, Sicherheit usw. –, die uns ein gutes Leben erst ermöglichen. Was darunter konkret zu verstehen ist, muss anschließend jeder für sich selbst herausfinden.

Aber in der Schaffung dieser Voraussetzungen ist der Kapitalismus beispiellos erfolgreich gewesen, sodass – zumindest in den modernen kapitalistischen Ländern – eigentlich vernünftigerweise niemand behaupten dürfte, ein »erbarmungsloses Wirtschaftssystem« stünde dem menschlichen Glück entgegen, Materialismus und Konsumismus würden uns jeglichen Lebenssinns berauben.

Aber eben diese Klage reißt nicht ab. Seit Rousseau behaupten viele Intellektuelle immer wieder, dass der Kapitalismus die »wahren menschlichen Bedürfnisse« nicht zu befriedigen vermag. Und so ist es, der Befund ist zutreffend. Aber einen Kapitalismus, der die wahren menschlichen Bedürfnisse zu stillen verspräche, der wäre mir tatsächlich höchst suspekt. Das kapitalistische System enthält keine gesellschaftliche Utopie, niemand hat es geplant, und niemand versteht es wirklich. Niemand sollte es aber auch zu etwas anderem ummodeln, als es ist. Millionen auf dem Markt agierende Menschen sind das System. Deren Beziehungen unterliegen gesellschaftlichen Regeln, moralischen Geboten und staatlichen Gesetzen, denen mithin auch die Ökonomie unterliegen muss, die solche Regeln, Gebote und Gesetze niemals aus sich selbst hervorbringen könnte. Wo das versucht wird, wo sich die Wirtschaft, in Gestalt ihrer leitenden Manager, zur Gesetzgeberin aufschwingt, wo das »System« plötzlich von oben geplant und gelenkt wird, verlassen wir strenggenommen die Sphäre des Ökonomischen – und wiederholen gewissermaßen die Fehler der kommunistischen Weltverbesserer. Ökonomie wird zur Ideologie, die auch außerwirtschaftliche und unwirtschaftliche Interessen verfolgt, insbesondere die Interessen einer Clique von Mächtigen. Und das ist leider, was seit gut 30 Jahren passiert: die Abschaffung der Ökonomie durch ihre mächtigsten Befürworter.

Profiteure als Totengräber

Zu solchen Befürwortern, die mithin Profiteure und Totengräber zugleich sind, zählen eben auch die Lebensversicherer. Sie haben gewissermaßen den kapitalistischen Bogen überspannt. Durch die Finanzialisierung ihrer ursprünglich solidarisch angelegten Dienstleistung, die Umwandlung der Risikoabsicherung in ein Finanz- und Sparprodukt, haben sie auf Seiten aller Beteiligten Erwartungen geweckt, die – im Wortsinne – einem Größenwahn entsprechen. Alles wird, wie von selbst, immer mehr. Und die hohe Attraktivität dieses verlockenden Versprechens – »Volkskapitalismus« – schien seine Einlösung, wie in einem Schneeballsystem, zu garantieren. Alles wurde immer mehr. Immer mehr Kunden ließen das Anlagevermögen der Unternehmen über Jahrzehnte gigantisch anschwellen – ebenso ihre Macht, ihren Einfluss und nicht zuletzt das Einkommen der Mitarbeiter. Dieser »Erfolg« machte aber offenbar vergessen, dass die End-Verpflichtungen der Versicherer und auch ihre Kosten im Gleichschritt wuchsen. Damit dieses »Geschäftsmodell« weiterhin aufgeht, bedürfte es der Zauberei. Und da jeder weiß, dass ein solches Wunder ausbleiben wird, bediente und bedient man sich zahlreicher Taschenspielertricks – Strukturvertrieb –, um mit stetig wachsendem Neugeschäfts-Umsatz kurzfristig zu blenden und den Blick auf das langfristige Ergebnis zu vernebeln.

Mit Ökonomie hat das, wie schon erwähnt, nichts zu tun, und kapitalistisch ist das allenfalls in dem banalen Sinne, dass hier eine Menge Kapital eingesammelt wurde, das aber längst nicht mehr kapitalistisch – im Sinne von produktiv – eingesetzt, sondern sukzessive verbraucht wird. Mit solcher Abkoppelung der Finanzwirtschaft von der »realen« Produktivwirtschaft, mit der ständigen Vermehrung der Geldmenge durch Börsen, Banken und Versicherungen, der keinerlei reale Wertzuwächse mehr entsprechen, hat der Kapitalismus eine Fehlfunktion entwickelt, an der er über kurz oder lang zu Grunde gehen muss. Denn das »tote« Kapital, das ganz überwiegend nicht mehr investiert, sondern konsumiert und immer weiter angelegt – vermehrt – wird, hat eine eindeutig asoziale Emission – es zerstört das »Sittliche«, wie Goethe das genannt hat.

Schon heute übersteigen die Einkünfte aus Vermögenswerten die Arbeitseinkünfte um ein Vielfaches.[15] Was ein Geschäft, was Geld und Arbeit ist, welche Anstrengung lohnt und welcher Lohn für welche Leistung angemessen ist, lässt sich heute längst nicht mehr eindeutig bestimmen. Ohne solche allgemein akzeptierten und halbwegs verlässlichen Bestimmungen sind aber weder eine Wirtschaftsordnung noch ein staatliches Gemeinwesen aufrechtzuerhalten.

Angststarre

Desorientierung und die Unbestimmtheit dessen, was beispielsweise Geld und Arbeit noch wert sind, werden im Zuge der rasant fortschreitenden Digitalisierung massiv verstärkt. Die dadurch aufkommenden Ängste machen sich zunehmend Luft, nicht nur in den sozialen Medien, sondern auch auf der Straße und in den Wahllokalen, und fördern antiliberale – sprich: nationalistische, fremdenfeindliche – Tendenzen zu Tage, die den gesellschaftlichen Zusammenhalt bedrohen. Ressentiments, wohin man blickt, als sehnten sich die Leute ins Biedermeier zurück. Dabei könnten wir heute den Blick weiten wie noch nie zuvor.

Allenthalben herrscht jedoch Verunsicherung vor. Und mit jeder neuen Technik, mit jedem neuen Armutsbericht, mit jeder neuen Tarifrunde, ja, sogar mit jeder neuen Reformforderung wächst die Zahl der sozial Verängstigten, die um ihr Ein- und Auskommen fürchten – um den Erhalt ihrer Gesundheit, um ihre finanzielle Absicherung im Alter, um die Zukunft ihrer Kinder. Zwar leben wir in Deutschland in einem Sozialstaat, der sich qua Grundgesetz dazu verpflichtet hat, jedem Einzelnen in existentiellen Notlagen beizustehen, doch schwindet das Vertrauen in diese Garantie, weil immer mehr Vorbehalte gemacht werden – und zum Teil auch gemacht werden müssen, weil sich die gesellschaftlichen Koordinaten verschoben haben, im Vergleich zu jener Zeit, als diese Garantien gegeben wurden.

Dieser Vertrauensschwund ist alarmierend, wie ein Virus breitet er sich derzeit aus. Mangelndes Zutrauen zieht sich wie eine Schimmelschicht über den Staat, die Politik und zuletzt über das politische System insgesamt. Das erzeugt ein gefährliches Treibhaus-Klima der Angst, gefährlich nicht nur deshalb, weil Verängstigte für demagogische Heilsversprechen empfänglich sind, sondern auch, weil Angst und Misstrauen lähmen. Der Ängstliche wird jedes Risiko, alles Neue und Fremde scheuen und nur noch zu schützen versuchen, was er hat. Stillstand! Wagenburg! Zäune und Mauern.

Dass aber das Festhalten am Status quo in einer sich wandelnden Umwelt eine Art Selbstmordstrategie ist, lässt sich gerade an den im Industriezeitalter groß gewordenen Versicherungen beispielhaft veranschaulichen. Natürlich ist der Versuch, das Bewährte zu bewahren, zunächst einmal ein ebenso verständlicher wie berechtigter Impuls. Nicht alles, was geändert werden könnte, soll auch geändert werden. Es gehörte aber zumindest auf den Prüfstand. Doch stattdessen wird das Neue oftmals in die Dunkelkammer des Verdrängens gesperrt, weil es immer auch Gefahren birgt, denen man nicht gewachsen zu sein glaubt. Dabei wird mehrheitlich übersehen, dass neue technologische und gesellschaftliche Entwicklungen stets mindestens so viele Chancen und Möglichkeiten wie Risiken hervorbringen. Und im Falle der Digitalisierung, davon bin ich überzeugt, werden die positiven Effekte am Ende deutlich überwiegen.

DAS ENDE UND DIE ZUKUNFT – ALTERSVORSORGE UND VERSICHERUNGEN IM WANDEL

Digitalisierung: die Versicherungsbranche im Umbruch

Angesichts der grundstürzenden ökonomischen, technologischen, sozialen und demographischen Entwicklungen, die während der letzten 30 Jahre über uns hereingebrochen sind, entwickeln immer mehr Menschen eine Art Tsunamigefühl. Der »Fortschritt« schwemmt ihre Zukunft weg. Das erzeugt Angst.

Und wer Angst hat, findet kein Maß, woran er sich ausrichten könnte, und geht nicht selten denen auf den Leim, die versprechen, solche Ängste mit scheinbar einfachen Maßnahmen zu bannen.

Wir werden – wie in jeder guten Therapie – nicht umhinkönnen, uns dieser Angst zu stellen. Ihre Auslöser zu benennen. Zu überlegen, wie wir ihr begegnen, sie bekämpfen können. Handelnde Antworten darauf zu entwickeln. Andernfalls, so fürchte ich, werden Verunsicherung, Unmut und Unzufriedenheit entweder in abgrundtiefe Verzweiflung münden oder sich in handfesten sozialen Konflikten entladen.

Dabei ließe sich das Geschehen, das viele Menschen in Verunsicherung wirft, das ihnen ihre Gewissheiten nimmt, auch ganz anders erzählen, nicht als Bedrohungsgeschichte, sondern als ein gewissermaßen utopischer Fortschrittsroman. Wir stehen an der Schwelle einer Epoche, in der alle Menschheitsprobleme – Energieversorgung, Klimawandel, Armut, Hunger, Krieg – gelöst werden können. Sie halten das für Träumerei? Heillos naiv? Zugegeben, ein derart hoffnungsfroher Optimismus klingt extrem fremd – zumal nach den vielen schlechten Nachrichten, die ich bis hierher zu bieten hatte. Viel eher sind wir geneigt, uns als Opfer zu sehen – wovon oder von wem bloß? – und, so bequem wie möglich, den Weltuntergang zu erwarten. »Man kann ja sowieso nichts machen!« »Die da oben machen doch eh, was sie wollen.« Diese Haltung ist aber mindestens so befremdlich wie mein vermeintlicher Kinderglaube.

Viele von uns haben doch so viele »Wunder« ganz praktisch und hautnah miterlebt, dass unsere Hoffnung auf »Weltverbesserung« eigentlich unerschütterlich sein müsste. Wenn ich auf meine Lebenszeit zurückblicke, erscheint es mir, als hätte sich die Welt in den Jahrzehnten meines

Erdendaseins dramatischer verändert als in vielen Jahrhunderten davor. Und es ist nicht davon auszugehen, dass sich das Tempo der Veränderung in absehbarer Zeit verringern wird.

Kreative Zerstörung

Was wir heute im Zuge der Digitalisierung erleben, lässt sich als kreative oder »schöpferische Zerstörung« bezeichnen, ein Begriff, den der große österreichische Nationalökonom Joseph Alois Schumpeter vor gut 75 Jahren mit seinem Buch *Kapitalismus, Sozialismus und Demokratie*[1] in die Wirtschaftswissenschaft eingeführt hat.

Schumpeter ging davon aus, dass der Kapitalismus Gefahr läuft, an den Konsequenzen seines eigenen Erfolges zu Grunde zu gehen. Denn wer erfolgreich ist, tendiert zur Erstarrung. Der Kapitalismus konnte in den letzten 150 Jahren nur deshalb eine Erfolgsgeschichte schreiben, weil er dazu in der Lage war, sich stets aus sich selbst heraus weiterzuentwickeln und permanent zu verändern. »Der Kapitalismus«, so Schumpeter, ist »von Natur aus eine Form oder Methode der ökonomischen Veränderung und ist nicht nur nie stationär, sondern kann es auch nie sein.« Vielmehr sorge seine Veränderungs- und Anpassungsfähigkeit dafür, dass er »unaufhörlich die Wirtschaftsstruktur von innen heraus revolutioniert, unaufhörlich die alte Struktur zerstört und unaufhörlich eine neue schafft«. Dieser Prozess der schöpferischen Zerstörung sei »das für den Kapitalismus wesentliche Faktum«. Käme er zum Erlahmen, zum Beispiel durch Erstarrung auf Grund übermäßigen Erfolges, wäre die Wirtschaftsordnung insgesamt bedroht.

Wie für die Wirtschaftsform insgesamt, gilt dies auch für einzelne Unternehmen oder Branchen. Bedroht sind zuallererst diejenigen, die in eine unbewegliche Starre verfallen sind, weil sie sowohl an ihrer – bislang erfolgreichen – Strategie wie auch an ihrem Produkt und an ihrem Geschäftsmodell festhalten wollen; die nicht dazu in der Lage sind, sich zu verändern – ob aus Angst, auf Grund von kurzfristiger Profitgier oder weil sich Denkstrukturen verfestigt haben, die ein kritisches Hinterfragen des eigenen Handelns überhaupt nicht mehr ermöglichen.

Viele Geschäftsmodelle, auch das der Versicherungen, sind nicht mehr zeitgemäß. Immer mehr menschliche Tätigkeit wird durch Maschinen und Assistenzsysteme ersetzt. In weniger als zehn Jahren wird eine heute noch kaum vorstellbare Zahl an Berufen und Geschäftsfeldern überflüssig sein. Das bringt natürlich auch Verlierer hervor, die sich mit aller Macht dieser Entwicklung entgegenstemmen, unter anderem die großen, unbeweglichen, auf Kontrolle und Standardisierung setzenden Konzerne.

Solche Unternehmen befinden sich zurzeit in einem aggressiven Verteidigungsmodus, sie wollen den Status quo wahren und am liebsten alles so lassen, wie es ist. Was jahrzehntelang prächtige Gewinne hervorgebracht hat, soll möglichst lange weiterlaufen. Wer aber krampfhaft an alten Geschäftsmodellen festhält, wird scheitern – etwa so wie die großen Plattenlabels der Musikindustrie, die Schreibmaschinenhersteller oder die Versandhändler, die vergeblich versucht haben, sich dem Wandel zu verweigern, der dann einfach über sie hinwegrollte.

Ein ähnliches Schicksal steht heute den Versicherungskonzernen und vielen anderen »Big Playern« der Finanzbranche bevor. In einem offenen »Brief an junge Ökonomen«[2], der von *Spiegel Online* veröffentlicht wurde, hat der renommierte Management-Lehrer Fredmund Malik schon 2011 gewarnt, dass die damalige Finanzkrise nicht etwa überwunden, sondern nur ein Vorspiel gewesen sei: »Was an der Oberfläche für viele wie eine Wirtschaftskrise aussieht, sind in Wahrheit die Geburtswehen der neuen Welt, in der fast alles anders sein wird als bisher.« Dieser Übergang zu einer »neuen Gesellschaftsordnung« würde Management, Governance und Leadership vor »komplexeste Herausforderungen« stellen, die mit herkömmlichen Denkweisen und Methoden nicht zu meistern seien. »Schon in wenigen Jahren«, so Malik weiter, werde es deshalb »wahrscheinlich die Hälfte und mehr der heutigen Global-Fortune-500-Unternehmen« – also der umsatzstärksten Firmen weltweit – »nicht mehr geben«.

Der Kugelschreiber wurde nicht von einem Füllfederhalter-Hersteller erfunden, das E-Book nicht von Verlagen. Man müsse, so empfahl schon der Apple-Gründer Steve Jobs, das eigene Geschäftsfeld immer wieder selbst angreifen. Denn ein Anderer wird es irgendwann tun und mich damit vom Markt fegen.

Als beispielsweise die Traditionsfirma Kodak, Pionier und Marktführer der analogen Fotografie, pleiteging, weil man dort die Wucht des digitalen Wandels unter- und die eigene Stärke überschätzt hatte, kamen Firmen wie Instagram auf, die aber nur noch etwa ein Tausendstel der Mitarbeiter beschäftigten. Jobs im IT-Bereich, der ungleich effizienter ist als die analoge Wirtschaft, werden also die wegfallenden Arbeitsplätze nur zu einem Bruchteil ersetzen können.

Weniger Arbeitsplätze durch Digitalisierung

Aktuelle Studien renommierter Institute wie etwa der Oxford Martin School[3], aber auch der Fraunhofer Gesellschaft oder des MIT, kommen übereinstimmend zu dem Ergebnis, dass in den nächsten fünf bis zehn Jahren rund die Hälfte der uns heute bekannten Arbeitsplätze verschwunden sein werden. Alle Arbeit, die erkennbaren Regeln folgt – und welche wäre das nicht –, werde zunehmend auf Maschinen, Computeralgorithmen und intelligente Assistenzsysteme übergehen. Hier kündigt sich ein tektonisches Beben an, das Wirtschaft und Gesellschaft buchstäblich umwälzen wird.

Allein in der Versicherungswirtschaft arbeiten heute rund 450000 Menschen – 210000 als Angestellte und 228000 als selbständige Vermittler[4] – darunter Heerscharen von Sachbearbeiterinnen und Sachbearbeitern im Risikomanagement und Risikocontrolling, im Schadensmanagement, in der Vertragsabwicklung und der Vertragspflege, in der Buchhaltung und im Personalmanagement. Und was tun all diese Leute? Sie schauen auf Bildschirme und überprüfen, was viel zuverlässiger, schneller und genauer funktioniert als sie selbst; sie fungieren als menschliche Interfaces und geben Daten in Masken ein, die der Verkäufer oder der Kunde selbst in der Regel schon eingegeben hat (und sind damit übrigens die Hauptquelle der immensen Fehlbestände der Versicherer, weil derselbe Dammann, unterschiedlich geschrieben, mal mit einem »m«, mal mit einem »n«, plötzlich drei Verträge hat); sie treffen auch keine Entscheidungen mehr, sondern »entscheiden« nur, was die Software ihnen vorgibt.

Arbeitsplätze sind in allen Bereichen bedroht, wo die

Tätigkeit im Wesentlichen darin besteht, Muster zu erkennen und vorher festgelegte Regeln zu befolgen. Dort sind Algorithmen-gestützte Systeme den Menschen schon heute bei weitem überlegen. Nach den Fabriken, dort ist der Prozess schon sehr viel fortgeschrittener, wird die »Automatisierung« als Nächstes Versicherungen ebenso wie Banken, Steuer- und Unternehmensberater, Kaufleute und Sachbearbeiter treffen. Nach meiner Einschätzung sind 60 bis 80 Prozent dieser Arbeitsplätze akut bedroht.

Seit 2002 wurden in der Versicherungswirtschaft bereits fast 40 000 Arbeitsplätze abgebaut.[5] Und es werden immer mehr, fast im Wochentakt hört man immer neue Nachrichten über den Stellenabbau in der Branche. Das Online-Portal *Versicherungsbote* fasste im Frühjahr 2017 einige dieser Meldungen zusammen: »AXA streicht 800 Stellen, bei Talanx stehen 930 Jobs auf der Streichliste. Die Gothaer will 800 Stellen streichen, Ergo gleich 1800 Leute loswerden. Diese Zahlen [...] sind nur die aktuelleren Meldungen – ohne Anspruch auf Vollständigkeit.« Es stimmt, diese Liste ließe sich endlos fortsetzen, im Sommer 2017 kündigte etwa die Allianz Streichungen von Arbeitsplätzen an, 570 Stellen seien bereits eingespart, weiter 700 sollten folgen und ganze Standorte geschlossen werden.[6] Wenn Sie diese Zeilen lesen, wird sich eine Reihe von Stellenstreichungen bei Versicherungsunternehmen zu diesen Nachrichten hinzugesellt haben.

Das Consultingunternehmen McKinsey sieht in den kommenden 10 Jahren rund 40 Prozent der heutigen Versicherungs-Jobs durch die Digitalisierung bedroht.[7] Andere Branchenkenner reden von bis zu 50 Prozent.[8] Diese Einschätzungen beziehen sich, wohlgemerkt, nur auf den Innendienst, auf die bei den Versicherungsunternehmen angestellten Menschen. Rechnet man den Außendienst hinzu, dessen Tätigkeiten von den Möglichkeiten der Digitalisierung besonders betroffen sind, dann wird der Umbruch in der Branche noch um einiges härter werden.

Die einzige Möglichkeit für die Versicherer, den Epochenbruch der Digitalisierung zu überleben, ist, ihn aktiv mitzugestalten. Dafür ist es heute fast zu spät, aber die Einsicht, etwas verändern zu müssen, einen Change zu initiieren, wäre der erste Schritt.

Change: Wer sich ändert, gewinnt

»Wenn du etwas zwei Jahre lang gemacht hast, betrachte es sorgfältig! Wenn du etwas fünf Jahre lang gemacht hast, betrachte es misstrauisch! Wenn du etwas zehn Jahre lang gemacht hast, mache es anders!« Nein, dieser kluge Ratschlag stammt nicht etwa von Joseph Schumpeter, sondern von Mahatma Gandhi, er würde aber auch in jedes moderne Lehrbuch für strategisches Management passen. Flexibilität, Veränderungsfähigkeit und der Umgang mit Vielfalt – Diversity Management –, bei kleinen und mittleren Betrieben schon immer eine Art Überlebensgarantie, sind heute die wichtigsten Skills im sich weiter digitalisierenden Wirtschaftsleben.

Doch wenngleich diese Aussage auf allgemeine Zustimmung treffen dürfte, fällt es vielen Unternehmern und Managern, fällt es in Wahrheit auch den Meisten von uns schwer, die Einsicht in eine praktische Haltung zu übersetzen. Psychologisch ist es wohl eher so, wie es ein ganz anderer Denker als Mahatma Gandhi, der *Per Anhalter durch die Galaxis*-Autor Douglas Adams, einmal in einem Beitrag für die *Sunday Times* beschrieben hat: »Alles, was schon da ist, wenn man geboren wird, ist normal. Alles, was erfunden wird, solange man auf die 30 zugeht, ist unglaublich spannend und kreativ, und mit ein bisschen Glück kann man seine Karriere darauf aufbauen. Alles, was erfunden wird, nachdem man die 30 überschritten hat, empfindet man als gegen die natürliche Ordnung und als den Anfang vom Ende der Zivilisation, wie man sie kennt.«[9]

Diese lange letzte Phase in dem von Adams beschriebenen Prozess sollten wir uns abtrainieren, geistig möglichst unter 30 bleiben und akzeptieren, dass unser Leben und Arbeiten künftig durch ständige Veränderungen, Neuerungen, Einschnitte gekennzeichnet sein wird. Das Leben ist kein langer, ruhiger Fluss mehr. Und das ist gut so, wie jeder doch auch aus eigener Erfahrung wissen sollte. Was bleibt beispielsweise von einem Urlaub haften, in dem alles irgendwie in Ordnung war? Wetter gut, Essen genießbar, Sommer, Sonne, Strand. Nur wenig später werden Sie kaum noch angeben können, wo Sie gewesen sind. Wenn aber etwas Unvorhergesehenes, Überraschendes passiert, ob gut oder schlecht, spielt keine Rolle, werden Sie noch Jahre später detailreich davon erzählen. Es sind die Brüche, die Herausforderungen, Hindernisse, die erfolgreich überwunden werden oder an denen man scheitert, die das Leben gewissermaßen lebendig machen. Wenn jeder Tag wie der andere wäre, und viele erleben ihren Arbeitsalltag wohl leider so, verliefe das Dasein ziemlich öde.

Natürlich kann Veränderung auch Verschlechterung bedeuten. Dann muss eben weiter geändert werden. Aber selbst das Gute, das lange Zeit Funktionierende darf nicht statisch werden – wie wir anhand der Versicherungen gesehen haben und von Schumpeter oder Gandhi lernen können. Dynamik, Kreativität und Innovation sind der entscheidende Motor des wirtschaftlichen und gesellschaftlichen – auch des privaten – Lebens. Und es ist schon erstaunlich, dass diese »Binsenweisheit« sich im Management insbesondere großer Unternehmen noch viel zu wenig als Erkenntnis durchgesetzt hat oder reines Lippenbekenntnis geblieben ist. Geschlossene Strukturen verhindern Veränderungen und sind für jeden Querdenker tödlich.

Gut statt groß, flüssig statt fest

Die digitale Transformation, von der jetzt überall die Rede ist, wird nicht gemeistert, indem ich meiner Firma eine Internetpräsenz verschaffe und meine Mitarbeiter mit Laptops ausstatte, ansonsten aber alles beim Alten belasse. Nein, ich muss meine Unternehmensstrategie und mein Geschäftsmodell grundsätzlich in Frage stellen – man mag das in moderner Management-Sprache »Design Thinking« nennen. Anders gesagt: Um mich vor »kreativer Zerstörung« zu schützen, muss ich bereit sein – wie es schon der Apple-Mitgründer Steve Jobs empfohlen und praktiziert hat –, die Zerstörung selbst in die Hand zu nehmen.

Kurz, ich muss das »Alte« zur Disposition stellen. Und »alt« sind die bestehenden Strukturen und die bis heute weithin praktizierten Arbeitsweisen und Management-Methoden in der Tat. Die Begründer des modernen Managements, nach deren Lehren die meisten Unternehmen weiterhin geführt werden, wurden noch im 19. Jahrhundert geboren. Ihre damals bahnbrechenden Konzepte – beispielsweise die Optimierung der Arbeitsabläufe, Arbeitsteilung und Spezialisierung, die Budgetplanung, das Projektmanagement – haben die industrielle Revolution erst ermöglicht und waren über hundert Jahre die Grundsteine für unseren wirtschaftlichen Fortschritt. Es ist aber mehr als fraglich, ob sie in Zeiten der Digitalisierung noch zielführend sind. Selbst der US-amerikanische Management-Papst Gery Hamel fragt sich inzwischen öffentlich, ob wir »das Ende des Managements«[10] erreicht haben.

Versicherungsunternehmen beispielsweise sind von ihrer Organisationsstruktur her hierarchisch, diszipliniert und effizient, die Führung beruht auf der Kontrolle von oben nach unten und fordert auf allen Ebenen Verlässlichkeit und Vorhersehbarkeit. Für Kreativität und Innovation ist in einer solchen, auf Kontinuität angelegten Struktur kein Platz. Eine Weiterentwicklung, also etwa Ertragszuwächse, ist praktisch nur durch »Optimierung« oder Wachstum möglich. Darin liegt auch der Grund für die in allen Branchen seit Jahrzehnten zu beobachtenden Konzentrationsprozesse. Größe war ein Erfolgsgarant, nur wer seine »Economies of Scale« und »Economies of Scope« ständig verbessern, sich also Skalen- und Verbundvorteile sichern konnte, schien wettbewerbsfähig zu sein.

Und solche »Konzernisierung« schreitet weiter voran. Versicherer schließen sich zu »Gruppen« zusammen, immer mehr Auto- und Bekleidungsmarken versammeln sich unter dem Dach weniger, immer größer werdender Konzerne. Natürlich funktioniert das eine Zeitlang ganz ordentlich: Bessere Einkaufs- und Finanzierungskonditionen durch größere Volumina, sinkende Entwicklungs- und

Verwaltungskosten pro Einheit, Synergieeffekte durch die Nutzung gemeinsamer Plattformen können Effizienz und Erträge kurz- und mittelfristig tatsächlich steigern – allerdings auf Kosten der Flexibilität. Wenn sich nun aber, aus welchen Gründen auch immer, die Marktbedingungen oder die Kundenwünsche verändern, gibt es ein Problem. In einem sich zersplitternden und dynamisch wandelnden Markt, in dem die Nachfrage individueller wird und in dem es durch das weltweite Online-Angebot praktisch keine Zugangsbeschränkungen mehr gibt, verlieren große Anbieter schnell ihre Beweglichkeit. Welche Folgen das haben kann, mussten zum Beispiel die einst führenden deutschen Versandhändler Quelle und Neckermann schmerzlich erfahren. Während der Versandhandel früher von einer einstelligen Zahl relevanter Player dominiert wurde, drängten immer mehr Onlineshops mit ihren individuellen und zum Teil »coolen« Produkten auf den Markt – in Deutschland sind es schon weit mehr als 100 000 – und machten den Platzhirschen mit ihrem standardisierten Angebot die Kundschaft streitig. Viele kleine Anteile am Marktvolumen gingen verloren, ohne dass die »Tanker« kurzfristig gegensteuern konnten. Die bezahlte Ware blieb am Lager. Und da sich die Kosten dieser großen Organisationen nicht in gleicher Geschwindigkeit reduzieren ließen, wie ihr Absatz einbrach, rutschte man schnell in die roten Zahlen und musste Insolvenz anmelden – während die Umsätze des neuen Branchenriesen Amazon, dank eines konsequent digitalisierten Geschäfts- und Logistikmodells, salopp gesagt durch die Decke gingen.

Einen weiteren Beleg für die Tücken sattmachenden Erfolgs und ein geradezu tragisches Lehrstück darüber, wie überlebenswichtig es sein kann, das eigene Geschäftsmodell in Frage zu stellen – oder gar zu zerstören –, lieferte das oben schon einmal erwähnte Traditionsunternehmen Kodak. Über Jahrzehnte war die Firma Technologieführer auf dem Fotomarkt, ein Pionier, der die erste Kamera für Endverbraucher auf den Markt brachte und die Fotografie revolutionierte – und dann selbst Opfer einer Revolution wurde, die von der eigenen Entwicklungsabteilung mit angestoßen worden war. Schon 1975 hatte der Konzern eine Digitalkamera entwickelt, eine der ersten überhaupt, die neue Technik dann aber nicht zur Marktreife geführt, sondern gewissermaßen in den Giftschrank gestellt, um das florierende Geschäft mit Fotofilmen nicht zu gefährden. Statt in die Zukunft zu investieren und sich selbst neu zu erfinden, wurde das alte Geschäftsmodell verteidigt – mit fatalem Ausgang. Kodak wurde zur Geisel des eigenen Erfolges und verpasste den vom Unternehmen selbst mit in Gang gesetzten Technologietrend, den der japanische Konkurrent Fuji sofort erkannte und sich zügig entsprechend umstrukturierte. Wir kennen den Fortgang der Geschichte: Erst kamen die Digitalkameras; auf diesen Zug sprang auch Kodak dann verspätet und eher halbherzig auf. Als dann jedoch die Fotohandys den Markt eroberten, war das Geschäftsmodell von Kodak obsolet. Ob sich die fast 20 000 Mitarbeiter zu einem Abschiedsfoto versammelt haben, ist nicht überliefert.

Solche Verdrängungsprozesse haben sich in jüngerer Vergangenheit enorm beschleunigt und vollziehen sich in nahezu allen Branchen, auch in der Versicherungswirtschaft, die sowohl ihre »Produkte«, also im Grunde ihr Geschäftsmodell, als auch ihr Vertriebsmodell schleunigst überdenken sollte. Die Güte und das Image dessen, was ich anzubieten habe, sowie eine ausgeprägte Kundenorientierung spielen heute, in Zeiten der Netztransparenz, eine viel entscheidendere Rolle als meine Größe und die dadurch vielleicht zu gewährenden Preisvorteile. Sich auf vergangenen Erfolgen auszuruhen, ist mehr als gefährlich. Und auch die Erinnerung an die vielleicht noch gegenwärtig erzielten Erfolge wird sehr viel schneller verblassen als die guten alten Kodak-Abzüge in meinem Fotoalbum. Ich muss heute – und erst recht morgen – in erster Linie gut sein. Das kann ich auch als »Großer« schaffen, es bedarf dazu aber grundlegend neuer Managementprinzipien und einer innovationsfreundlichen Unternehmenskultur.

Change Management

Etwas Anpassungsfähigeres als das Internet ist kaum denkbar. Es ist geradezu gegenteilig organisiert wie ein nach klassischen Managementmodellen geleitetes Unternehmen. Es gibt keine Zentrale, sondern im Grunde nur Peripherie und eine dezentrale End-to-End-Logik. Und auch die Werte, die im weltweiten Netz vorherrschen, stehen den Regeln, denen ein durchschnittliches Unternehmen folgt, diametral entgegen: Offenheit, Transparenz, Zusammenarbeit, Modularität, Meritokratie, Freiheit. Damit sind zugleich die wesentlichen Voraussetzungen für Wandlungs- und Innovationsfähigkeit genannt. Wem es nicht gelingt, diese Werte in die unternehmerische Praxis zu integrieren, wird in der digitalen Wirtschaft nicht bestehen können.

Solche Anpassungsfähigkeit in strategischer »Wandelarbeit« systematisch auszubilden und nachhaltig zu gewährleisten, ist die Aufgabe eines heute überall geforderten Change Management. Einen Masterplan für das Change Management gibt es selbstverständlich nicht. Wandlungsfähigkeit zu fördern, kann nicht nach allgemein gültigen, gewissermaßen starren Regeln erfolgen. Jede Firma, jedes Unternehmen ist hier ein Einzelfall mit jeweils individuellen Besonderheiten, die berücksichtigt werden müssen, damit Innovations- und Anpassungsfähigkeit in einer Belegschaft wirklich verankert werden. Im Grunde geht es darum, aus einer Hierarchie ein Netzwerk zu machen, das – unter anderem – die folgenden Kriterien erfüllt:

> Vielfalt: Große Organisationseinheiten, etwa der Vertriebsapparat eines Versicherers, neigen zur Homogenität – die Leute denken ähnlich – und führen dazu, dass sich einzelne Mitarbeiter nicht mehr individuell verantwortlich fühlen. Anstatt also kleine Einheiten zu großen zusammenzuführen – das ist geradezu eine Lieblingsbeschäftigung von Managern –, sollte man eine Organisation in kleine Einheiten mit eigenen Kompetenzen zergliedern. Und auch innerhalb dieser Einheiten lässt sich für Vielfalt sorgen, etwa hinsichtlich des Geschlechts, des Alters, der Herkunft.
> Dezentralisierung: Damit ist mehr gemeint als bloß »flache Hierarchie«. Ziel wäre, dass auf allen Ebenen Veränderungen angeregt werden können. Meinungsaustausch und Debatten sollten durch geeignete Mechanismen gefördert werden.
> Flexibilität: Mitarbeiter brauchen mehr Eigenverantwortung, sowohl in der Ausgestaltung ihrer Arbeitszeit als auch bei der Zuteilung von Aufgaben und Ressourcen.

> Transparenz: Sowohl das Wissen und die Kompetenzen eines Betriebes wie auch alle betriebswirtschaftlichen Größen sollten auf einer internen Plattform – Wiki – versammelt, aufbereitet und für alle zugänglich gemacht werden.

Dies sind nur einige sparsame Hinweise darauf, was schon gegenwärtig – etwa bei den Versicherern – gefordert wäre. Selbstverständlich könnte man darüber hinaus auch eigene »Abteilungen« gründen – ein »Innovation-Lab«, ein »Digital-Lab« – oder ein Gründerzentrum – Inkubator – einrichten und mit Start-ups zusammenarbeiten, um dem Change-Prozess zusätzlichen Antrieb zu geben. Das hängt ganz von der Größe des Betriebs und der jeweiligen Branche ab. Die Extravaganz, sein halbes Management für ein Jahr ins Silicon Valley zu schicken, damit es sich dort für die Zukunft rüstet, kann sich natürlich nur ein wirklich Großer, wie die Springer AG, leisten. Entscheidend wird letztlich ohnehin sein, dass ein solcher Change-Prozess nicht etwa »nur« von außen – Consulting – oder »nur« vom Management angestoßen wird, sondern im Innern abläuft und möglichst von allen nicht nur mitgetragen oder in seiner Notwendigkeit akzeptiert, sondern aktiv begleitet wird.

Von all den genannten Voraussetzungen ist die Versicherungsbranche noch weit entfernt. Um zu veranschaulichen, wie weit, kann man auf ein Phasenmodell zurückgreifen, das einige Wirtschaftsautoren verwenden, um den Ablauf von Change-Management-Prozessen zu veranschaulichen. Es handelt sich dabei – fast möchte man sagen: ironischerweise – um ein Modell, dass die Schweizer Psychiaterin und als Sterbeforscherin weit über die Grenzen ihres Fachs hinaus berühmt gewordene Elisabeth Kübler-Ross Ende der 1960er Jahre entwickelt hat. In ihrem Buch *Interviews mit Sterbenden*[11] definierte sie fünf Phasen von mentalen Veränderungen bei Sterbenskranken. Zwar war es ihr selbst wichtig zu betonen, dass ihr Modell nicht auf Sterbende zu beschränken ist, sondern dass es sich vielmehr generell um unbewusste Strategien zur Bewältigung schwieriger Situationen handele, dennoch kann ich mir nicht verkneifen, die Analogie zur sterbenden Lebensversicherungsbranche hübsch zu finden.

Kübler-Ross' ursprünglich fünf Phasen – Nicht-wahrhaben-Wollen, Zorn, Verhandeln, Depression und Akzeptanz – wurden im wirtschaftlichen Kontext um einige wenige erweitert. Danach durchlaufen Unternehmen, die in schwierige Situationen geraten, etwa folgende Reaktionsstufen: Als Erstes setzt ein Schock (1) ein, dem die Verneinung (2), das »Nicht-wahrhaben-Wollen«, folgt. Da sich die Realität, beispielsweise in Gestalt konkreter Geschäftsergebnisse, aber nicht dauerhaft leugnen lässt, setzt Frustration (3) ein, die in Depression (4) mündet. Erst wenn dieses Tal durchschritten ist, kommt es allmählich sowohl zur rationalen Einsicht (5), wie auch zur emotionalen Akzeptanz (6), dass Veränderungen dringend erforderlich sind. Wenn alles gut läuft, kommt es dann anschließend zu einer Phase des Ausprobierens (7) und schließlich zur Integration (8) der sich beim Ausprobieren als brauchbar erwiesenen Ansätze.

So weit das Modell, das aus meiner Sicht tatsächlich recht gut veranschaulicht, was passiert, wenn eine gewachsene Struktur, wie ein Unternehmen oder eine Branche – und ganz besonders die Lebensversicherungsbranche –, in die Krise gerät. Bleiben wir also, nur kurz, bei diesem Modell und fragen, in welcher Phase sich wohl die Versicherer gerade befinden. Eine eindeutige, für alle gültige Antwort darauf gibt es meiner Einschätzung nach nicht. Viele Unternehmen stehen ganz am Anfang, haben den Schock der niedrigen Zinsen noch kaum überwunden und leugnen die Gefahr des Untergangs. Andere scheinen den Ernst der Lage zwar einzusehen, sind aber von einer Akzeptanz und der erst daraus motivierten und sich legitimierenden Veränderungsarbeit noch weit entfernt. Es wird hier und da geschraubt, hier und da weiter optimiert, aber das Geschäftsmodell wird weder in Frage gestellt noch gar angegriffen.

Der Veränderungsimpuls geht von den Kunden aus

Eine Reaktion der Versicherer auf die Digitalisierung kann nicht nur bedeuten, einfache, repetitive Tätigkeiten von der Maschine übernehmen zu lassen, eine Online-Präsenz zu schaffen oder den Beratern iPads zur Verfügung zu stellen. Wie ich eingangs in diesem Buch beschrieben habe, agieren die Versicherer immer mehr an den Bedürfnissen ihrer Kunden vorbei. Die Art, wie ihre Angebote gestrickt sind, wie sie arbeiten und wie sie Kunden ansprechen, ist mit den Erwartungen dieser Kunden einfach nicht mehr kompatibel. Die Folgen sind eine immer größer werdende Distanz zu den Kunden und ein massiver Vertrauensverlust.

Die Menschen verlangen heute aber, auch wenn es um ihre Altersvorsorge geht, nach digitalen Modellen, nicht nur die »Generation C«. Einer Umfrage von Pricewaterhouse-Coopers[12] zufolge würden zum Beispiel 80 Prozent der

Befragten einen so genannten Vorsorge-Manager, also eine App, die neben den gesetzlichen und betrieblichen Rentenansprüchen auch die private Vorsorge abbildet, gerne nutzen. Die Menschen möchten beim Thema Altersvorsorge vor allem Transparenz: Jeder Mensch möchte genau und im Zweifel auch schnell wissen, was er im Alter zu erwarten hat. Das können ihm heute weder staatliche Institutionen noch die Lebensversicherer liefern. Während in anderen Industrie- und Dienstleistungszweigen die Digitalisierung bereits weit fortgeschritten ist, hinken vor allem die Versicherer hoffnungslos hinterher. Ihre Kunden müssen sie quasi »zum Jagen tragen«.

Jahrelang sahen die Unternehmen keinen Anlass zur Veränderung. Die Geschäfte liefen doch gut, warum sollte man etwas anders machen? Die heftige Verweigerung der Digitalisierung wird heute auch mit der »staatlichen Regulierung« begründet, das höre ich immer wieder, wenn ich mich mit Branchenvertretern unterhalte. Immer neue Anforderungen wie Solvency II verlangten schließlich von den Versicherern, Gelder zurückzustellen, und blockierten damit Zukunftsinvestitionen. Ganz vergessen haben sie wohl, dass etwa die Agenda 2010 mit der Riester-Rente Milliarden in die Kasse gespült hat, die in der Folge aber nicht in Zukunftsinvestitionen geflossen sind, sondern in Provisionen, Vorstandsvergütungen – und natürlich in Belohnungen wie die berühmten »Lustreisen« nach Budapest. Aber klar, nicht nur bei Versicherern lautet die beliebteste Ausrede: Schuld haben immer die Anderen.

Immerhin, es ist etwas in Bewegung geraten. So traurig es für viele Menschen ist, die – noch – in der und für die Versicherungswirtschaft arbeiten, einige Vorstände haben inzwischen erkannt, dass sie ihre Unternehmen in Zeiten der Digitalisierung kräftig umbauen müssen. Dieses Umdenken kommt nicht etwa aus einem tieferen Verständnis dessen, was wir gerade mit der Digitalisierung erleben. Es kommt vor allem auf Druck der Kunden zu Stande, die den Versicherern in Scharen davonlaufen und andere Ansprüche haben. Für einige wenige Unternehmen besteht so wenigstens die Chance auf eine Erneuerung. Hunderte von Millionen Euro sollen in moderne Datensysteme investiert werden, Kooperationen mit Start-ups sollen das Geschäftsmodell neu aufstellen helfen. Was das aber konkret bedeutet, darüber geben die Leitenden keine Auskunft. Und ob der Umbau gelingen wird, steht in den Sternen. Fähige neue Mitarbeiter zu finden, wird auf dem umkämpften Markt für Digitalisierungsfachleute schwierig. Und die Qualifikation von Mitarbeitern, um sie für digitale Produkte fit zu machen oder sie, die dann doch näher am Kunden arbeiten als die Vorstände, gar an der Entwicklung zu beteiligen, lässt weiter auf sich warten. Fest steht: Wenn die Versicherer ihre Schockstarre, ihr Leugnen, ihre Frustration nicht überwinden, wird sie das Schicksal von Kodak ereilen.

Das Neue: Wie geht Versichern 4.0?

Auf der DKM in Dortmund, der größten deutschen Fachmesse für die Finanz- und Versicherungswirtschaft, war im Herbst 2015 scheinbar alles wie immer. Rund 280 Aussteller und knapp 20 000 Besucher ließen den Eindruck entstehen, hier präsentiere sich eine solvente, agile und gesunde Branche. Wer jedoch auf die Gespräche hörte, dem wurde schnell klar: Es herrschte eine tiefe Verunsicherung. Beispielhaft dafür war ein Disput unter zwei Schwergewichten: Als in einer Podiumsdiskussion der AXA-Chef Thomas Buberl ausführte, dass es in Anbetracht der weggefallenen Zinserträge strategisch angeraten sei, in der Altersvorsorge künftig nur noch die Lebensrisiken der Kunden, also Tod und Berufsunfähigkeit, abzusichern, weil sie sich den Investmentteil der Policen auch von spezialisierten Anbietern bereitstellen lassen könnten, erntete er von Allianz-Deutschlandchef Manfred Knof heftigen Widerspruch: »Das Gegenteil ist der Fall.« Es käme vielmehr auf die eigene Finanzstärke an, also darauf, ob der Versicherer seine Zusagen an den Kunden durch sein Sicherungsvermögen auch einhalten könne. Grünrot der eine, knallrot der Andere, kein Blau in Sicht – und auch kein Gedanke daran, dass man vielleicht etwas Anderes, etwas Neues machen könnte.

Das Andere, Neue war auf derselben Messe durchaus schon anwesend. Viele Aussteller – Makler-Pools und Software-Firmen – präsentierten smarte technische Gadgets, die den Stift oder gar die Anwesenheit eines Maklers bei der Vorsorgeberatung überflüssig machen, nicht aber die Versicherer, die solche Technik zum Teil mit entwickeln und zunehmend einsetzen. Weit bedrohlicher sind da schon einige so genannte Fintech- oder Insurtech-Firmen – »Fintech« steht für Finanztechnologie, »Insurtech« entsprechend für Versicherungstechnologie –, die sich erstmals auf der Messe zeigten und die Defizite der Branche offenlegten. Sie versprechen Vertragsabschlüsse auf dem Smartphone, intelligente Assistenzsysteme, Vertragsverwaltung in einer digitalen Akte, deutlich weniger Kosten. Doch die Versicherer gaben und geben sich nach wie vor selbstbewusst und behaupten, dass sie im Wettbewerb mit den Insurtechs bestehen können. Wenn sie sich da mal nicht irren. Erinnern wir uns an die großen Versandhändler. Wenn eine mit Investorengeldern reichbestückte Insurtech-Firma oder – noch ärger – ein branchenfremder Innovator, etwa ein Konzern wie Google, mit einem neue Geschäftsmodell den Markt aufrollt, wird es für die etablierten Versicherer eng; in Großbritannien ist Google bereits seit 2011 mit einem eigenen Versicherungs-Vergleichsportal auf dem Markt. Für die Vertreter und die unabhängigen Makler, an die sich die DKM hauptsächlich richtet, ist es bereits eng. Sie erkennen, dass ihr Provisionssystem ein Auslaufmodell ist. Noch geben sie sich zwar vorsichtig zuversichtlich, weil sie meinen, dass sie gegenüber den unsichtbaren Algorithmen den Vorteil hätten, ihren Kunden gewissermaßen »von Mensch zu Mensch« gegenüberzusitzen, die »persönliche Beratung« spiele immer noch eine große Rolle. Das dürfte jedoch eher ein Zweckoptimismus sein, wie er in der Phase der Verneinung (s. o.) sicher häufig vorkommt. Zwar mag es zutreffen, dass es auch künftig Leute geben wird, die ein persönliches Vertragsgespräch bevorzugen. Nehmen wir unser eigenes Verhalten als Maßstab, müssen wir aber wohl einräumen, dass die Gruppe dieser Menschen immer kleiner werden wird. Wie lange haben Sie, verehrte Leserin, lieber Leser, Ihren Vorsatz eingehalten, Ihre Bücher auf jeden Fall weiterhin beim Buchhändler um die Ecke und nicht etwa bei Amazon einzukaufen? Als Buchhändler jedenfalls würde ich nicht darauf bauen. Und wäre ich Makler, würde ich mich spätestens nach dem Besuch der geschilderten Messe nach Alternativen umsehen.

Die Intelligenz der Vielen

Gibt es auch für die Versicherer Alternativen? Oder sind sie dem Untergang geweiht? Für die Lebensversicherer, die auf Vorsorge-Produkte setzen, ist meine Antwort wohl klar geworden. No way out. Für den Rest der Branche ist der Ausgang noch offen. Um zu überleben, bedarf es aber eines konsequenten Change Management. Organisationsstrukturen, Geschäftsmodell, Produkte gehören auf den Prüfstand. Und um verlorenes Vertrauen zurückzugewinnen, muss sich die Branche wieder zum Solidaritätsprinzip bekennen, auf dem jede Versicherung ursprünglich aufbaute.

In Vertrieb und Verwaltung hat die Digitalisierung natürlich schon eingesetzt, auch wenn sie noch längst nicht so weit fortgeschritten ist, wie sie sein sollte. Von einer Automatisierung der Geschäftsprozesse kann noch nicht die Rede sein. Dabei wäre dies in handwerklicher und technischer Hinsicht noch eine der leichteren Übungen der strategischen Neuausrichtung. Online-Portale, Assistenzsysteme, Apps werden den provisionsgetriebenen Personen-Vertrieb sukzessive ersetzen und damit den heute hohen Vertriebskostenanteil für Versicherer wie Versicherte spürbar absenken. Willkommener Nebeneffekt: Avatare muss man nicht nach Budapest oder auf Kreuzfahrt schicken, um sie bei Laune zu halten.

Gerade in einer Übergangsphase sollten sich die Versicherer unbedingt die Intelligenz der Vielen zu Nutze machen. Denn neben der digitalen Transformation wird es vor allem darum gehen, neue Geschäftsmodelle zu entwickeln und neue, heute relevante Risiken abzusichern. Bei solcher Produktentwicklung ist aber nicht nur Fachwissen gefordert, sondern Kreativität – und Mut. Ein Beispiel: Um wie Amazon möglichst passende Kaufempfehlungen geben zu können, wollte der Streamingdienst Netflix wissen, welchen Film- und Fernsehgeschmack seine Kunden haben. Man ließ Algorithmen entwickeln, um der riesigen Datenmengen Herr zu werden, doch die Resultate blieben weit hinter den Erwartungen zurück. Schließlich schrieb Netflix einen Wettbewerb aus: Sollte es jemandem gelingen, die Algorithmen um zehn Prozent besser zu machen, wäre es der Firma eine Million Dollar wert. Hunderte Teams beteiligten sich daraufhin am Netflix-Challenge, doch auch nach zwei Jahren konnte kein einziges die Zehn-Prozent-Hürde nehmen. Schließlich kam das beste Team auf die Idee, sich mit dem zweitbesten zusammenzutun, um ihre Voraussagen zum Nutzergeschmack zu vergleichen. Nun sollte man meinen, wenn zum Besten etwas Schlechteres hinzukommt, kann sich das nur negativ auswirken. Tatsächlich passierte das Gegenteil: Das gemeinsame Resultat war deutlich besser und schaffte die Zehn-Prozent-Hürde. Diversität ist besser als die beste Lösung, kollektive Intelligenz besser als der klügste Mensch.

Versicherungswirtschaft im multiplen Wandel

Das Geschäftsmodell der Versicherungen ist seit mehr als 100 Jahren im Wesentlichen unverändert. Ebenso alt sind die meisten der versicherbaren Risiken: Feuer, Wasser, Krankheit, Unfall, Tod. Aber unsere Lebensumstände haben sich in dieser Zeit rasant und radikal gewandelt. Wer als Assekuranz-Unternehmen überleben will, wird sich verstärkt den heute wichtigen Fragen und Risiken zuwenden müssen: Bildung, Zugang zu Energie und Wasser, Mobilität, Datensicherheit, Produkthaftung im Internet der Dinge, Cyberrisiken – und vieles andere mehr. Hier öffnet sich den Versicherern ein weites Feld, das gegenwärtig noch weithin unbesiedelt ist. Hier die entsprechenden versicherbaren Risiken ausfindig zu machen und versicherungsmathematisch zu kalkulieren, sollte mit der heute vorhandenen Datenfülle kein Grundsatzproblem sein.

Um es noch einmal zu wiederholen: Wenn die Versicherer selbst es nicht tun, werden es andere machen. Diese Anderen sind in Wahrheit schon dabei, und sie müssen und werden nicht einmal als Versicherungen auftreten. Es wird Mischformen geben: zum Beispiel eine Schwarm-Versicherung, die als Teil der neuen Share-Economy das Solidaritätsprinzip mit digitaler Rechenpower zu neuem Leben erweckt. Um spezielle Risiken abzusichern, könnten wir heute ganz leicht wieder an die Anfänge des Versicherungswesens anknüpfen, ganz ohne die Dienste eines Unternehmens in Anspruch zu nehmen. Menschen mit einem ähnlichen Risikoprofil finden sich in Netzwerken zusammen und treffen Vereinbarungen zur gegenseitigen Absicherung für einen möglichen Schadensfall. Anders als beim Fundraising, wo in anderer Absicht schon Ähnliches praktiziert wird, müssten hierbei nicht einmal von vornherein Geld- oder Sachwerte bereitgestellt werden. Es bedarf lediglich verbindlicher Regelungen, wie ein eingetretener Schaden ausgeglichen wird, das heißt, wer welche Leistungen erhält und schuldet. Solche »Schwarmversicherungen«, die praktisch keine Kosten verursachen, sind technisch schon länger möglich und in anderen Bereichen bereits alltäglich.

Oder aber virtuelle Plattformen, auf denen sich Menschen auf lokaler Ebene miteinander absichern – wie einst genossenschaftlich –, ohne auf einen Versicherungskonzern angewiesen zu sein.

Neue Versicherer brechen alte Strukturen auf

Diese Zukunft hat bereits begonnen. Ein Start-up wie App-Sichern bietet Kurzentschlossenen mit einer App Unfallschutz-Versicherungen für ihren Ski- oder Surfurlaub an. Bei Friendsurance wiederum kann man über Facebook ein Sicherheitsnetz aus Freunden knüpfen, die sich bei kleineren Schäden untereinander aushelfen. Und für die Erdbebenregion um San Francisco haben Programmierer eine App entwickelt, mit der sich die Menschen im Katastrophenfall wechselweise benachrichtigen können, wenn sie Hilfe, Wasser, Babynahrung oder was auch immer brauchen – und damit zugleich dem Krisenstab wichtige Informationen liefern.

Solche und andere neuartigen Versicherungen mag man als Spielerei abtun, und sicher haben manche von ihnen auch etwas von einem witzigen »Gimmick«. So gibt es etwa bei AppSichern eine Karnevalsversicherung. Diese hätte sich beim ein oder anderen Narren im Nachhinein vielleicht als sinnvoll herausgestellt. Damit sich die Versicherung für den Anbieter wie für die Kunden aber lohnt, müssten viele Policen zusammenkommen. Als PR-Maßnahme hat die Karnevalsversicherung sicher ihren Zweck erfüllt, mehr aber auch nicht. Denn konkrete Situationen zu versichern, birgt für den Versicherer hohe Risiken. Ich kann mich erinnern, dass wir in meinem Ex-Unternehmen einmal eine neue Versicherung für »Aquarien, Paludarien und Terrarien«

eingeführt haben – eine Art Krankenversicherung für die dort gehaltenen Tiere. Davon wurde genau ein Stück verkauft, ein Riesenflop. Interessant werden solche Modelle erst dann, wenn sie günstig für den Kunden und den Versicherer sind, keine Verwaltung benötigen und sich als spezialisierte Long-Tail-Produkte individuell an die Bedürfnisse der Kunden anpassen.

Ein anderer Fall ist das Geschäftsmodell von Friendsurance. Es besteht darin, dass auf einen Zweitversicherer verzichtet wird. Das Unternehmen sagt: Wir bringen die Menschen zusammen, die sich miteinander verbinden und gegenseitig absichern. Die Gemeinschaft kommt füreinander auf. Passiert nichts, bekommen die Kunden einen Teil ihres Geldes zurück. Zugegeben, eine schöne Idee, die Makler und Versicherungsvertreter überflüssig macht. Andererseits verwendet Friendsurance im Prinzip das bestehende Versicherungsmodell und baut darüber nur eine zusätzliche Plattform – ähnlich wie es Lieferdienste wie Lieferando tun.

Nicht alle neuen Modelle sind bereits ausgereift. Es wird experimentiert, die Marktfähigkeit getestet. Das ist auch gut so. Denn was solche Selbsthilfe- und Mitmach-Initiativen auf jeden Fall tun: Sie brechen die verkrusteten Strukturen der Branche auf. Sie denken neu und nutzen dabei die Möglichkeiten des digitalen Zeitalters – und werden damit den Versicherungsmarkt kräftig durcheinanderwirbeln und – so steht zu hoffen – zugleich das Gesicht der Branche verändern.

Die Zukunft der privaten Altersvorsorge und die Rolle der Lebensversicherung

Die kapitalbildende Lebensversicherung in ihrer jetzigen Form hat keine Zukunft, sie liegt bereits auf dem Sterbebett. Da stellt sich die Frage, wie die private Altersvorsorge künftig organisiert werden kann.

Im Grunde müssen alle drei Säulen der Altersvorsorge mindestens reformiert werden, wobei der Begriff Reform noch viel zu schwach ist, um das Ausmaß dessen zu beschreiben, was verändert werden muss. Eigentlich müsste man das System von Grund auf neu aufbauen. Zunächst einmal gilt es aber, die Realitäten anzuerkennen. Die gesetzliche Rente gerät durch den demographischen Wandel zunehmend unter Druck. Sollen die Beiträge nicht ins Unbezahlbare steigen oder die Rentenleistungen nicht so weit sinken, dass eine massenhafte Altersarmut die Folge wäre, dann ist rein rechnerisch eine Anhebung der Lebensarbeitszeit nötig. Es gibt für diese Variante zahlreiche Befürworter, vor allem unter den Ökonomen. Für den Direktor des Instituts der deutschen Wirtschaft, Michael Hüther, ist ein Ausklammern dieses Themas langfristig für die deutsche Gesellschaft nicht erfolgreich; und für den Präsidenten des Deutschen Instituts für Wirtschaftsforschung, Marcel Fratzscher, ist die »Rente mit 70« eine Notwendigkeit. Anders könne das System nicht finanziert werden.[13]

Auf der anderen Seite sterben aber jedes Jahr hunderttausende Menschen vor dem Eintritt ins Rentenalter – etwa jeder sechste Verstorbene ist nach einer Erhebung des Statistischen Bundesamts unter 65 und jeder fünfte unter 70[14] –, je höher das Renteneintrittsalter, desto weniger Menschen kommen also überhaupt in den Genuss einer Altersrente. Es wäre also auch nicht »gerecht«, wenn die Altersgrenze auf Grund von mathematischen Berechnungen so weit erhöht wird, dass am Ende die »Überlebenden« eine angemessene Rente erzielen können auf Kosten derjenigen, die gar keine Rente mehr bekommen.

Diese Gerechtigkeitsdiskussion möchte ich im Grunde nicht führen, denn jede Seite hat mit ihrer Argumentationslinie recht, und eine einvernehmliche und »gerechte« Lösung oder einen Kompromiss, der eine Lösung für das Problem Altersarmut verspricht, kann es dabei nicht geben.

Da meiner Meinung nach auch die zweite Säule der Altersversorgung, die Betriebsrente, keine zukunftsfähige Lösung sein kann, muss die private Altersvorsorge weiter der Schlüssel sein, um der Bevölkerung einen Ruhestand ohne Altersarmut zu ermöglichen. Die Politik ist gefordert, dafür angemessene Rahmenbedingungen zu schaffen. Eine Reform des bestehenden Systems ist zwar schwierig, da man Bestandsschutz und Übergangsregelungen schaffen muss. Aber sie ist möglich.

Wie sollte die Altersvorsorge zukünftig organisiert sein?

Die heute stark auf die Versicherungswirtschaft fokussierte private Altersvorsorge funktioniert nicht, sie kann auch nicht funktionieren, wie ich zu zeigen versucht habe.

Meiner Meinung nach sollte die Altersvorsorge grundlegend neu gestaltet werden. Die umlagefinanzierte gesetzliche Rente wird auf Grund des demographischen Wandels ihre Finanzierungsprobleme auf Dauer nicht lösen können. Es ist also richtig, die private Altersvorsorge zu stärken. Doch muss diese unter gänzlich anderen Bedingungen aufgestellt werden, als dies heute der Fall ist. Die Wirtschaft hat sich verändert, die Altersvorsorge muss sich auch verändern. Die private Altersvorsorge muss daher deutlich flexibler werden, was die Anlageprodukte, die monatliche Anlagesumme, die Laufzeiten und die Möglichkeiten des Wechsels zwischen verschiedenen Modellen und Produkten betrifft. Die Flexibilität, die wir Menschen heute in unserer Arbeitswelt mitbringen müssen – viele Unternehmenswechsel, Projektarbeit, Wechsel zwischen Anstellung, Selbständigkeit und auch Phasen ohne Einkommen, muss sich auch in der Altersvorsorge widerspiegeln.

Jeder Mensch sollte eine freie Entscheidung darüber treffen können, wo er investiert und wie er investiert. Eine Subventionierung und Alimentierung einzelner Produkte, wie etwa bei der Lebensversicherung oder bei der Riester-Rente, halte ich für kontraproduktiv. Sie füllt die Kassen einzelner Anbieter und nimmt den Menschen die Freiheit, auch für sie sinnvolle Unternehmungen für die Altersvorsorge zu nutzen. So könnte der Vorgang des Sparens für ein Altersvorsorgemodell nicht bloß ein technischer Akt der Geldübergabe sein – ich gebe dem Lebensversicherer Geld, was er damit macht, darauf habe ich weder Einfluss noch Kenntnis davon –, sondern *sinnvoll* werden. Etwa indem man Vorsorgeprodukte wählen kann, die Zukunftstechnologien voranbringen, soziale Projekte unterstützen, selbst in den Bereichen von Pflege oder Altersvorsorge investieren.

Zukünftig werden fragmentierte Erwerbsbiographien die

Arbeitswelt bestimmen, die Menschen durchleben Phasen mit viel Einkommen, mit wenig Einkommen oder auch einmal solche ganz ohne Einkommen. Es macht daher auch keinen Sinn, jeden Monat den gleichen Betrag für die Altersvorsorge aufbringen zu müssen. Es muss möglich sein, nach seinen eigenen Möglichkeiten vorsorgen zu können.

Je flexibler und offener das System der privaten Altersvorsorge ist, je mehr Freiheit die Menschen haben, desto weniger groß ist auch die Gefahr, dass sie gar nicht erst damit anfangen – weil das Zutrauen fehlt, in unsicheren Zeiten regelmäßig eine größere Summe beiseitelegen zu können. Auf der anderen Seite besteht natürlich auch die Gefahr, dass man die Notwendigkeit der privaten Vorsorge nicht wahrnimmt.

Daher muss die Politik Anreize schaffen, dass die Menschen in ihre Altersvorsorge investieren. Wie kann das funktionieren? Der amerikanische Verhaltensforscher Richard H. Thaler und der Jurist Cass R. Sunstein haben dafür den Begriff »Nudge«[15] geprägt, was auf Deutsch so viel wie »Schubser« bedeutet – Thaler erhielt dafür im Jahr 2017 sogar den Nobelpreis für Wirtschaftswissenschaften. »Nudge« meint eine Methode, die andere dazu bringen soll, eine sinnvolle Entscheidung zu treffen, ohne Zwang auszuüben. Es müssen allerdings die richtigen Schubser – oder: Anreize – sein. Denn Anreize können eine schwer zu erfassende Eigendynamik entwickeln. Ein etwas skurriles Beispiel aus dem Mittelalter zeigt, welch seltsame Blüten Anreize (oder in diesem Falle: Sanktionen) treiben können: Während der Fastentage war es den gläubigen Katholiken damals nicht gestattet, Landlebewesen zu verzehren. Wassergetier war allerdings in Ordnung. So wurde dann der Biber kurzerhand zum Wassertier umdeklariert, danach bejagt, verzehrt und somit fast ausgerottet.

Zurück zur privaten Altersvorsorge: Die Politik muss Anreize schaffen, die einfach anzuwenden sind und gleichzeitig wenige Schlupflöcher zulassen. Andernfalls laufen sie ins Leere, weil sie entweder schlichtweg nicht genutzt werden oder weil sie ausgehebelt werden können. Welche Anreize könnten das sein? Die größte Wirkung ließe sich erzielen, wenn der Kunde bei Abschluss eines Altersvorsorgeprodukts – wie es bei der Lebensversicherung ja der Fall war und zum geringeren Teil noch ist – unterm Strich entlastet würde, z. B. durch Steuer- und/oder Sozialversicherungsfreiheit der Beiträge. Diese Entlastung muss aber deutlich unbürokratischer und flexibler geregelt sein als beispielsweise die »Rürup-Rente«. Wie dies anders gehen kann, hat Großbritannien in den 2000er Jahren gezeigt – dort wurden alle Ausgaben für die Vorsorge bis zu einer gewissen Höhe von Steuern und Abgaben befreit. Auch andere Modelle sind denkbar, etwa ein Versicherungsmodell, das sich in Hongkong einiger Beliebtheit erfreut. Ich werde darauf noch näher eingehen.

Kann die Lebensversicherung noch eine Rolle spielen?

Heute ist die Lebensversicherung – noch vor der Rentenversicherung, deren Geschäftsmodell abgesehen vom Risikoschutz dem der Lebensversicherung gleicht – immer noch *das* zentrale Element bei der privaten Altersvorsorge. Auch wenn es derzeit nicht danach aussieht, dass die Branche sich grundsätzlich zum Besseren hin verändert – und damit meine ich, dass sie die Bedürfnisse der Kunden ernstnimmt, Vertrauen zurückgewinnt und gleichzeitig ein tragfähiges Geschäftsmodell entwickelt – so ist es doch legitim, zu überlegen, wie ein solcher Wandel aussehen könnte und aussehen muss.

Welche Rolle könnten die Lebensversicherer zukünftig spielen? Für die Stabilität unserer bestehenden sozialen Sicherungssysteme sind das Absichern der Erwerbskraft (= biometrische Risiken) sowie die Altersvorsorge (= Sicherstellen von Einkommen und Vermögen nach der aktiven Erwerbstätigkeit) zentral. Aus gesellschaftspolitischer Sicht könnte der Rat an die Versicherer also sein: »Besinnt euch auf eure Kernmarke: die langfristige Anlage für die Absicherung einer Altersversorgung sowie die Absicherung von Risiken im Kollektiv.« Das liegt eigentlich auf der Hand. Ist dies doch eine der wesentlichen Unterscheidungen zwischen einer Lebensversicherung und anderen Anlageformen. Und so werden ja auch die Prioritäten der Kunden meist in den zig Varianten verschiedener Beratungs-Tools und -Ansätze widergespiegelt.

Um die Rolle ausfüllen zu können, muss die Branche aber zunächst verlorengegangenes Vertrauen zurückgewinnen. Ein wichtiger Punkt ist die aktive Arbeit am Image der Lebensversicherung und der Versicherungsbranche. Regulierung, Beratungsprotokolle, Credit Points und Weiterbildungen werden dagegen nicht helfen. Zu tief ist die traditionelle Vermutung »der will mir doch nur was andrehen« in unserer inter-subjektiven Erinnerung und Wahrnehmung verwurzelt. Der Rat sollte also lauten: »Geht auf eure Kunden ein – es geht nicht darum, schnellstmöglich möglichst viel zu verkaufen, sondern zu erfassen, was der Kunde benötigt.«

Um diese Ziele zu erreichen, gibt es sicherlich einige interessante Ansätze, die durch einzelne Unternehmen oder die gesamte Branche weiterverfolgt werden könnten. Durch die Digitalisierung und die damit einhergehende Bildung von Communities und Netzwerken wäre es prinzipiell möglich, Funktionen der Versicherung dem Kunden zu übertragen, indem dies über Communities und Algorithmen gesteuert wird. Damit sind nicht nur Verwaltungstätigkeiten gemeint, sondern echte Kernaufgaben wie Anlagenentscheidung, Underwriting, also das Prüfen und Einschätzen von Versicherungsrisiken, und die Festsetzung einer angemessenen Prämie. Beide Seiten könnten davon profitieren.

In virtualisierten Communities wird es möglich sein, sich kollektiv gegenseitig zu decken, man stelle sich nur Airbnb als Versicherung vor. Auch die Beratung wird sich zunehmend virtualisieren. Anlageentscheidungen könnten nach Likes, Erfahrungen, gewünschten und unerwünschten Anlageklassen etc. getroffen werden. Ab einer gewissen Größe würde dieses Schwarmverhalten auch Anlagemärkte direkt beeinflussen können. Für die Finanzbranche im Allgemeinen, aber auch für die Vorsorgebranche wird es also in naher Zukunft sehr viele umwälzende Entwicklungen geben.

Gibt es eigentlich attraktive Altersvorsorge-Produkte ohne Garantie?

Hier muss ich mit einem ganz klaren »Jein« oder »Kommt ganz darauf an« antworten. Einer der großen Vorteile der Lebensversicherung war es bisher, dass diese langfristige Garantien geben konnte. Durch die Art der bisherigen Anlage konnten im Regelfall attraktive Überrenditen jenseits des Garantiezinses erwirtschaftet werden. Noch im Jahr 2004 führte der Branchenverband GDV voller Stolz aus, dass man in einer Lebensversicherung Garantie, Rendite *und* biometrischen Versicherungsschutz bekomme und in der Kombination eigentlich alle bestehenden Anlagealternativen schlage.

Im Jahr 2018 ist diese Aussage nicht mehr haltbar: Die anhaltende Niedrigzinsphase zeigt, dass solche Finanzprodukte für dieses Zinsniveau nicht konzipiert wurden. Das Problem der niedrigen Zinsen betrifft allerdings nicht nur Garantieprodukte, sondern auch fondsgebundene Produkte. Für diese Produkte ohne Garantie kommt es immer darauf an, welche Rahmenbedingungen gegeben sind: Wie langfristig ist der Anlagehorizont? Sind weitere Risiken mitversichert, sodass man einen Teil der Vorteile quasi umsonst bekommt?

Ein Beispiel hierzu aus einem ganz anderen Markt: In Hongkong gibt es Produkte mit sehr hohen Abschlusskosten, die in den ersten beiden Jahren vom Sparanteil abgezogen werden. Die Sparanteile werden in Fonds investiert. Der typische Anleger in Hongkong wechselt gerne seine Investments, ein solcher Wechsel wäre innerhalb der Lebensversicherung kostenfrei möglich. Würde er dasselbe mit einem Fonds machen, hätte er jedesmal einen Ausgabeaufschlag zu entrichten. Für einen häufig wechselnden Investor lohnt sich damit das Engagement innerhalb des Versicherungsmantels. Er darf lediglich den Versicherungsmantel nicht verlassen, da er sonst die entrichteten Abschlusskosten (quasi »die Flatrate für den wilden Handel«) verliert.

Würde man versuchen, ein recht universell anwendbares Altersvorsorgeprodukt ohne Garantien – und nur ein solches kann wirtschaftlich Sinn machen – zu charakterisieren, müsste es die folgenden Eigenschaften haben: Langfristigkeit, Transparenz, Flexibilität und Kosten-Effizienz. Anlage- und Absicherungshorizont müssen langfristig sein, damit sich die Kosten des Versicherungsmantels vernünftig decken lassen. Ebenfalls ist nur mit einer längerfristig orientierten Anlage eine vernünftige Balance zwischen Risiko und Return zu erwirtschaften. Transparenz meint, dass dem Kunden diese langfristige Natur bewusst ist und bewusst gemacht wird und er daher eine informierte Entscheidung trifft. Flexibilität bedeutet, dass man Sparanteile zeitweise aussetzen kann, wenn beispielsweise die Situation dies erfordert. Das heißt aber auch, dass es dem Kunden klar ist, wie z. B. investiert wird. Darüber hinaus wäre es natürlich ideal, wenn das Produkt es gestatten würde, es an sich verändernde Lebenssituationen anzupassen.

Schließlich kann die Altersvorsorge in Zeiten der Digitalisierung deutlich transparenter, kosteneffizienter und individueller organisiert werden. Nicht nur die Verwaltung, auch die Kundenbeziehungen können digitalisiert sein. Ein Vertrieb über das Web, in dem die Plattform nur an die Stelle des Vermittlers gesetzt wird, erfüllt dieses Kriterium nicht. Das wäre eine falsch verstandene, zu kurz greifende »Digitalisierung«. Dabei können beispielsweise digitale Assistenten oder Avatare noch viel mehr: Sie können Tarife und Vertragsbedingungen vergleichen, und das mit einer unglaublichen Tiefe, die auch heutige Vergleichsportale nicht leisten können. Kunden könnten – ohne auf Vermittler oder Vertreter mit eigenen Interessen angewiesen zu sein und ohne sich mühsam durch Websites oder Vergleichsportale durcharbeiten zu müssen – Angebote direkt miteinander vergleichen, und zwar Angebote, die zu ihrer Lebenssituation passen. Es wird für Anbieter »digitaler« Vorsorgeprodukte sogar möglich sein, für jeden Kunden ein maßgeschneidertes Angebot mit individuellen Komponenten anzubieten. Es wird viel leichter sein, die Investments zu wechseln und immer wieder den eigenen Möglichkeiten und Bedürfnissen anzupassen. Nicht unwesentlich dabei ist, dass die Angebote deutlich kosteneffizienter sind als zum Beispiel heutige Lebensversicherungen. Interne Personalkosten bei den Anbietern werden deutlich eingespart, Vertriebskosten sinken erheblich, und Provisionen würden entweder ganz wegfallen, oder sie wären unabhängig von der Zahl der Abschlüsse einzelner zwischenhirngesteuerter Versicherungsverkäufer, die »überall, wo ein Licht brennt«, einen Kunden wittern. Diese Kosteneffizenz ist zum Vorteil von Versicherten und Versicherern, beide profitieren davon.

WAS TUN? – WIE SIE SICH AUF DEN CRASH VORBEREITEN KÖNNEN

Der Neustart: am Ende ein Anfang

Jetzt kommt der vielleicht schwierigste Teil. Es mag zunächst schleierhaft erscheinen, wie man aus all dem, was ich beschrieben habe, noch irgendwelche Chancen ableiten will. Geht nicht vielmehr alles den Bach runter? Versinkt nicht alles in purem Eigennutz und Korruption? Nein, das muss nicht sein, und das ist auch nicht so. Wer genauer hinschaut, wird nicht mehr nur in kleinen Nischen die Ansätze von etwas Neuem entdecken, das noch nicht wirklich konturiert ist, das aber unseren »Möglichkeitssinn« anregen und zum Mitmachen animieren sollte.

Um es blumig zu sagen: Jedem Ende – auch dem Ende der traditionellen privaten Altersvorsorge und dem Crash der Lebensversicherung – wohnt ein Anfang inne. Was genau da anfängt, hängt entscheidend davon ab, wie wir den Übergang gestalten, ob wir uns überhaupt aktiv daran beteiligen oder ihn wie ein »Naturereignis« bloß erdulden. Andere werden aktiv sein, so viel ist sicher. Es wird starke Beharrungskräfte geben, die mit aller Macht versuchen werden, die bestehende »Ordnung« aufrechtzuerhalten. Alle, die von dieser Ordnung profitiert haben, werden sich den notwendigen Veränderungen entgegenstemmen. Gerade für das Beharren auf dem Status quo ist ja die Versicherungsbranche bekannt. Und auch viele von uns, die nicht zu den Profiteuren gehören, haben – seien wir ehrlich – Angst vor Veränderung. Wir möchten lieber, dass es bleibt, wie es ist, es könnte ja noch viel schlimmer kommen.

Es wird schlimmer kommen, wenn wir dieser Angst nachgeben oder den Status-quo-Bewahrern das Feld überlassen. Deshalb der vielleicht wichtigste Ratschlag vorweg: Wir müssen aus unserer seit Jahren gepflegten Biedermeier-Idylle heraustreten und unsere Vorstellungen und Systeme endlich der Realität anpassen. Unsere im 19. Jahrhundert entstandenen sozialen Sicherungssysteme stimmen mit der heutigen Arbeits- und Lebenswirklichkeit nicht mehr überein. Nahezu die gesamte soziale Gesetzgebung, wie eben auch die Altersabsicherung, ist an einer Norm orientiert – Stichwort: Eckrentner –, die heute die Ausnahme ist: dem bis zum Renteneintrittsalter ununterbrochen bei einer Firma Festangestellten. Kurz, wir müssen das nicht mehr Passende beenden und etwas Neues anfangen.

Das gilt auch für die Kapitallebensversicherung, sie ist für die Altersvorsorge ungeeignet. Sie war es im Prinzip schon immer, sowohl als Geschäfts- wie auch als Sparmodell, und wurde lediglich durch externe Umstände, durch hohe Zinsen und großzügige staatliche Unterstützung – steuerliche Bevorzugung – am Leben erhalten. Sie ist heute für die Versicherer und vor allem für die Versicherten nur noch ein Risikofaktor. Während nun aber die Assekuranz-Unternehmen beginnen, aus den klassischen »Produkten« auszusteigen und sie in externe Gesellschaften auszulagern, verharren ihre Kunden weitgehend in Passivität. Ich möchte Sie ermutigen, diese Passivität zu überwinden und die Verantwortung für Ihre private Altersvorsorge und auch für die Risiken des Lebens selbst in die Hand zu nehmen und sie nicht deren Totengräbern zu überlassen.

Raus aus den Policen: Was Sie mit Ihrer Lebensversicherung tun können

Im Oktober 2016 fanden viele Kunden der »Neue Leben«-Versicherungsgruppe urplötzlich einen Brief im Briefkasten. In einem »Serviceschreiben« empfahl die Neue Leben ihren Kunden indirekt, sich von ihren Lebensversicherungs-Policen zu trennen, das Formular für die Kündigung hatte sie praktischerweise gleich mit in den Briefumschlag gepackt. Betroffen waren allerdings nur Verträge, die vor 2005 abgeschlossen worden waren und hohe Zinsen von bis zu vier Prozent versprachen. Sicher erinnern Sie sich: Der Aufschrei war riesengroß, Verbraucherschützer liefen Sturm gegen die Empfehlung, und der »Skandal« brachte es auf die Titelseiten der Print- und Onlinemedien.

Natürlich war es nicht die Absicht der Versicherung, ihre Kunden zu warnen, etwa vor einem sich anbahnenden

Crash. Die Neue Leben handelte im eigenen Interesse und wollte sich von ihren hohen Zinsverpflichtungen befreien. Sie wies ihre Kunden noch nicht einmal darauf hin, dass bei einer Kündigung auch die Risikovorsorge erlischt. Nein, an das Wohlergehen der Versicherten hatte der Verfasser dieses plumpen Empfehlungsschreibens sicher nicht gedacht.

Trotzdem bin ich der Meinung, dass für die Kunden einer Kapitallebensversicherung die Kündigung nicht die schlechteste aller Lösungen ist. Sie ist sogar für die allermeisten die beste Lösung – denn wie ich versucht habe darzulegen, steht das ganze Konstrukt auf tönernen Füßen und kann jederzeit auseinanderbrechen.

Raus aus den Policen!

Kommen wir also zur Gretchenfrage: Was sollten die Versicherten tun? Meine Antwort an alle, deren Lebensversicherung noch länger als zwei Jahre läuft, lautet: Raus aus den Policen! Kündigen Sie Ihren Vertrag. Denn es gibt alternative Anlageprodukte, die – angesichts der Krise der Lebensversicherung – bei weitem lukrativer und nicht unbedingt riskanter sind.

Mit dieser Empfehlung wende ich mich bewusst gegen den Rat der allermeisten »Finanzexperten«. Deren Argumentation scheint auf den ersten Blick ja auch viel beruhigender zu ein. Bei der Kündigung alter Verträge, so hört man allenthalben, sei mit hohen Abschlägen zu rechnen. Der bereits entstandene Renditezuwachs wäre zum Teil wieder verloren, die eventuell verbliebenen Erträge würden zusätzlich besteuert werden, und auf den Schlussanteil der

Überschussbeteiligung müsse man im Falle einer Kündigung ganz verzichten, weshalb es eher angeraten sei, die Policen beitragsfrei zu stellen. Das alles ist formal korrekt, war aber schon in der Vergangenheit reine Theorie. Ein Zuwarten, davon bin ich überzeugt, erhöht vielmehr das Risiko eines sehr viel größeren Verlustes. Rutscht ein Versicherungsunternehmen oder eine Run-off-Gesellschaft in die Insolvenz, können Sie als Versicherte schlimmstenfalls alles verlieren. Und verlieren werden Sie schon vorher. Denn um diesen Worst Case zu verhindern, wird es zuvor schon gesetzgeberische Maßnahmen geben, die Ihre bis jetzt noch vertraglich »gesicherten« Ansprüche empfindlich schmälern werden. Was alles passieren kann, habe ich Ihnen in diesem Buch zu zeigen versucht.

Auch die Rahmenbedingungen können sich schnell ändern. Ein Beispiel aus einer anderen Sparte der Versicherungsbranche kann das vielleicht illustrieren. Als ich jung war, hat man mir gesagt: »Du musst dich unbedingt privat krankenversichern, das ist viel günstiger als in einer Gesetzlichen zu sein.« Mittlerweile ist die private Krankenversicherung viel teurer als die gesetzliche – alles hat sich gedreht. Heute empfiehlt man uns: »Sie müssen unbedingt in dieser Lebensversicherung bleiben, denn Sie kriegen ja noch 3 Prozent Rendite. Die bekommen Sie sonst nirgendwo.« Das stimmt – noch. Doch was, wenn die US-Notenbank die Zinsen erhöht und die Europäische Zentralbank nachzieht? Was, wenn die Inflationsrate ansteigt? Ihre Lebensversicherung ist dann vielleicht von einer Sekunde auf die andere nichts mehr wert – und 3 Prozent Zinsen sind dann vielleicht nicht mehr viel, sondern wenig. So abwegig ist auch dieser Gedanke nicht. Daher mein Rat: Nehmen Sie

Ihr Geld lieber aus dem unberechenbaren System der Kapitallebensversicherung heraus, und nutzen Sie alternative Anlagemodelle für Ihre Altersvorsorge

Um Ihnen zu zeigen, welche der obengenannten Möglichkeiten Sie im Umgang mit Ihrer Kapitallebensversicherung haben und welche Konsequenzen daraus erwachsen, fasse ich sie kurz zusammen.

Die Lebensversicherung kündigen

Was passiert, wenn Sie ihre Lebensversicherung kündigen? Sie stornieren die Versicherung und bekommen die bis dahin eingezahlten Beiträge plus die im Vertrag festgelegten Garantiezinsen. Wer kündigt, macht unter normalen Umständen immer ein schlechteres Geschäft als jemand, der bis zum Ende der Laufzeit wartet. Denn vor allem die beim Vertragsabschluss fälligen Provisionen, aber auch die Verwaltungskosten werden auf die ersten Jahre der Laufzeit verteilt. Angenommen, Sie kündigen innerhalb der ersten fünf Jahre – dann haben Sie sich mehr damit aufgehalten, Makler- oder Vertreter-Provisionen abzubezahlen, als in Ihren eigenen Topf zu wirtschaften. Bis Sie einen Breakeven erreicht haben, sind Sie meist im siebten oder achten Jahr.

Allerdings haben wir haben seit Jahren keine normalen Umstände mehr. Die anhaltende Niedrigzinspolitik hat das ohnehin unsinnige Geschäftsmodell in eine tiefe Krise gestürzt, auch der Garantiezins geht immer weiter in den Keller. Niemand weiß, wie lange Ihr Lebensversicherer noch liquide ist. Ob die Krise anderer Versicherer Ihr Unternehmen mit in den Abgrund reißt. Ob der Staat es den

Unternehmen erlaubt, die Auszahlungen bei Vertragsende auszusetzen. Oder ob Ihr Versicherer ihre Police womöglich an einen ausländischen Investor verkauft und Sie im Falle einer Insolvenz dieses Investors noch nicht einmal auf den Schutzschirm der Protektor oder auf die Hilfe des Staates hoffen können. Ja, wenn Sie jetzt kündigen, bekommen Sie weniger Geld, als Sie es sich ursprünglich erhofft hatten. Aber Sie bekommen etwas. Und das ist immer noch mehr, als am Ende mit leeren Händen dazustehen.

Beitragsfreistellung

Bei einer Beitragsfreistellung setzen Sie die Zahlungen aus und zahlen entweder gar nichts mehr ein oder planen, Ihre Zahlungen irgendwann wieder aufzunehmen. Das bis dahin eingezahlte Kapital bleibt stehen und verzinst sich wie ein ganz normaler Sparvertrag. Das ist insbesondere dann interessant, wenn Sie noch einen hohen Garantiezins von über drei Prozent bekommen und der Markt – wie heute – solche Zinsen nicht mehr hergibt.

Ob sich eine Beitragsfreistellung lohnt, hängt davon ab, wie lange Sie warten müssen und wie hoch die Inflation ist. Denn in den meisten Verträgen gibt es jedes Jahr eine »automatische Beitragsanpassung«, die den Inflationseffekt ausgleichen soll. Das heißt, der Beitrag steigt jährlich um einen Prozentsatz, der über der Inflationsrate liegt, bei manchen Versicherungen auch um die vom statistischen Bundesamt offiziell benannte Inflationsrate.

Doch auch diese Ausführungen laufen unter der Maßgabe, dass die Zinsentwicklung positiv ist – und das ist sie nicht! Schlussendlich ist es Ihre Entscheidung, ob Sie lieber auf Nummer sicher gehen und die Versicherung kündigen – oder ob Sie darauf setzen, dass Ihr Versicherer Sie zum Ablaufdatum wie versprochen auszahlen kann und möglicherweise auch noch eine Überschussbeteiligung gewährt.

Verkauf der Lebensversicherung

Es gibt Firmen, deren Geschäftsmodell besteht darin, Lebensversicherungen von Kunden aufzukaufen und die Prämien weiter zu bedienen. Die Firma zahlt den ursprünglichen Kunden – also Sie – aus, und zwar meist besser, als es der Versicherer tun würde. Denn die Firmen spekulieren auf Folgendes: Der Vertrag hat beim Kauf einen bestimmten Wert, den sie an den Kunden gibt. Dann zahlt sie die Prämie weiter wie geplant und bekommt am Ende die gesamte Ablaufleistung. Die Differenz zwischen dieser und dem Kaufpreis ist Grundlage des Geschäftsmodells.

Für die Firma ist es aus finanzieller Sicht der beste Fall, wenn nach dem Verkauf und vor Ablauf des Vertrags der Kunde stirbt und die Todesfallsumme ausbezahlt wird – denn der Kunde, der die Versicherung ursprünglich abgeschlossen hat, bleibt die versicherte Person, auch wenn er die Police verkauft. Der Versicherer hat theoretisch ein finanzielles Interesse daran, dass der Versicherte stirbt. Er wettet dann auf dessen Tod. Ein Todesfall macht das Geschäftsmodell erst richtig interessant, weil die Todesfallleistung in der Regel immer höher ist als die im Erlebensfall. Das funktioniert natürlich nur, wenn die Firma sehr viele Verträge aufgekauft hat und nicht nur einige wenige.

Für Sie als Kunden sind die Kalkulationen der Käuferfirma natürlich nicht entscheidend, sondern die Summe, die Sie beim Verkauf ausgezahlt bekommen, und der Zeitpunkt, zu dem Sie den Betrag erhalten werden.

Risikoabsicherung und Altersvorsorge trennen

Jeder Mensch hat immer die Möglichkeit, eine Risikoversicherung abzuschließen und einen separaten Sparvertrag. Kombiniert man beides in einer kapitalbindenden Lebensversicherung, kann man nicht mehr erkennen, wofür man wie viel zahlt. Das ist das Entscheidende. Aus meiner Erfahrung kann ich sagen, dass man als Kunde immer einen Preisvorteil hat, wenn man Risikoversicherung und Sparen trennt und nicht gemeinsam abschließt.

Eine Kapitallebensversicherung ist eben einfach nur praktisch, ich habe beides in einer Tüte: mein Risiko versichert, und gleichzeitig bekomme ich, wenn ich nicht sterbe, mein Geld wieder. Dass das Geld, das ich am Ende bekomme, ohnehin mein Geld ist, unterschlägt man dabei gedanklich gerne. Es ist bequem, der Vermittler rechnet mir alles vor, ich muss nur ein Mal unterschreiben.

Was tun in welcher Lebenssituation

Welche der genannten Optionen kommt für Sie in Frage? Und welche Alternative gibt es dann für Sie, wenn Sie Ihre Lebensrisiken versichern wollen und wenn Sie privat für das Alter vorsorgen möchten? Für verschiedene Lebenssituationen gibt es unterschiedliche Möglichkeiten. Einige davon stelle ich Ihnen vor, quasi als Einstieg in eine weitergehende Betrachtung, die Sie dann unbedingt selbst vornehmen sollten. Die persönliche Situation eines jeden

Menschen ist einzigartig, und bei einer Anlageentscheidung müssen alle Eventualitäten berücksichtigt werden, auch bei der Entscheidung für oder gegen ein Altersvorsorgeprodukt. Diese Entscheidung kann Ihnen niemand abnehmen, auch ich nicht. Ich kann Ihnen nur raten, holen Sie weitere Informationen ein, machen Sie sich kundig.

Lebenssituation	Lebensversicherung	Risiko	Produkt	Anmerkung
kurz vor Rente	nicht kündigen	Altersvorsorge	besteht	Zeitraum zu kurz
Familie oder Immobilienfinanzierung	kündigen	Tod	Risikoversicherung	günstiger
Mitten im Berufsleben	kündigen	Erwerbsfähigkeit	Beruf- oder Erwerbsunfähigkeitsversicherung	Versicherungshöhe beachten
Mitten im Berufsleben	kündigen	Altersvorsorge	Investmentfonds	Garantiefonds
Mitten im Berufsleben / Vermögen vorhanden	Beitragsfrei stellen oder verkaufen	Vermögenssteigerung	Investmentdepot	Risikostreuung
Berufseinsteiger	Kündigen / nicht abschließen	Erwerbsfähigkeit	Unfallversicherung Berufsunfähigkeitsversicherung	Fokus auf das Risiko

Sie stehen kurz vor der Rente: Ihre Lebensversicherungs-Police haben Sie einmal abgeschlossen, um für den Ruhestand vorzusorgen, womöglich mit einem für heutige Verhältnisse hohen Garantiezins. Jetzt stehen Sie kurz vor der Rente. Da gilt es abzuwägen, ob und wie lange das System Kapitallebensversicherung noch – mit Abstrichen – funktionieren wird und ob Sie in der Kürze der Zeit Alternativen für die Altersvorsorge finden können. Je kürzer die verbleibende Laufzeit Ihres Vertrags ist, desto wahrscheinlicher ist es, dass Sie um einen Crash herumkommen. Läuft der Vertrag in den nächsten zwei Jahren aus, so ist es eine Überlegung wert, ihn zu behalten. Die Zeit ist zu kurz, um jetzt noch nach einer Kündigung eine geeignete Alternative zu finden. Läuft Ihre Police noch bis zu fünf Jahre, werden Sie wahrscheinlich auch keine bessere Möglichkeit für die Vorsorge finden, dennoch wird das Spiel dann irgendwann riskant.

Sie nutzen die Lebensversicherung als Absicherung für Ihre Familie bzw. für eine Immobilie: Nutzen Sie die Kapitallebensversicherung, um Ihre Familie im Todesfall abzusichern oder für eine Immobilienfinanzierung, dann kann es durchaus sinnvoll sein, sie zu kündigen. Das Todesfallrisiko können Sie in jedem Fall deutlich günstiger mit einer Risikoversicherung ohne Sparanteil versichern. Und angesichts der immer weiter sinkenden Renditen auf den Sparanteil der Kapitallebensversicherung bieten alternative Sparmodelle heute bessere Möglichkeiten.

Sie stehen mitten im Berufsleben – Risikoschutz: Sie stehen mitten im Berufsleben, und Ihre Lebensversicherung dient vor allem dem Zweck, sich gegen Berufs- oder Erwerbsunfähigkeit abzusichern – die meisten klassischen

Kapitallebensversicherungen berücksichtigen nämlich auch dies. Hier gilt Ähnliches wie beim vorher geschilderten Fall: Sichern Sie die Risiken einzeln ab, kommt Sie das günstiger. Versichern Sie sich also gegen Berufsunfähigkeit (das heißt, Sie können ihren aktuellen Beruf nicht mehr ausüben) oder Erwerbsunfähigkeit (das bedeutet, Sie können gar nicht mehr arbeiten gehen). Achten Sie dabei aber unbedingt auf die Versicherungshöhe, die monatliche Invalidenrente sollte ausreichen, um Ihren gewohnten oder angestrebten Lebensstandard zu ermöglichen. Für die private Altersvorsorge gibt es renditestärkere Modelle als die klassische Lebensversicherung.

Sie stehen mitten im Berufsleben (ohne Vermögen) – Altersvorsorge: Als Altersvorsorge hat die Kapitallebensversicherung ausgedient. Es gibt relativ sichere alternative Sparmodelle, die mehr Rendite versprechen. Eine Möglichkeit ist es, das mit der Kündigung frei werdende Geld in einen Investmentfonds zu stecken, am besten in einen Garantiefonds. Dessen Vorteil: Das Fondsvermögen kann zu vorher festgelegten Stichtagen nicht mehr unter ein erreichtes Niveau fallen. Natürlich fällt beim Garantiefonds die Rendite geringer aus als bei riskanten Anlagen. Doch wenn Sie heute noch kein Vermögen aufgebaut haben, dann möchten Sie für die private Altersvorsorge wahrscheinlich keinen Totalverlust riskieren. In jedem Fall ist ein Garantiefonds besser, als die Kapitallebensversicherung einfach weiterlaufen zu lassen. Eine Kündigung derselben ist daher kein Fehler.

Sie stehen mitten im Berufsleben und haben Vermögen – Vermögensaufbau: Verfügen Sie bereits über ein gewisses Vermögen und damit über eine »private Grundsicherung« im Alter, dann geht es Ihnen wahrscheinlich darum, dieses Vermögen weiter aufzubauen und den Ruhestand noch besser ausgestattet zu erreichen – sei es für eigene Aktivitäten oder für Ihre Familie. Die Kapitallebensversicherung kann Ihnen das nicht mehr bieten – Ihre zu erwartende Rendite wird weiter fallen. Überlegen Sie daher, sie zu beitragsfrei zu stellen oder zu verkaufen und den frei werdenden Betrag anderweitig zu investieren. Der Verkauf Ihrer Police wird Ihnen wahrscheinlich mehr einbringen, doch er braucht eventuell Zeit, und Sie müssen sich darum kümmern. Es ist also eine Frage der Abwägung, ob Sie verkaufen oder kündigen. Beim Vermögensaufbau können Sie es sich leisten, etwas mehr ins Risiko zu gehen, denn Sie haben ja bereits einen finanziellen Grundstock erreicht. Ein Investmentdepot bietet Ihnen beispielsweise die Möglichkeit, bessere Renditen als etwa bei einem Garantiefonds oder erst recht als bei einer Kapitallebensversicherung zu erzielen. Ich empfehle Ihnen, selbst zu entscheiden, wie Sie Ihr Geld investieren: in Aktien, Anleihen oder Immobilien? Im Mix mit Garantieprodukten? Und vor allem können Sie in Unternehmen investieren, an die Sie selbst glauben oder deren Ziele Sie unterstützen. Sie können also wirklich *sinnvoll* investieren.

Sie sind Berufseinsteiger: Wollen Sie als Berufseinsteiger finanzielle Engpässe vermeiden, wenn Sie zeitweise oder im Extremfall gar nicht mehr arbeiten gehen können, dann sichern Sie dieses Risiko konkret ab: mit einer günstigen Unfallversicherung oder mit einer teureren Berufsunfähigkeitsversicherung.

Die Entscheidung liegt bei Ihnen

Natürlich liegt jeder Einzelfall anders. Im Idealfall würde man für seine Police zunächst die – wie gesagt: theoretische – Gewinn- und Verlustrechnung aufmachen: Wie viele Beiträge habe ich eingezahlt? Wie hoch ist der Rückkaufwert bei einer Kündigung? Wie hoch ist die Ablaufleistung im Falle einer Fortführung des Vertrages und im Falle einer Beitragsfreistellung? Finden Sie diese Angaben nicht auf Ihrer letzten Standmitteilung, dann können Sie direkt bei der Versicherung nachfragen. Selbstverständlich werden Sie dann zu Ergebnissen kommen, die wie eine klare Handlungsanweisung anmuten. Vereinfacht gesagt: Eine Kündigung kommt Sie rechnerisch am teuersten, mit einer Fortführung des Vertrages stehen Sie am besten da, die Beitragsfreistellung liegt irgendwo dazwischen. Das Problem ist nur: Die beiden letzten Werte sind eben »theoretische« Größen, denn die Ablaufleistungen bei Fortführung oder Beitragsfreistellung sind Hochrechnungen, auf die es keinerlei Garantie gibt. Hier werden also gewissermaßen Äpfel mit Birnen verglichen – und was solche Hochrechnungen wert sind, hat die Zeitschrift *Finanztest*, wie oben berichtet, ja bereits beispielhaft ermittelt.

Fakt ist: Eine Rendite auf den Sparanteil der Beiträge gibt es praktisch seit Jahren nicht mehr und wird es auch in absehbarer Zeit nicht mehr geben. Dasselbe gilt für den so genannten Schlussanteil an der Überschussbeteiligung. Wo keine Überschüsse mehr erwirtschaftet werden, gibt es nichts zu verteilen. Und wo überhaupt noch Gewinne anfallen, werden die Unternehmen Mittel und Wege finden, als Erstes ihre Aktionäre zu bedienen. Deshalb mein Rat: Lassen Sie sich von den theoretischen Gewinnchancen nicht irreleiten, sondern retten Sie von Ihren eingezahlten Beiträgen, so viel Sie können! Wer seine Angehörigen absichern möchte, wählt eine günstige Risikolebensversicherung. Wer für sein Alter vorsorgen will, sollte das Finanzsystem möglichst ganz meiden, denn hier wird es auch künftig zu erheblichen Verwerfungen kommen. Wer das Armut-Reichtums-Gefälle reduziert sehen will, sollte sich überhaupt aus dem Renditerennen verabschieden, denn dieses Gefälle beruht fast ausschließlich darauf, dass die Einkommen aus Kapitalerträgen im Vergleich zu den Arbeitseinkommen über Jahre exorbitant gestiegen sind. Reicher werden so immer nur die Reichen.

In anderen Worten, auch wir als Verbraucher müssen dazu beitragen, einen grundsätzlichen Wandel aktiv mit anzustoßen und ihn zu gestalten. Dieser Wandel ist unvermeidlich und bitter nötig. Wenn wir unser Verhalten nicht ändern, werden es die großen, schwerfälligen Organisationen, etwa die staatlichen Institutionen, die Versicherungskonzerne oder die immer noch auf Verbrennungsmotoren setzenden Automobilbauer, erst recht nicht tun – und darüber zu Grunde gehen, wobei im buchstäblichen Fall der Versicherer auch unsere Ersparnisse verloren sind.

Mir ist bewusst, dass ich mich mit meinen scheinbar düsteren Prognosen dem Vorwurf des Alarmismus aussetze. Die einen werden sagen, ich würde maßlos und unverantwortlich übertreiben, andere könnten versuchen, mich mit meiner eigenen Branchenvergangenheit zu diskreditieren – und, sofern sie Humor haben, vielleicht die alte Wendehals-Weisheit des Wortakrobaten F.W. Bernstein zitieren: »Die schärfsten Kritiker der Elche waren früher selber welche.« Ja, manchmal, viel zu selten, lernt man etwas hinzu, wodurch frühere Einstellungen, Überzeugungen und Handlungen ins Zwielicht geraten. Aber solcher Erkenntnisgewinn fällt nicht vom Himmel und ist nie nur eigenes Verdienst, sondern verdankt sich vielen »Lehrmeistern«, die in anderen Zusammenhängen zu ähnlichen Ergebnissen gekommen sind wie ich – und ehedem, wie beispielsweise der vor dem Finanzsystem warnende George Soros, ganz eindeutig einmal Elche gewesen waren.

Füttern Sie nicht die Vorsorgeindustrie

Nach den Erfahrungen mit der Versicherungsbranche kann man zunächst nur raten, nicht blind in irgendein anderes, womöglich »neues« Produkt zu investieren. Zumindest so lange nicht, bis die Anbieter von Altersvorsorgeprodukten sich grundlegend verändert haben und dem Kunden dienen statt sich selbst.

Die Versicherer setzen inzwischen vermehrt auf fondsgebundene Lebensversicherungspolicen ohne festen Zinssatz. Ein Gewinn ist dabei nicht garantiert – lediglich die Rückzahlung der eingezahlten Beträge. Deren einziger Vorteil besteht im Versicherungsmantel, der Steuervorteile auf den Gewinn verspricht. Die Frage ist aber, wie lange das noch der Fall sein wird. Ich glaube, auch diese Steuervorteile wird die Bundesregierung in naher Zukunft kassieren. Denn warum sollte eine Versicherung einen Vorteil anbieten können, den eine Bank nicht gewähren kann? Über kurz oder lang wird die Ungleichbehandlung verschwinden – es wird noch ein Hype entstehen, ein Run auf die letzten steuerbevorteilten Produkte – ähnlich wie er bei der kapitalgebundenen Lebensversicherung im Jahr 2004 stattgefunden hat. Über die weiteren Nachteile der fondsgebundenen Lebensversicherungen habe ich bereits berichtet.

Grundsätzlich sollte man sich fragen: Warum sollte man einen solchen Vertrag mit einer Versicherung eingehen, wenn es auch direkt geht – denn dann fällt zumindest eine Partei weg, die profitieren möchte? Und warum sollte man der Versicherungsbranche derzeit überhaupt noch vertrauen? Gründe dafür finde ich nicht, jedoch viele Gegenargumente, die ich in diesem Buch aufgezeigt habe.

Vertrauen ist generell wichtig, wenn es darum geht, das eigene Geld zu verwalten, zu vermehren und das Auskommen für die Zukunft zu sichern. Wählen Sie sich Ihre Ratgeber in Sachen Altersvorsorge also mit Bedacht aus. Vertrauen Sie nicht einfach einer Bank, die Ihnen irgendeinen Anlagefonds aufschwätzen will. Diese haben genau wie Versicherungsmakler andere Interessen als Sie. Mit hoher Wahrscheinlichkeit wird eine solche Empfehlung nicht Ihnen dienen, sondern hat ganz andere Hintergründe. Selbst wenn sich bei Banken nicht die großen Abgründe auftun sollten wie etwa beim Vertrieb von Lebensversicherungen – seien Sie trotzdem gewarnt. Vor allem dann, wenn nicht transparent ist, warum welches Produkt im Portfolio gerade angeboten und empfohlen wird. Zwar betonen viele Anlageberater bei Banken und Sparkassen heutzutage, dass sie für einen konkreten Abschluss keinerlei Provision erhalten, doch es können andere Dinge im Hintergrund eine Rolle für eine Anlageempfehlung spielen. Die Incentives für die Berater kennen wir nicht.

Nehmen Sie Ihre Zukunft in die eigenen Hände

Wie müssen uns in Zukunft grundsätzlich von unserem gerade in Deutschland so verbreiteten Sicherheitsdenken verabschieden. Wenn Sie Geld anlegen, ist das nun einmal riskant. Wollen Sie für Ihren Ruhestand vorsorgen, dann kann ich Ihnen zuerst empfehlen, sich selbst mit den Möglichkeiten der Geldanlage zu beschäftigen. Schließlich handelt es sich um Ihr Geld. Geben Sie es nicht jemandem, dem Sie nicht vertrauen können und dessen Expertentum Sie nicht einschätzen können. Einmal zugespitzt gefragt: Würden Sie jemandem, den Sie auf der Straße treffen, 5000 Euro in die Hand drücken, wenn der Ihnen verspricht, Ihnen dafür in fünf Jahren 5500 Euro zurückzugeben? Kennen Sie den Anlageberater besser als den Mann auf der Straße – oder können Sie seinen Sachverstand und seine Interessen besser beurteilen?

Wer hier nicht mit einem klaren »Ja« antworten kann, dem rate ich, selbst Verantwortung für seine Zukunft zu übernehmen. Das betrifft auch Geldangelegenheiten. Zugegeben: Nicht jeder hat Spaß, sich damit zu beschäftigen. Es braucht Zeit, es braucht Geduld, es braucht Konzentration – und es ist anstrengend. Doch es lohnt sich. Überlegen Sie einmal, wie lange Sie gearbeitet haben, um das Geld zu verdienen, das Sie anlegen möchten. Da ist es nicht angemessen, seine Entscheidung mit möglichst wenig Aufwand zu treffen und einfach zu hoffen, dass alles gutgehen wird.

Wenn Sie für Geldangelegenheiten kein Händchen haben, müssen Sie einen Menschen finden, dem Sie vertrauen und dem Sie zutrauen, das Richtige zu tun – das ist schwer genug. Aber ich empfehle Ihnen, nicht einfach zur Bankfiliale um die Ecke zu gehen oder einem »sensationellen« Angebot im Internet zu folgen. Machen Sie sich vorab Gedanken, welche Kriterien erfüllt sein müssen, um jemandem in Gelddingen zu vertrauen.

Es existiert auch noch eine Alternative zur Geldanlage, die allem widerspricht, was die Experten raten: Geben Sie Ihr Geld aus. So ist zumindest sichergestellt, dass Sie direkt profitieren und das Geld nicht in undurchsichtigen Kanälen verschwindet oder das gewählte Anlagemodell crasht. Was die Zukunft bringt, ist offen. Viel offener, als sich das zumindest die Westdeutschen unter uns in den letzten 70 Jahren haben vorstellen können. Sie brauchen dabei kein schlechtes Gewissen zu haben. Das eigene Geld auszugeben ist sicher nicht die schlechteste Lösung.

Seien Sie mutig: Das Leben besteht nicht nur aus Risiken

Ein Kombinationsprodukt wie die Kapitallebensversicherung – da bin ich mir sicher – wird es zukünftig nicht mehr geben. Hier wurden zwei Dinge zusammengeworfen, die nicht zusammenpassen – mit fatalen Folgen für die, die in gutem Glauben für sich und ihre Angehörigen vorsorgen wollten.

Warum sollten Sie überhaupt noch auf den eigenen Tod wetten?

Ich stelle mir aber auch die Frage, ob es zukünftig noch eine Todesfallversicherung geben wird. Denn das Risiko, überraschend zu versterben, wird immer geringer. Die Lebenserwartung steigt, die medizinische Versorgung wird besser, die meisten Krankheiten haben wir zumindest in den westlichen Ländern inzwischen im Griff. Eine Risiko-Lebensversicherung folgt immer noch der Logik: »Wir sind Stahlarbeiter, Bergarbeiter mit relativ hohem Unfall- oder Berufsunfähigkeitsrisiko.« Für die meisten Menschen besteht das größte Risiko darin, zum Arbeitsplatz zu fahren und wieder zurück.

Ich kann mein Leben nicht komplett versichern, das geht nicht. Ich kann eine Versicherung als Solidargemeinschaft betrachten, der ich beitreten möchte. Wenn ich sie als Individuum betrachte, handelt es sich dabei immer um eine Wette. Doch bei einer Lebensversicherung will man die Wette ja gerade nicht gewinnen. Denn das Ereignis, auf das man setzt, ist der eigene Tod. Das heißt, Sie setzen Geld auf etwas und hoffen gleichzeitig, dass es nicht eintritt, eine höchst irrationale Angelegenheit. Und je höher die Wahrscheinlichkeit ist, dass Sie lange leben, desto weniger Sinn macht eine Risikolebensversicherung. Stattdessen könnten Sie Ihr Geld von vornherein in einen Sparvertrag einzahlen und nicht in eine Lebensversicherungspolice. Ab einem bestimmten eingezahlten Betrag gibt es einen Breakeven – dann hat man mehr angespart, als die Versicherung einmal ausbezahlen würde. Es stellt sich also generell die Frage: Ist Altersarmut ein Risiko, das man über eine Versicherung absichern sollte? Oder reicht doch ein Sparvertrag, den man überall abschließen kann, oder eine andere Art der Vorsorge wie die von mir obengenannten Alternativen, die nichts mit einer Versicherung zu tun haben?

Und doch gibt es Menschen, für die ist eine Risikolebensversicherung geeignet. Das hängt zum Beispiel vom Beruf ab oder davon, ob man ein riskantes Hobby betreibt, sei es nun Paragliding, Tauchen, Motorradfahren ... Auch für den Hauptverdiener einer vielköpfigen Familie, die gerade ihre Immobilie mit sehr hohen Rückzahlungsraten abbezahlt, kann sich ein Todesfallschutz lohnen, damit die Familie im Unglücksfall nicht in die Armut abstürzt. Das ist der klassische Fall für eine Risikolebensversicherung. Dafür war sie ursprünglich gedacht, und alleine dafür ist sie auch sinnvoll.

ZUM SCHLUSS

Dass die private Altersvorsorge, vor allem die vom Staat mit Steuervergünstigungen geförderte Kapitallebensversicherung und Produkte wie Riester- oder Rürup-Rente heute dermaßen unter Druck geraten sind und jeden Moment zu platzen drohen, dafür können die Bürgerinnen und Bürger – gleichzeitig Kunden der Versicherungsunternehmen – am allerwenigsten. Trotzdem sind sie es, die schon heute die größten Opfer bringen, weil ihre Rendite von Jahr zu Jahr schrumpft. Läuft alles so weiter wie bisher, dann wird der Preis, einem von Politik und Finanzexperten empfohlenen, aber von Grund auf unsinnigen Vorsorgeprodukt vertraut zu haben, noch viel größer sein: Die Folge wäre, unverschuldet in Altersarmut abzurutschen. Und dieses Schicksal droht nicht nur einigen wenigen Menschen in diesem Land, es droht fast allen, die ihre Altersvorsorge auf Basis der kapitalbildenden Lebensversicherung geplant haben. »Alt, arm und abgezockt«, das wäre dann nicht nur der Titel dieses Buches, sondern bittere Realität.

Die Verursacher und Unterstützer dieser Entwicklung habe ich genauso benannt wie deren Interessen und das System, das dahintersteckt. Der eigentliche Skandal aber ist, dass all das, was ich in diesem Buch geschildert habe, schon lange bekannt ist.

Die Versicherer wussten bereits vor Jahrzehnten, als sie lang laufende Lebensversicherungs-Policen mit hoher Verzinsung angeboten haben, dass sie dies in arge Schwierigkeiten bringen könnte – oder dass sie die Versprechungen ihren Kunden gegenüber keineswegs würden einlösen können. Es war ihnen schlicht egal, für sie zählte nur der kurzfristige Profit. Erst jetzt, wo offensichtlich wird, dass das System der Lebensversicherung die Unternehmen in einen Crash treibt, sehen sie ein, dass etwas falsch läuft. Doch die gut ausgebildeten und hochbezahlten Unternehmensführer sind nicht in der Lage, eine Vision zu entwickeln, die ihre eigene Zukunft und die ihrer Kunden wieder positiv gestalten kann. Das ist unprofessionell und nicht akzeptabel.

Auch die Politiker, egal welches Parteibuch sie in der Tasche haben, wissen seit Jahrzehnten – darüber kann es angesichts von demographischen Berechnungen überhaupt keinen Zweifel geben –, dass das System der Altersvorsorge an seine Grenzen gestoßen ist. Politiker sind nun einmal Meister im Schönreden, und dieser Linie bleiben sie gerade beim Thema Alterssicherung bis heute treu. Auch das ist – schließlich handelt es sich um vom Volk gewählte und dem Volk verpflichtete Vertreter aller Bürgerinnen und Bürger – einfach nur enttäuschend.

Was bleibt Ihnen, als Bürger und Kunden der Versicherer, da noch zu tun? Wie können Sie, die sehr viel Vertrauen und Geld in die Handelnden investiert haben und enttäuscht wurden, einen Beitrag dazu leisten, eine Wende bei der Alterssicherung auf den Weg zu bringen? Nun, aus dem sozialen Rentensystem kommen Sie als Bürger nicht heraus. Sie haben allein die Möglichkeit, gemeinsam mit anderen Politik und Versicherungsunternehmen unter Druck zu setzen, damit endlich eine Reform oder noch besser eine Neuaufstellung der Altersvorsorge in Gang gesetzt wird.

Mir scheint, als bleibe nur eine Möglichkeit: Schließen Sie keine neuen Versicherungen für Ihre Altersvorsorge mehr ab. Reiten Sie nicht weiter ein totes Pferd, und kündigen Sie Ihre bestehenden Versicherungen. Steigen Sie aus dem System aus. Nur so, befürchte ich, kann auch bei den Verantwortlichen ein Umdenken erzwungen werden.

Sicher, wenn die Menschen massenhaft aus dem aktuellen System der privaten Altersvorsorge aussteigen, wird es Verwerfungen geben, es wird eine Krise hereinbrechen, die nicht nur manchem Versicherer endgültig den Todesstoß versetzen wird. Schuld am Untergang sind aber nicht die Kunden, die sich zurückziehen, sondern die Unternehmen selbst. Sind diese nicht in der Lage, ihren Kunden zu dienen, dann erfüllen sie auch nicht den Zweck ihres Wirtschaftens und haben damit ihre Existenzberechtigung in einer Marktwirtschaft verloren.

Es bleibt zu hoffen, dass eine Debatte über die Zukunft der privaten Altersvorsorge – ebenso wie eine über die staatliche Rente – nicht erst in Gang gesetzt wird, wenn es zu spät ist und immer mehr Menschen im Alter darunter leiden müssen. Je offener die Diskussion, je heftiger der Streit, je konträrer die Positionen, desto besser. Und noch wichtiger ist, dass alle, Bürgerinnen und Bürger, Politiker, Interessensverbände, Journalisten, gerne auch die Versicherer selbst, sich an dieser Debatte beteiligen, ohne Scheuklappen und ohne bloß Besitzstandswahrung zu betreiben.

Lassen Sie uns damit beginnen, es steht nicht »nur« die Zukunft der Altersvorsorge auf dem Spiel, sondern nichts weniger als die Zukunft unserer Gesellschaft!

DANK

Dass ich dieses Buch in Angriff genommen habe, verdanke ich vielen lieben Menschen in meinem Umfeld, die mich ermutigt haben, insbesondere jedoch Jürgen Diessl, dem Verlagsleiter des Econ Verlags, der mich gewissermaßen dazu angestiftet hat. Ebenso großer Dank gebührt Rüdiger Dammann, ohne den ich das Abenteuer »Autorenschaft« nicht einzugehen gewagt hätte. Wo immer der Text gelungen ist, ist das sein Verdienst, für Fehler und die weniger gelungenen Passagen bin ich verantwortlich.

ANMERKUNGEN

EINLEITUNG

1 Alina Schadwinkel: »100 Jahre? Sind doch kein Alter.« *Zeit Online*, 30.05.2017. Online: www.zeit.de/wissen/gesundheit/2017-05/lebenserwartung-deutschland-demografie-alter-jahrgang-mann-frau
2 Deutsches Institut für Wirtschaftsforschung, Zentrum für Europäische Wirtschaftsforschung: *Entwicklung der Altersarmut bis 2036. Trends, Risikogruppen und Politikszenarien.* Studie im Auftrag der Bertelsmann Stiftung, Gütersloh, Juni 2017
3 »Altersarmut trifft Frauen besonders hart.« *Zeit Online*, 26.06.2017. Online: www.zeit.de/gesellschaft/zeitgeschehen/2017-06/studie-bertelsmann-altersarmut
4 Britta Langenberg: »Lebensversicherer kürzen Privatrenten«. *Capital*, 22.08.2017. Online: www.capital.de/dasmagazin/lebensversicherer-kuerzen-privatrenten.html
Herbert Fromme: »Generali kürzt Privatrenten«. *Süddeutsche.de*, 02.07.2017. Online: www.sueddeutsche.de/wirtschaft/2.220/lebensversicherung-generali-kuerzt-privatrenten-1.3570078

5 »Die Spareinlagen sind sicher«. *Spiegel Online*, 05.10.2008. Online: www.spiegel.de/wirtschaft/merkel-und-steinbrueck-im-wortlaut-die-spareinlagen-sind-sicher-a-582305.html
6 Stefan Bielmeier: »Vermögen der Deutschen wächst auf 5,7 Billionen Euro«. *Focus Money Online*, 06.01.2017. Online: www.focus.de/finanzen/experten/bielmeier/geldanlage-vermoegen-der-deutschen-waechst-auf-5-7-billionen-euro_id_6452234.html
7 Karsten Seibel, Martin Greive: »Krisenpolitik der EZB – Nullzins-Ära bringt Sparer um 200 Milliarden Euro«, *Welt am Sonntag*, 10.4.2016. Online: www.welt.de/wirtschaft/article154173309/Nullzins-Aera-bringt-Sparer-um-200-Milliarden-Euro.html
8 Protektor AG: »Protektor erfüllt Anforderungen der Aufsichtsbehörde – Gesellschafter haben Kapitalrücklage fristgerecht eingezahlt – Wandel zu einem funktionsfähigen Lebensversicherungsunternehmen abgeschlossen«. Berlin, 21.10.2003. Online: www.protektor-ag.de/en/protektor-erfuellt-anforderungen-der-aufsichtsbehoerde-gesellschafter-haben-kapitalruecklage-fristgerecht-eingezahlt-wandel-zu-einem-funktionsfaehigen-lebensversicherungsunternehmen-
546
9 »Viridium schließt Bestandsübernahme von Protektor ab«. *Versicherungswirtschaft heute*, 02.08.2017. Online: http://versicherungswirtschaft-heute.de/unternehmen-management/viridium-schliesst-bestandsubernahme-von-protektor-ab/

DIE KRISE DER PRIVATEN ALTERSVORSORGE

1 »Mindestlohn reicht nicht für Rente oberhalb der Grundsicherung«. *Zeit Online*, 23.04.2017. Online: www.zeit.de/politik/deutschland/2016-04/altersarmut-rente-mindestlohn-gewerkschaften

2 Dietrich Creutzburg, Kerstin Schwenn: »Warum sich eine Betriebsrente lohnen kann«. *FAZ.net*, 01.06.2017. Online: www.faz.net/aktuell/finanzen/meine-finanzen/vorsorgen-fuer-das-alter/altersvorsorge-warum-sich-die-betriebsrente-lohnen-kann-15041332.html

3 Deutsche Bundesbank: *Finanzstabilitätsbericht 2016*. Frankfurt am Main, 11.11.2016, S. 51. Online: www.bundesbank.de/Redaktion/DE/Downloads/Veroeffentlichungen/Finanzstabilitaetsberichte/2016_finanzstabilitaetsbericht.pdf?__blob = publicationFile

4 »Betriebsrentenstärkungsgesetz: Das ändert sich!«. *Life PR*, Pressemitteilung BoxID 655965, Düsseldorf, 01.06.2017. Online: www.lifepr.de/pressemitteilung/arag-se/Betriebsrentenstaerkungsgesetz-Das-aendert-sich/boxid/655965

5 Bertelsmann Stiftung: »Wandel der Arbeitswelt lässt Altersarmut in Deutschland steigen«. 26.06.2017. Online: www.bertelsmann-stiftung.de/de/themen/aktuelle-meldungen/2017/juni/wandel-der-arbeitswelt-laesst-altersarmut-steigen/

6 Philipp Krohn: »Versicherungsvertreter – kein Beruf ist unbeliebter«. *FAZ.net*, 02.04.2010. Online: www.faz.net/aktuell/wirtschaft/versicherungsvertreter-kein-beruf-ist-unbeliebter-1950704.html

7   Repräsentative Emnid-Umfrage im Auftrag von Friendsurance, Juli 2014. »Friendsurance-Umfrage: Deutsche genervt von Versicherungen«. *Asscompact*, 11.08.2014. Online: www.asscompact.de/nachrichten/friendsurance-umfrage-deutsche-genervt-von-versicherungen
8   »Lebensversicherung – Neugeschäft schwächelt, doch GDV gibt sich standhaft«. *Versicherungsbote*, 26.1.2017. Online: www.versicherungsbote.de/id/4850485/Lebensversicherung-Neugeschaeft-schwaechelt-GDV/
9   Gesamtverband der Deutschen Versicherungswirtschaft e. V.: *Statistisches Taschenbuch der Versicherungswirtschaft 2016*. Online: www.gdv.de/wp-content/uploads/2016/09/Statistisches_Taschenbuch_2016_Versicherungswirtschaft_GDV.pdf
10 Martin Gerth: »Wie der Niedrigzins die Versicherer trifft«. *WirtschaftsWoche*, 20.09.2017. Online: www.wiwo.de/finanzen/vorsorge/lebensversicherungen-wie-der-niedrigzins-die-versicherer-trifft/20349336.html
11 »Lebensversicherung: Stornorekord – Verträge im Wert von 15 Milliarden storniert«. *Versicherungsbote*, 13.7.2015. Online: www.versicherungsbote.de/id/4824738/Lebensversicherung-Storno-rekord/
12 »Lebensversicherung – Stornovolumen rückläufig«. *Versicherungsbote*, 30.9.2016. Online: www.versicherungsbote.de/id/4846250/Lebensversicherung-Stornovolumen/
13 »Trend setzt sich fort: Stornovolumen von Lebensversicherungen sinkt«. *Presseportal.de*, 06.07.2017. Online: www.presseportal.de/pm/56837/3678252
14 Christian Schnell: »Wenn die Police zur Last wird«. *Handelsblatt*, 22.09.2017. Online: www.handelsblatt.com/

finanzen/banken-versicherungen/lebensversicherung-wenn-die-police-zur-last-wird/20363972.html

15 Patricia Picket: »Who Is Generation C, and What Are They All About?«. *The Balance*, 05.02.2017. Online: www.thebalance.com/who-is-generation-c-and-what-are-they-all-about-2071937

16 Roman Friedrich, Michael Peterson, Alex Koster: »The Rise of Generation C«. *strategy + business*, 22.02.2011. Online: www.strategy-business.com/article/11110?gko = 64e54

17 Deutscher Industrie- und Handelskammertag: »Zahlen und Fakten« (Stand: 01.07.2017). Online: www.dihk.de/themenfelder/recht-steuern/oeffentliches-wirtschaftsrecht/versicherungsvermittlung-anlageberatung/zahlen-und-fakten

18 »moneymeets: Report: Finanzen & Versicherungen«. *ptext.de*, 21.03.2016. Online: www.ptext.de/nachrichten/moneymeets-report-finanzen-versicherungen-1073894

19 www.spiegel.de/wirtschaft/service/bu-versicherung-diese-versicherer-zahlen-a-1047662.html

20 Gesamtverband der Deutschen Versicherungswirtschaft e. V.: *Die Versicherungswirtschaft. Fakten im Überblick*. (Redaktionsschluss: 31.10.2016) Online: www.gdv.de/wp-content/uploads/2016/11/GDV-Die-Versicherungswirtschaft-Fakten-im-Ueberblick-Download-Nov-2016.pdf

21 Gesamtverband der Deutschen Versicherungswirtschaft e. V.: *Die deutsche Lebensversicherung in Zahlen 2017*. Online: www.gdv.de/wp-content/uploads/2017/06/GDV-Lebensversicherung-in-Zahlen-2017.pdf

22 www.welt.de/finanzen/altersvorsorge/article125911985/Der-Absturz-der-Lebensversicherung-in-fuenf-Akten.html

23 Philipp Krohn: »Insolvente Lebensversicherer wurden

bislang aufgefangen«. *FAZ.net*, 19.01.2015. Online: www.faz.net/aktuell/finanzen/meine-finanzen/versichern-und-schuetzen/nachrichten/auffangschirme-retten-insolvente-lebensversicherer-13379250.html

24 Vgl. dazu de.statista.com/statistik/daten/studie/152666/umfrage/staatsverschuldung-japans-in-relation-zum-bruttoinlandsprodukt-bip/

25 de.statista.com/statistik/daten/studie/172589/umfrage/investoren-in-japanische-staatsanleihen/

26 Mirko Wenig: »Zinszusatzreserve frisst Erträge der Lebensversicherer«. *Versicherungsbote*, 02.08.2017. Online: www.versicherungsbote.de/id/4857103/Lebensversicherung-Zinszusatzreserve-Assekurata/

27 Sara Zinnecker, Jens Hagen: »Garantien in Gefahr?« *Handelsblatt*, 05.02.2015. Online: www.handelsblatt.com/finanzen/vorsorge/versicherung/lebensversicherung-hoehepunkt-der-belastung-ab-2017/11328848-2.html

28 Anne Kunz: »Lebenspolicen – Diese Versicherer sind die größten Wackelkandidaten«, *Die Welt*, 26.05.2016. Online: www.welt.de/finanzen/article155691442/Diese-Versicherer-sind-die-groessten-Wackelkandidaten.html

29 BaFin: *Jahresbericht der Bundesanstalt für Finanzdienstleistungsaufsicht 2016*. Bonn und Frankfurt am Main, Mai 2017, S. 155 (»Die Stresstest-Ergebnisse bestätigen die Einschätzung der BaFin aus den vergangenen Jahren, dass ein langanhaltendes Niedrigzinsumfeld eine Herausforderung für das deutsche Lebensversicherungsgeschäft bleibt. Denn die einbezogenen deutschen Lebensversicherer reagieren im Vergleich mit dem europäischen Durchschnitt gerade beim Low-for-long-Szenario besonders sensibel.«)

30 Hermann Weinmann: »Was machen die Lebensversicherer

mit dem Geld ihrer Kunden? Die Top-12-Lebensversicherer im Vergleich«. *Zeitschrift für Versicherungswesen*, Ausgabe 18/2017

31 Mark Feodoria, Till Förstemann: »Lethal lapses – how a positive interest rate shock might stress German life insurers.« Discussion Paper Deutsche Bundesbank No 12/2015. Online: www.bundesbank.de/Redaktion/EN/Downloads/Publications/Discussion_Paper_1/2015/2015_06_22_dkp_12.pdf?__blob = publicationFile

32 Lorenz Klein: »Bringt ein Zinsanstieg die deutschen Lebensversicherer ins Wanken?« *Pfefferminzia.de*, 20.06.2017 www.pfefferminzia.de/mcc-konferenz-lebensversicherung-aktuell-bringt-ein-zinsanstieg-die-deutschen-lebensversicherer-ins/

33 www.bundesbank.de/Redaktion/DE/Downloads/Veroeffentlichungen/Finanzstabilitaetsberichte/2016_finanzstabilitaetsbericht.pdf?__blob = publicationFile

34 Mark Böschen, Niklas Hoyer: »Gothaer-Finanzvorstand Jürgen Maisch im interview – ›Systemisches Risiko‹«. *WirtschaftsWoche*, 29.08.2009. Online: www.wiwo.de/finanzen/gothaer-finanzvorstand-juergen-maisch-im-interview-systemisches-risiko/5143476-all.html

35 Anne Kunz: »Ergo kippt Lebensversicherungen auf die ›Müllkippe‹«. *Welt.de*, 01.06.2016. Online: www.welt.de/finanzen/versicherungen/article155886894/Ergo-kippt-Lebensversicherungen-auf-die-Muellkippe.html

36 Michael Bernegger: »Notlage der Lebensversicherer: Der erste große Run-off ist eingeleitet«. *Deutsche Wirtschafts Nachrichten*, 07.06.2016. Online: deutsche-wirtschafts-nachrichten.de/2016/06/07/notlage-der-lebensversicherer-der-erste-run-off-ist-eingeleitet/

37 Lutz Reiche: »Ergo wickelt Millionen Kunden ab – die Chancen und Risiken«. *Manager magazin*, 09.06.2016. Online: www.manager-magazin.de/unternehmen/artikel/ergo-was-der-run-off-fuer-millionen-lebensversicherte-bedeutet-a-1096600.html
38 »Lebensversicherung: Bitteres Ende«, *Finanztest* 02/2016
39 »Viridium übernimmt Verträge geretteter Mannheimer Leben«. *Finanzen.net*, 01.08.2017 www.finanzen.net/nachricht/aktien/viridium-uebernimmt-vertraege-geretteter-mannheimer-leben-5612006
40 Anne Kunz: »Die Müllkippenverwalter der Versicherungsindustrie«. *Welt.de*, 27.03.2014. Online: www.welt.de/wirtschaft/article126268960/Die-Muellkippenverwalter-der-Versicherungsindustrie.html
41 Carsten Herz: »Verraten und verkauft?« *Handelsblatt*, 06.09.2017. Online: www.handelsblatt.com/my/finanzen/vorsorge/versicherung/lebensversicherer-wickeln-vertraege-ab-verraten-und-verkauft/20284606.html
42 Lutz Reiche: »Noch ein Lebensversicherer weniger ...« Manager Magazin, 22.06.2017. Online: www.manager-magazin.de/unternehmen/artikel/arag-verkauft-lebensversicherung-an-frankfurter-leben-a-1153509.html
43 Ebd.
44 »Besitzerwechsel für sechs Millionen Lebensversicherungen?« Handelsblatt, 26.09.2017. Online: www.handelsblatt.com/finanzen/banken-versicherungen/ergo-prueft-verkauf-besitzerwechsel-fuer-sechs-millionen-lebensversicherungen/20382768.html
45 »Heidelberger Leben – Run-off wächst über alte MLP-Bestände hinaus«. *Versicherungsbote*, 06.06.2016. Online:

www.versicherungsbote.de/id/4841608/Heidelberger-Leben-Run-Off-Viridium/

46 »Notlage der Lebensversicherer: Der erste große Run-off ist eingeleitet«. *Deutsche Wirtschafts Nachrichten*, 07.06.2016. Online: https://deutsche-wirtschafts-nachrichten.de/2016/06/07/notlage-der-lebensversicherer-der-erste-run-off-ist-eingeleitet/

47 www.gesetze-im-internet.de/vag_2016/__314.html

48 Heike Schwerdtfeger, Niklas Hoyer: »Lebensversicherungen auf der Kippe«. *WirtschaftsWoche*, 03.09.2009. Online: www.wiwo.de/finanzen/vorsorge/geldanlage-lebensversicherungen-auf-der-kippe/5143490-all.html

49 Anne-Christin Gröger: »Gefahr bei Pleite«. *Süddeutsche. de*, 08.02.2016. Oline: www.sueddeutsche.de/wirtschaft/lebensversicherer-gefahr-bei-pleite-1.2854180

DIE MITSCHULDIGEN – DER STAAT ALS BRANDBESCHLEUNIGER

1 Vgl. z. B. www.bpb.de/politik/innenpolitik/rentenpolitik/223097/rentenueberleitung-und-west-ost-transfers

2 Deutsche Rentenversicherung: »Standardrente und Rentenniveau der allgemeinen Rentenversicherung 201«. Online: www.deutsche-rentenversicherung.de/Allgemein/de/Navigation/6_Wir_ueber_uns/02_Fakten_und_Zahlen/02_kennzahlen_finanzen_vermoegen/1_kennzahlen_rechengroeßen/standardrente_rentenniveau_node.html

3 Vgl. www.sozialpolitik-aktuell.de/tl_files/sozialpolitik-aktuell/_Politikfelder/Alter-Rente/Datensammlung/PDF-Dateien/abbVIII37.pdf

4 Zitiert nach »Carsten Maschmeyer: Die Unschuld vom Maschsee«, *Panorama*, Sendung 735, ARD, 20.01.2011. Online: daserste.ndr.de/panorama/media/awd175.pdf
5 Zitiert nach Thomas Öchsner: »Das System AWD«, *Süddeutsche Zeitung*, 19.05.2010. Online: www.sueddeutsche.de/wirtschaft/ein-finanzvertrieb-geraet-in-die-kritik-das-system-awd-1.920397
6 de.statista.com/statistik/daten/studie/39412/umfrage/anzahl-der-abgeschlossenen-riester-vertraege
7 Julia Groth: »Hohe Kosten, kleine Rente«. *Handelsblatt*, 02.08.2017. Online: www.handelsblatt.com/finanzen/vorsorge/altersvorsorge-sparen/riester-rente-hohe-kosten-kleine-rente/20132898.html
8 »Riester-Förderung hat bisher 28 Milliarden Euro gekostet«. *Wallstreet Online*, 28.02.2017. Online: www.wallstreet-online.de/nachricht/9355417-steuerzahler-riester-foerderung-28-milliarden-euro-gekostet
9 »Über drei Millionen Riester-Sparer zahlen nichts mehr ein«. *Merkur.de*, 05.06.2017. Online: www.merkur.de/politik/mehr-als-drei-millionen-riester-vertraege-ruhend-gestellt-zr-8376663.html
10 »Stresstest: BaFin setzt Lebensversicherer auf ›Watchlist‹«. *Fondsprofessionell Online*, 12.06.2017. Online: www.fondsprofessionell.de/news/unternehmen/headline/stresstest-bafin-setzt-lebensversicherer-auf-watchliste-134492/
11 Annika Krempel: »Besser kein Neuabschluss: Rendite der Lebensversicherung im Sinkflug«. *Finanztip*, 07.06.2017. Online: www.finanztip.de/kapitallebensversicherung/
12 »Lebensversicherung – Neugeschäft schwächelt, doch GDV gibt sich standhaft«. *Versicherungsbote*, 26.01.2017.

Online: www.versicherungsbote.de/id/4850485/
Lebensversicherung-Neugeschaeft-schwaechelt-GDV/

DIE OPFER – ALTERSARMUT STATT RENDITE

1 »Lebensversicherung: Bitteres Ende«, *Finanztest* 02/2016
2 »Zinszusatzreserve lastet auf Lebensversicherern«. *Versicherungsbote*, 09.02.2017. Online: www.versicherungsbote.de/id/4850915/Zinszusatzreserve-Lebensversicherung/
3 Bundesanstalt für Finanzdienstleistungsrecht (BaFin): »Zinszusatzreserve – Finanzierung und Auswirkung auf die Überschussbeteiligung«. 16.08.2017. Online: www.bafin.de/SharedDocs/Veroeffentlichungen/DE/Fachartikel/2017/fa_bj_1708_Zinszusatzreserve.html
4 »Lebensversicherung ohne Perspektive? Wie der Wildwuchs bei Standmitteilungen gebändigt werden kann«. *Versicherungsbote*, 13.04.2017. Online: www.versicherungsbote.de/id/4853268/Interview-Lebensversicherung-Policen-Direkt/
5 Herbert Fromme: »Generali kürzt Privatrenten«. *Süddeutsche.de*, 02.07.2017. Online: www.sueddeutsche.de/wirtschaft/2.220/lebensversicherung-generali-kuerzt-privatrenten-1.3570078
6 »Generali kürzt Lebensversicherungs-Kunden die Privatrente«. *Versicherungsbote*, 03.07.2017. Online: www.versicherungsbote.de/id/4856060/Generali-kurzt-laufende-Privatrenten/
7 Zitiert nach: »Fehlsteuer Ost«. *Der Spiegel*, 10.11.1997. Online: www.spiegel.de/spiegel/print/d-8811135.html
8 Deutsche Rentenversicherung Bund: *Rentenversicherung*

in Zahlen 2017. Berlin 2017 (Stand: Ende 2015), S. 51. Online: www.deutsche-rentenversicherung.de/cae/servlet/contentblob/238692/publicationFile/61815/01_rv_in_zahlen_2013.pdf

9 »Altersarmut – Jeder sechste Rentner betroffen«. *Versicherungsbote*, 20.08.2015. Online: www.versicherungsbote.de/id/4827146/Altersarmut-Jeder-Sechste-Rentner-betroffen-/

10 Vgl. die Angaben des Statistisches Bundesamts (Destatis). Online: www.destatis.de/DE/ZahlenFakten/Gesellschaft Staat/Soziales/Sozialberichterstattung/Tabellen/03AGQ_ZVBM_AlterGeschl.html

11 Vgl. die Angaben des Paritätischen Wohlfahrtsverbands: www.der-paritaetische.de/schwerpunkte/armutsbericht/empirische-ergebnisse/

12 Daniel Eckert: »Diese vier Gruppen sind besonders von Altersarmut bedroht«. *Die Welt*, 26.06.2017. Online: www.welt.de/wirtschaft/article165926550/Diese-vier-Gruppen-sind-besonders-von-Altersarmut-bedroht.html

DIE VERURSACHER – EINE BRANCHE SIEHT ROT

1 Jürgen Hunke: *Die Stunde der Falschmünzer*. WWA-Verlag: Hamburg 1996, S. 53

2 Ebd., S. 181

DAS GROSSE SCHWEIGEN – BLOSS KEINE PANIK

1 »Ergo sieht sich auf gutem Weg«. Handelsblatt, 01.06.2017. Online: www.handelsblatt.com/my/finanzen/vorsorge/versicherung/munich-re-tochter-ergo-sieht-sich-auf-gutem-weg/19880288.html
2 de.statista.com/themen/665/allianz/
3 Zitiert nach: www.versicherungsjournal.de/versicherungen-und-finanzen/die-groessten-lebensversicherer-128633.php

DER ABSEHBARE KOLLAPS

1 Statistisches Bundesamt (Destatis): »Lebenserwartung in Deutschland«. Online: www.destatis.de/DE/Zahlen Fakten/GesellschaftStaat/Bevoelkerung/Sterbefaelle/Tabellen/LebenserwartungDeutschland.html
2 Charles Babbage: *Vergleichende Darstellung der verschiedenen Lebens-Assekuranz-Gesellschaften*. Verlag des Gr. H. S. privil. Landes-industrie-Comptoirs: Weimar 1827, das Original erschien 1826 (London)
3 Zitiert nach: Gothaer: »Die Gründung der Lebensversicherungsbank«. Online: www.gothaer.de/ueber- uns/konzern/unternehmen/historisches/geschichte/lebensversicherungs bank.htm
4 de.statista.com/statistik/daten/studie/166474/umfrage/teuerste-versicherungen-nach-kosten/
5 Leo Müller: *Versichert, verraten, verkauft. Wie Versicherungen mit unserem Geld umgehen*. Econ: Berlin 2015

6 Carsten Knop: »Pensionsverpflichtungen im Dax so hoch wie nie«. *Frankfurter Algemeine Zeitung*, 16.03.2017 www.faz.net/aktuell/wirtschaft/unternehmen/dax-30-unternehmen-erreichen-hoechstwert-bei-pensionsverpflichtungen-14926414.html

7 »Cornfeld – Letzter Tango«, *Der Spiegel* 21/1973, 21.05.1973. Online: www.spiegel.de/spiegel/print/d-42001327.html

8 Landgericht Hamburg (AZ 74 047/83)

9 Johann Wolfgang von Goethe: *Maximen und Reflexionen.* Aphorismen und Aufzeichnungen. Nach den Handschriften des Goethe- und Schiller-Archivs hg. von Max Hecker, Verlag der Goethe-Gesellschaft, Weimar *1907. Aus Wilhelm Meisters Wanderjahren*, 1829. Betrachtungen im Sinne der Wanderer

10 Karl Marx, Friedrich Engels: »Manifest der kommunistischen Partei«. In: Marx-Engels-Werke, Band 4, 11. Auflage, Berlin 1990

11 Vgl. z. B. www.owep.de/artikel/101/verlierer-und-gewinner-in-ostmitteleuropa

12 de.wikipedia.org/wiki/Wirtschaft

13 Claus Dierksmeier: *Qualitative Freiheit. Selbstbestimmung in weltbürgerlicher Verantwortung*, Transcript: Bielefeld 2016

14 Vgl. Reinhard Kreckel: Politische Soziologie der sozialen Ungleichheit. Campus: Frankfurt/New York 2004

15 »Schere zwischen Einkünften aus Arbeit und Kapital wird größer«. *Zeit Online*, 02.10.2010. Online: www.zeit.de/wirtschaft/2010-12/schere-loehne-kapitalanlagen

DAS ENDE UND DIE ZUKUNFT – ALTERSVORSORGE UND VERSICHERUNGEN IM WANDEL

1 Joseph A. Schumpeter: *Kapitalismus, Sozialismus und Demokratie*. 8. Auflage, UTB: Stuttgart 2005 (englische Originalausgabe: Harper: New York/London 1942)
2 Fredmund Malik: »Brief an junge Ökonomen. Die Mission der Manager von morgen«. Spiegel Online, 09.04.2011. Online: www.spiegel.de/karriere/brief-an-junge-oekonomen-die-mission-der-manager-von-morgen-a-755834.html
3 Carl Benedikt Frey, Michael A. Osborne: »The Future of Employment: How to susceptible are Jobs to Computerisation?«. 17.09.2013. Online: www.oxfordmartin.ox.ac.uk/downloads/academic/The_Future_of_Employment.pdf
4 Herbert Fromme: »Ehrlichkeit gefragt«. *Süddeutsche.de*, 12.03.2017. Online: www.sueddeutsche.de/wirtschaft/kommentar-ehrlichkeit-gefragt-1.3416198
5 Ebd.
6 Herbert Fromme, Uwe Ritzer: »Allianz will 700 Stellen in drei Jahren abbauen«. *Süddeutsche.de*, 22.06.2017. Online: www.sueddeutsche.de/wirtschaft/versicherung-allianz-will-stellen-in-drei-jahren-abbauen-1.3555845
7 Mirko Wenig: »Stellenabbau – Studie prognostiziert 40 Prozent weniger Versicherungsjobs«. *Versicherungsbote*, 01.06.2017. Online: www.versicherungsbote.de/id/4854993/McKinsey-prognostiziert-Wegfall-Versicherungsjobs/
8 Herbert Fromme: »Ehrlichkeit gefragt«. *Süddeutsche.de*, 12.03.2017. Online: www.sueddeutsche.de/wirtschaft/kommentar-ehrlichkeit-gefragt-1.3416198

9   Der Text erschien am 29. August 1999 und hatte den schönen Titel: »How to Stop Worrying and Learn to Love the Internet«. Online: www.douglasadams.com/dna/19990901-00-a.html
10 Gary Hamel: *Das Ende des Managements. Unternehmensführung im 21. Jahrhundert.* Econ: Berlin 2008
11 Elisabeth Kübler-Ross: *Interviews mit Sterbenden.* Kreuz Verlag: Freiburg 2014
12 PricewaterhouseCoopers: »Ganzheitliches Vorsorgemanagement«. März 2017. Online: www.pwc.de/de/finanzdienstleistungen/assets/PwC-Studie-Vorsorge Manager.pdf
13 »Rente mit 70 laut Ökonom ein Muss«. *Handelsblatt*, 05.09.2017. Online: www.handelsblatt.com/politik/deutschland/kritik-an-merkels-aussagen-rente-mit-70-laut-oekonom-ein-muss/20282568.html
14 »Jeder Fünfte würde vor dem Ruhestand sterben«. *Handelsblatt*, 27.04.2016. Online: www.handelsblatt.com/politik/deutschland/rente-mit-70-jeder-fuenfte-wuerde-vor-dem-ruhestand-sterben/13507548.html
15 Richard H. Thaler, Cass R. Sunstein: *Nudge. Wie man kluge Entscheidungen anstößt.* Econ: Berlin 2009.